はじめればそこが教室

恋する宅建士の教科書

有山あかね 著

本書の特長

本書を手にとられたあなたへ
編集部からのひとこと

本書の特長は！

○本書の制作コンセプトは、「宅建士試験を今年はじめて受験する20〜30代の女性をメインの読者対象」として、まとめていただいたものです。
なので、ややこしい法律用語やめんどうな専門用語には、そのすべての読み方やくわしい解説をできるだけやさしい言葉でお書きいただきました。
また、一般的な参考書とは大きく異なり、本文自体をドラマ形式の会話文でまとめていただいており、初学者の方でも抵抗なく法律解説を読み進めることができるようになっています。

○著者の有山あかね先生は、大学卒業後、不動産業界で働きながら受験予備校でも講師として教壇に立たれています。
働きながらの受験生として、仕事と勉強の両立で苦労した経験をもとに本書をご執筆いただきました。本書の読者対象としている30代までの女性の方々の実情にはこれ以上ない身近なテキストにまとまっているはずです。

○著者自身によるガイダンスを下記アドレスで公開しておりますので、お聴きください。

本書のデメリットは？

本書は、宅建士試験のすべての試験範囲を網羅しているわけではありません。本試験の50問中の43問だけに対応しています。学習効率の悪い7問分の範囲をバッサリ切り捨ててあります。したがって、本書だけでは満点合格は難しいです。ただ、例年の合格点は35点あたりですので、本書の掲載項目だけでも十分合格できる範囲です。安心して、学習にとりかかってください。

著者、とりい書房は、本書の使用による合格を保証するものではありません。

とりい書房ホームページ

書籍の新刊や正誤表など最新情報を随時更新しております。
http://www.toriishobo.co.jp/

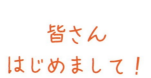

本書で皆さんの

「宅地建物取引士」資格試験合格

のお手伝いをさせていただく有山あかねです。

　こうして宅建合格のお手伝いをする傍ら、都内の売買・賃貸仲介の宅建業者でもお仕事をしています。もしかしたらこの本をお手に取られた方の中には、私がお家をご紹介させていただいたお客さんもいるかもしれません。（もしいらっしゃいましたらご連絡ください！お茶でもしましょう（笑））

　さて、あなたは「宅地建物取引士」という資格にどんなイメージをお持ちですか？

国家資格だから難しそう
法律が堅苦しくてよくわかんない
勉強するなら気合いをいれないとなあ

　とか…そんなちょっと取っ付きにくいイメージをお持ちの方が多いのではないかなと思います。

でも、お**勉強のコツ**さえつかめれば、決してそんなことはないんです。（もちろんお勉強方法には向き不向きがありますから一概には言えませんが）勉強がつまらなくなる大きな要因のひとつは**「暗記」**です。本書では暗記の定番ゴロ合わせは登場しません！

　もちろんゴロ合わせが有効なときもありますが、こと宅建試験においては、しっかり内容も理解できていない法律を、無理矢理ゴロ合わせで覚えようとするから、お勉強が堅苦しくてつまんなくなっちゃうのです。

　　法律がつくられるのには全て理由があるのです。

　その理由と、誰の（何の）ためにつくられたものなのかを理解することができれば、法律の内容も不思議と頭に入ってきます。

　また本書は宅建に関する法律をより楽しく理解してもらうために、文章でつらつらと解説するのではなく**ドラマ形式**でまとめました。

　そのため、**法律関連のテキストにはじめて触れるひとにもわかりやすい、柔らかい内容になっています。**

　日頃お仕事に忙殺されて、なかなか長時間勉強ができない…分厚いテキストは読み切る自信がないなあ…というひとに特におすすめです。

　本書が、勉強や宅建を好きになるきっかけとなれば幸いです。

有山あかね

目次

本書の特長 …………………………………………… 002
皆さんはじめまして …………………………………… 003
勉強方法のコツと手順 ………………………………… 008
これさえできれば「合格」 …………………………… 022
あなたは何型？ ………………………………………… 028
本試験の傾向を知る …………………………………… 033
本書の使い方 …………………………………………… 035
宅建試験受験ガイド …………………………………… 038

第1章　権利関係

00　学習のポイント ABC …………………………… 040
01　債権と債務 ………………………………………… 046
02　弁　済 ……………………………………………… 054
03　問題ある意思表示 ………………………………… 062
04　代理制度 …………………………………………… 072
05　所有権と時効 ……………………………………… 080
06　共　有 ……………………………………………… 088
07　抵当権 ……………………………………………… 096
08　第三者弁済、相殺、代物弁済 ………………… 104
09　債権譲渡 …………………………………………… 112
10　連帯債務、保証債務 …………………………… 118
11　債務不履行 ………………………………………… 128
12　売買契約 …………………………………………… 138
13　委任契約、請負契約、贈与契約 ……………… 148
14　不法行為 …………………………………………… 160

15	相　続	166
16	借地借家法 》借地権	178
17	借地借家法 》建物賃貸借	192
18	区分所有法	206
19	不動産登記法	214

第2章　法令上の制限

00	学習のポイント ABC	226
20	国土利用計画法	230
21	都市計画法 》都市計画	240
22	都市計画法 》開発行為	252
23	都市計画法 》都市計画にかかわる制限	262
24	土地区画整理法	276
25	宅地造成等規制法	286
26	建築基準法 》建築確認と用途制限	294
27	建築基準法 》建築物にかかわる制限	314
28	農地法	332
29	不動産の鑑定評価、地価公示法	342
30	税金 》地方税	350
31	税金 》国　税	362
32	その他の法令	372

目次

第3章　宅建業法

00	学習のポイント ABC	386
33	免　許	390
34	免許の基準	398
35	宅地建物取引士》登　録	408
36	取引士証	418
37	営業保証金と保証協会	424
38	業者の義務	440
39	契約締結までの制限	448
40	35条・37条書面	458
41	業者が売主となる売買契約の制限	474
42	媒介契約とその報酬の制限	488
43	監督処分	502

索　引	510
おわりに	511

ちょっと一息

5問免除の恩恵	053
内見で迷子／「付き合う」といったのは錯誤！	061
AD って？／え、AD でないのに契約書も弊社ですか？	087
「再契約可能型定期借家契約」／増える楽器可物件	191
「都市計画図」から考える法令上の制限攻略法／「ペット面接」	229
「従業者証明書」	457

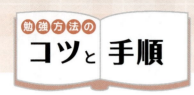

1 宅地建物取引士の試験って、どんな内容？

「宅地建物取引士」ですが、実は以前は宅地建物取引主任者という名称・資格でした。宅建業は衣食住の住という大切なものを扱っており、宅地建物取引主任者（現宅地建物取引士）は実際の取引においてはもちろん、世間的に見ても重要な役割を担っていることから、2015年から宅地建物取引士へと士業にレベルアップしました。

士業 しぎょう・さむらいぎょうとも呼ばれる。専門資格業のこと
例 弁護士 公認会計士

そしてレベルアップに伴い、試験内容も年々難化しています。難しくなったというのは、しっかりと知識のある宅建士を世間に輩出しようという国の考えが反映されているともいえます。

実際にどのような問題が出題されるのか見てみましょう！

問題文はこんな感じ

▶問題文の例

試験内容は四肢択一の50問で、たとえば次のような問題文で出題されます。

4つの中から1つの答えを選択する

宅地建物取引業法（以下「法」という。）における次の記述のうち正しいものはどれか。

もしくは

　　次の記述のうち民法の条文に規定されていないものはどれか。

　これは4つある選択肢の中から1つの正解を見つけ出す最もオーソドックスな問題です。選択肢の中の2つは、ある程度の基礎ができていれば、絶対これじゃないな～と切れる肢です。大抵の受験生にとっては、残りの2つが絶妙な内容でどちらが正解肢なのか悩むことになります。

　このような、4つの中から正解をひとつだけ導き出せばいい問題だと「これかな～？」とやや曖昧な知識で当てられることもあるのですが……近年は俗にいう **「個数問題」「組み合わせ問題」** が頻出しています。

▶ 「個数問題」はこんな感じ

　　宅地建物取引業者が行う取引に関する次の記述のうち、宅地建物取引業法の規定によれば、誤っているものはいくつあるか。

▶「組み合わせ問題」はこんな感じ

> 都市計画法に関する次の記述のうち、正しいものの組合せはどれか。

　上にあげたような個数問題、組み合わせ問題はちょー厄介。本試験で出てくると多くの受験生がテンション下がっちゃう。何が厄介かというと、全ての肢が正しいのか誤っているのか理解していないと正解できないんです。
　独学者のひとや、学習量が足りないひとだと
「いやー…○っぽいけど、どうなんだろうなあ」や
「こんな決まりあったっけ？間違っているような気もするけど、確信が持てない…」
というように、確実にこれは○、これは×と判断できずに、結局ヤマカンでいっちゃうことになります。
　近年の宅建士試験が難しくなっていると言われる要因のひとつに、この個数問題、組み合わせ問題の増加は大きく影響していると考えられます。

 宅建試験に勝つ！
おすすめ攻略方法

　宅地建物取引士の試験は、とにかく範囲が広く、法律の試験の中でも最も広く、浅く、様々な分野の知識が問われる試験です。宅建の試験に勝つためには、必ず押さえないといけないところは全力で、「ここはまあ、いっか！」という箇所は適度に、と緩急をつけて取り組むことが一番の近道です。

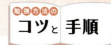

といいますのも、宅建試験の最初に登場する民法の分野は、とにかく膨大な範囲からちょこちょこと出題されます。この民法を完璧に解けるようにしよう！と意気込むと範囲が広すぎて何年経ってもおわりません。（後述させて頂きます重箱の隅タイプのひとが陥りやすい罠のひとつです）

そこで、**宅建試験で戦える力をつけるためには絶対に守ってもらいたい大原則があります。**

▶「権利よりとにかく業法！宅建業法はめざせ全勝！」

宅建試験は**「民法（権利関係）」「法令上の制限」「宅建業法」「税その他」**に分けられます。その中でも特に**「宅建業法」**に重点を置いて、テキストと過去問でしっかり対策をして、抜け漏れがないようにしてください。

といいますのも、宅建業法は民法（権利関係）と比べて条文数が少なくて、とっつきやすい内容が多いため、お勉強したら**それだけ得点につながりやすい**のです。また過去に出題された箇所が、何度も何度も繰り返し出題される傾向があります。

さらに、**「宅建業法」**は**50問中20問**と、かなりのウエイトです。しっかりとここで得点すれば20点GET！　仮に、少し難しい問題や凡ミスがあっても18点は取れるかな？と高得点を狙いやすい分野です。

宅建業法は努力がちゃんと形になりやすい科目ですから、しっかりとパワーをかけてもらいたいです。

これはあくまでも私がおすすめするお勉強方法ですので、民法が得意という方はもちろんお好きな方法で進めて頂いて結構ですが、これを守れば必ず本試験で戦える力がつきますので、信じて進んでいただければと思います！

３ ぶっちゃけテキストはなんでもいい？　インプットとアウトプットはこうする！

▶宅建試験合格には過去問が重要!

　宅建に合格した人や、予備校の先生が決まっていうフレーズがあります。

　「過去問がとにかく大切」

　「過去問さえちゃんとやっていれば合格できるよ！」

　いやいや、過去問だけでイケるわけないでしょ〜という方も多いと思いますが、ひとによっては本当に参考書などのインプット用の教材なしで、過去問のみで合格するなんてこともあるんです。

過去問を制する者が宅建を制す

とも言われるほど、宅建試験のお勉強においては過去問が大切です。
　過去問をどれくらい丁寧に繰り返し解いたかで、勝敗が決まるといっても過言ではありません。
　とはいえ、宅建に挑戦するぞ！　と決めていきなり過去問に取り掛かっても、天才でもない限りおそらく問題文で問われていることがなんなのかも

わからないことでしょう。

　みなさんはまず、宅建の内容がどんなものなのかを理解・インプットしてから、過去問にチャレンジしていきましょう。

　このインプットをするときにどの教材を読めばいいのか悩むひともいるんじゃないでしょうか？

　駅前の書店なんかを覗いてみると、分厚い参考書から、本書のように重要な箇所をぎゅっと凝縮して一冊にまとめられているものまで、さまざまな参考書が並んでいますよね。

　もちろん本書で合格のお手伝いをさせてもらえたら嬉しいですが、**正直インプット用の教材は、どの本でもいい**（笑）というのが私の持論です。

　参考書の選び方は、**一番読みやすいな～これなら読めそうだな～と感じるもの**を選べばOKです！

　（情報が多い方がいいに決まっているという理由で、条文や判例などがあれこれ詰まった本を買うひとは、大抵最後まで読めずに途中で投げ出してしまいますよ～）

▶宅建試験には過去問が重要！

　さて、参考書を決めたらまずは一度終わりまで読んでみましょう。最初は善意や悪意等といった法律用語に馴染みがないうえに、漢字も多くて読みにくいはず。ここは踏ん張って、最後まで読みきりましょう。**読みきれないよ～というひとは、受験するのはやめた方がいいです**。時間がもったいないから、ほかのことをしましょう。

　受かるんだ！　絶対、宅建士になるんだ！という決意があれば、どんなにお勉強が苦手なあなたでも必ず読みきれるはずです。

　自分のために、自分の将来のためにと思い、1日5分でもいいから、少しずつ読み進めて行きましょう。

ちゃんと読み終えましたか？そしたら…もう一度テキストの第一章に戻ってみてください。

　多分、全然内容を覚えてなくてショックを受けると思います。でも、そんなもんです！　だって法律の難しい話や不動産のことなんて、これまで知らないことばかりだったんですから。気にせず、もう一周回しましょう。今度は不思議と読みやすいし、内容がすんなり頭に入ってくるはずです。

　また、テキストを読むときのポイントは、数字が出てきたから覚えなきゃ！などと暗記にこだわらないこと。

　例えば「区分所有法」の箇所で出てくる、過半数、4分の3以上や、「開発許可」の箇所の1,000㎡、3,000㎡、1ha（10,000㎡）など覚えた方が良さそうな数字がたくさん出てきます。

　ですが、テキストを通して読んでいるときには数字などは無理に覚えようとしなくて大丈夫です。宅建の試験ではこんな内容が問われているんだ〜宅建士は不動産の取引でこんな役割を求められているんだ〜と大筋を理解することに注力しましょう。

テキストは
5回読みました。

合格した本書の編集担当くん

 過去問は合格への特急券

左に問題
右に解説

▶過去問のおすすめ紙面

　参考書で大まかな内容を理解できたら、実際に過去問に挑戦してみましょ

う。過去問題集もさまざまな種類のものが出版されていますが、おすすめは見開きで**左側に問題、右側に解説**が載っていたり、次のページをめくると解説が載っているような、**1問解くごとに正解肢と解説を確認できるタイプのもの**です。解説が巻末にあるようなものでもいいんですけど、すぐに解説を確認できるもののほうが正解の確認もしやすいし、お勉強がスムーズに進みますよ。

▶過去問題集を選んだら、あとは解いていくのみ

　過去問を解く際には1問ごとに必ず解説を見てみましょう。そして、正解の肢だけじゃなくて必ず全ての肢の解説を読んで、「どこの部分が誤っているからこの肢は誤っているんだ～」や「この部分を変えたら正しい内容になるな」等のように、**しっかりと分析をしてください**。この分析をすることが本当に大切です。分析していく過程で、覚えないといけない数字や制限も自然に頭に入っていきます。

　ただ、過去問にチャレンジしていくと、テキストでは確かに読んだ覚えがあるけど覚えてない…（涙）ものや、知らない条文がたくさん出てきます。最初はなかなか正解が導き出せなくてモヤモヤしたり、過去問を解くのが辛いかもしれません。でも、それは成長痛といって誰もが感じること。

　大丈夫です。1年分、2年分と挑戦していくうちに、「あ、この内容去年にも出題されていたな～」「35条書面のこの内容って毎年出るんだなあ」と、解いたことがある、見たことがある問題が増えてきます。

　最初の成長痛を乗り切れば、必ず本試験で戦える力がついてきます。しかも、だんだん知識が蓄積されてきて、過去問を解くのも楽しくなってくるものです。

　勉強を楽しめるようになってきたら、もう合格はすぐそこです！

⑤ ちょっとのミスが命取り…凡ミスを防ぐ問題の解き方

　試験は2時間で50問、1問を2分ちょっとで次々解いていかないといけません。しかも緊張しちゃってなかなか問題の内容が入ってこない…なんて悲しい事態に陥る人も多数です。

　誤っているものはどれか？と問われているのに、正しいものを聞かれていると勘違いしてしまって、「肢1は絶対正しい！正解はこれ！」とケアレスミスをしちゃうことも想定されます。そんな切ない凡ミスを防ぐために、実践していただきたい問題の解き方についてお話させていただきます。

この**方法**で**ミス**を**防ぐ**

　ポイントは問題文にマークをつけること。どんな印でもいいです。好きなものを決めていただければいいのですが、ご参考までに私はこんな感じで問題を解きます。

▶正しいものはどれか？パターン

正しいものに〇（マル）を付けておく

【問　22】次の記述のうち、正しいものはどれか。
1　津波防災地域づくりに関する法律によれば、津波防護施設区域内において土地の掘削をしようとする者は、一定の場合を除き、津波防護施設管理者の許可を受けなければならない。
2　国土利用計画法によれば、市街化区域内の3,000㎡の土地を贈与により取得した者は、2週間以内に、都道府県知事（地方自治法に基づく指定都市にあっては、当該指定都市の長）に届け出なければならない。
3　景観法によれば、景観計画区域内において建築物の新築、増築、改築又は移転をした者は、工事着手後30日以内に、その旨を景観行政団体の長に届け出なければならない。
4　道路法によれば、道路の区域が決定された後道路の供用が開始されるまでの間であっても、道路管理者が当該区域についての土地に関する権原を取得する前であれば、道路管理者の許可を受けずに、当該区域内において工作物を新築することができる。

▶誤っているものはどれか？パターン

【問　1】　代理に関する次の記述のうち、民法の規定及び判例によれば、誤っているものはどれか。
1　売買契約を締結する権限を与えられた代理人は、特段の事情がない限り、相手方からその売買契約を取り消す旨の意思表示を受領する権限を有する。
2　委任による代理人は、本人の許諾を得たときのほか、やむを得ない事由があるときにも、復代理人を選任することができる。
3　復代理人が委任事務を処理するに当たり金銭を受領し、これを代理人に引き渡したときは、特段の事情がない限り、代理人に対する受領物引渡義務は消滅するが、本人に対する受領物引渡義務は消滅しない。
4　夫婦の一方は、個別に代理権の授権がなくとも、日常家事に関する事項について、他の一方を代理して法律行為をすることができる。

▶正しいもの（誤っているもの）の組み合わせはどれでしょう？パターン

この問題は（組合せ）**くみ**

【問　16】　都市計画法に関する次の記述のうち、正しいものの組合せはどれか。
ア　都市計画施設の区域又は市街地開発事業の施行区域内において建築物の建築をしようとする者は、一定の場合を除き、都道府県知事（市の区域内にあっては、当該市の長）の許可を受けなければならない。
イ　地区整備計画が定められている地区計画の区域内において、建築物の建築を行おうとする者は、都道府県知事（市の区域内にあっては、当該市の長）の許可を受けなければならない。
ウ　都市計画事業の認可の告示があった後、当該認可に係る事業地内において、当該都市計画事業の施行の障害となるおそれがある土地の形質の変更を行おうとする者は、都道府県知事（市の区域内にあっては、当該市の長）の許可を受けなければならない。
エ　都市計画事業の認可の告示があった後、当該認可に係る事業地内の土地建物等を有償で譲り渡そうとする者は、当該事業の施行者の許可を受けなければならない。
1　ア、ウ
2　ア、エ
3　イ、ウ
4　イ、エ

▶正しいもの（誤っているもの）はいくつあるでしょう？
個数パターン

図のように問題文に○や×、カズ、くみ等の記号を書くと、どのパターンの問題なのか可視化できるので、正しいものを探さないといけないのに、誤ったものを探してしまうといったミスが発生する可能性が低くなります。

具体例として私がいつも問題を解く際に書き込んでいるものを図として入れましたが、どのマークにするかは、自分が見やすい・ぱっと見てわか

りやすいものにしてください。

（私はなぜか数はカタカナで、組はひらがなで書く癖がついてます…）

問題用紙は、綺麗にとっておく必要なんてこれっぽっちもないのですから、問題用紙も道具のひとつと思って、最大限有効に使いましょうね。

また相続で何人も相続人がいるケースや、宅建業法で、業者やお客さんが登場し、ABCDE…と人物が多すぎて、何がなんだかごちゃごちゃしちゃうときも、こんな感じで図を書くといいですよ。

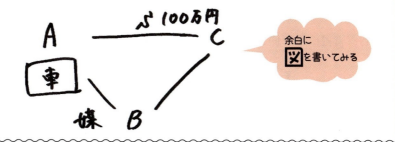

【問　5】　Aは、中古自動車を売却するため、Bに売買の媒介を依頼し、報酬として売買代金の3％を支払うことを約した。Bの媒介によりAは当該自動車をCに100万円で売却した。この場合に関する次の記述のうち、民法の規定及び判例によれば、正しいものはどれか。
1　Bが報酬を得て売買の媒介を行っているので、CはAから当該自動車の引渡しを受ける前に、100万円をAに支払わなければならない。
2　当該自動車に隠れた瑕疵があった場合には、CはAに対しても、Bに対しても、瑕疵担保責任を追及することができる。
3　売買契約が締結された際に、Cが解約手付として手付金10万円をAに支払っている場合には、Aはいつでも20万円を償還して売買契約を解除することができる。
4　売買契約締結時には当該自動車がAの所有物ではなく、Aの父親の所有物であったとしても、AC間の売買契約は有効に成立する。

余白に図を書いてみる

019

【問 9】 1億2,000万円の財産を有するAが死亡した。Aには、配偶者はなく、子B、C、Dがおり、Bには子Eが、Cには子Fがいる。Bは相続を放棄した。また、Cは生前のAを強迫して遺誇作成を妨害したため、相続人となることができない。この場合における法定相続分に関する次の記述のうち、民法の規定によれば、正しいものはどれか。

1　Dが4,000万円、Eが4,000万円、Fが4,000万円となる。
2　Dが1億2,000万円となる。
3　Dが6,000万円、Fが6,000万円となる。
4　Dが6,000万円、Eが6,000万円となる。

問題文でつらつらと書かれているよりも、図にしてみると頭の中も整理できるし、あれ？Aは誰だっけ、何してるひとだっけ？となったときにもすぐにわかって解きやすくなるでしょ！

６　やる気が出ない…そんなときは

おそらく今こちらを読んでくれているあなたは、お仕事をされていたり、家族がいて子育てや家事に追われていることと思います。

仕事や家事の隙間時間にお勉強をするのは思いのほか大変です。残業で遅くなっちゃった日なんかは、お風呂に入ってご飯食べたらなんにもやる気がしないですよね。宅建の勉強をしないといけないとは思うけど、どうしても参考書に手が伸びない。

そんなときは宅建士になった自分をイメージしてみましょう。

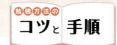

宅建士になると…

さすが国家資格！転職や就職活動が有利になる

業者にお勤めのひとは…宅建士資格手当でお給料UP
私の知っている業者さんは5万円/1カ月、3万円/1カ月、2万円/1カ月に、重要事項説明をするごとに2,500円の加算等

宅建の知識は広く浅いので他の資格取得の足がかりになる
不動産鑑定士・マンション管理士・管理業務主任者・賃貸不動産経営管理士等

　どんなことにおいてもいえることですが、目標を達成することは素晴らしいですよね。毎日が楽しく、充実しますし、こと宅建士になると、仕事面において環境がガラリと変わります。

　宅建士になったあなたはもう昨日のあなたではありません。立派な「不動産のプロ」なのです。

　不動産購入を検討しているお友達や親戚のひとたちをサポートしてあげることもできますし、「宅地建物取引士証」を水戸黄門さまの「印籠（いんろう）」のように掲げて、より条件の良いところへ転職することも、現職で昇格することも夢ではありません（笑）。

　今ちょっと踏ん張るだけで、来年の自分はもっと輝く、そんなふうに社会で活躍する自分をイメージして、ぜひ一緒に合格めざして頑張っていきましょう。

これさえできれば「合格」

権利関係をはじめとする宅建の試験範囲に取りかかる前に、ちょっとしたガイダンスにご参加ください。

少しでも早くお勉強を始めたいと焦り気味の方も、あるいはちょっとモチベーションが高まらず気の乗らない方も、まずはこちらのガイダンスを読んで、じっくり考察してみることをおすすめします。

宅建は決して難しい資格試験ではありません。かといって、数週間程度の学習で合格できるほどやさしい試験でもありません。きちんと準備し、上手に本試験を受けてはじめて合格が見えてきます。

つまりはきちんと対策を考え、しっかり実践できなければ何度受験しても結果は同じということです。

ここでは前者の「考える」ことの意義と方策を紹介していきます。

指南 1 合格に必要な能力を科学する

初めて受験される方や多年度受験のリベンジャーの方々は本試験の時点で、あなたの能力になにかが足りなかった、または欠けてることによって合格できないのです。

不足あるいは欠落していた能力を考えるには、まず合格するために必要な能力とはなにかをじっくりと考察してみる必要があるでしょう。ここでは合格に必要な能力をいくつかあげてみます。

合格に必要な能力
- A 基本理解力
- B 暗記力
- C 問題対応力
- D 自己マネージメント力

この４つの能力が合格に必要ということは、これらが備わっていれば合格できる可能性も上がるということ。逆にいえば、このうちのどれかひとつ、あるいはいくつかが不足、欠落していたために合格できないという事態になることもあるということです。

指南 ❷ （A）基本理解力が不足、欠落していた場合

（A）基本理解力が足りなかった、あるいは欠けていた場合です。基本理解力は、文字通り基本事項をどれくらい理解できているかを示しており、この能力はすべての土台ともいえます。

宅建の学習範囲を **分野**（権利関係、法令上の制限、宅建業法等の主要分野）➡ **章**（ひとつの法律であったり、あるいはひとつの法律を内容ごとに大別したもので本書のステージにあたります）➡ **項目**と細分化する場合は、分野全体の総合的な理解、章ごとの体系的な理解、項目ごとのポイント理解の３種が必要となり、それらの基本的な知識が求められます。

平たくいえば、この能力は"テキストを読んで書いてあることがわかること"であり、それは問題を解こうとする際の大前提となります。

⭐ **基本理解力が・・・**

１ 不足すると，不要な選択肢を消去できず，３肢，２肢と絞り込めない

２ 欠落すると，問題を正しく読み進められず，そうなるとヤマ勘に頼るしかない

問題文をしっかり理解する必要のある宅建試験を勝ち抜くためには、最低限まず必要不可欠な能力でしょう。"分からなければ解けない"のは当然の話だからです。

指南 3　（B）暗記力が不足、欠落していた場合

　そして、宅建試験においては（B）暗記力も大切な力のひとつです。簡単にいえば "テキストに書いてあったことが思い出せること" です。

　[指南2] であげた基本的な知識をどれくらい覚えているかを示し、本試験で時間内に落ち着いて答えを導き出すための力になりますが、基本理解力がある程度備わっていないと積み上げられない能力でもあります。丸暗記の非効率さを考えれば、まさに "理解なくして暗記なし" といえるでしょう。

　さらに、宅建をあまりアカデミックに捉えすぎると、この能力が不足しがちになります。学習目標はあくまでも本試験突破、つまり合格であるということを常に忘れないようにしましょう。

★ 暗記力が・・・

1 不足すると，思い込みで間違った選択肢を選びやすくイージーミスを招きやすい

2 欠落すると，制限法令や宅建業法等の数問ではまったく手が出ない

　暗記学習は苦手意識を持ちやすく、それを「暗記力が弱い」という単なる才能の問題に置き換えたがるのは、あまり得策とはいえません。具体的な対処法は別項で後述しますので参考にして頂ければと思います。

指南 ④ （C）問題対応力が不足、欠落していた場合

　次は、（C）問題対応力が足りなかった、あるいは欠けていた場合です。

　基本理解力と暗記力を正しく養成できれば、相当な知識量が備わっている状態にあります。基本理解力が上がり、それが暗記力によって知識として身に付いていれば、「ココがわからない！」と尋ねる友人に対して的確に教えてあげられるでしょうし、簡単な法律相談だったら答えられるかもしれません。

　しかし、それだけでは合格できません。知識があって暗記が十分でも、それを本試験でどう発揮すればよいのか、その術を知らない状態だからです。

　そこで問題対応力が重要視されてきます。知識を答案用紙上で披露する行為は思った以上に難しく、まして筆記ではないマークシート形式の本試験では、ある種の特殊能力として、この能力が必要になるといってもいいでしょう。

⭐ **問題対応力が・・・**

> **1** 不足すると，出題意図を理解できずに，カン違いで失点しやすい

> **2** 欠落すると，持っている知識をどう使えばよいかわからず，太刀打ちできない

　問題対応力は"テキストに書いてあったことを使えること"にほかなりません。

　また、そのための専門的な学習でしか培われず、基本理解力や暗記力の養成に多くの時間を割いたところで自然と備わってくるものではありません。

指南 ⑤ (D) 自己マネージメント力が不足、欠落していた場合

　基本理解力、暗記力、問題対応力を、知識の量と質がものをいう純粋な知力とすれば、自己マネージメント力は少し趣が異なります。

　自己マネージメント力とは、状況に応じて自分自身を律し、休息を取りながら学習リズムを整え、長丁場の受験を取り仕切る能力ともいえます。試験は120分、1問を2〜3分で解かなくてはなりません。しっかり集中を維持するため、とれるところは必ずとって、抜くところは抜いてと、自己マネジメントをする必要があるのです。

　また、日頃のお勉強についていえば、自分のなかにもうひとりの"マネージャーとしての自分"を雇い、不安や自信喪失に陥りやすい日々を乗り切ろうという仕組みのことです。"上手に進めて、上手に本試験を受けること"が、この能力です。

★ 自己マネージメント力が・・・

> **1** 不足すると，学習を完遂できず，自信を喪失して，本試験で実力を発揮できない

> **2** 欠落すると，学習を継続できず，戦わずしてすでに負け戦と化してしまう

　基本理解力、暗記力、問題対応力より過小評価しがちですが、重要度はそれらに勝るとも劣りません。自己マネージメント力なくして合格は困難なのです。

指南 6 つまり、これさえできれば合格できる

[指南2〜5]を総合すると、合格のために必要な能力を下のようにいい換えられることがわかります。

合格に必要な能力をいい換えると・・・

- A テキストを読んで書いてあることがわかること
- B テキストに書いてあったことが思い出せること
- C テキストに書いてあったことを使えること
- D 上手に進めて、上手に本試験を受けること

こうしてみると、これら能力も、至極当然な学習を順序立てて踏んでいくことで身に付ける、あたりまえの成果であるとわかります。そして、これらあたりまえの過程を軽視したり、省いてしまってはせっかくお勉強したのに悲しい結果になってしまうことも。

とりあえず始めるのではなく、お勉強には何が大事でどう進めるのが良いのか、まずは作戦を練りましょう。

あなたは何型？
タイプ別宅建試験の落とし穴

さて宅建のお勉強を始める前に、注意していただきたい落とし穴がいくつかあります。この落とし穴を知っていて避けられるか、うっかり落ちてしまい抜け出せなくなってしまうかで合格への道のりは大きく変わります。

不合格になりやすいパターンを6つにまとめて見ましたので、ご自身はどのパターンに陥りやすいのか予めご確認いただければと思います。

あなたは何型

- A テキスト最後まで読めない型
- B 専門家気取り法律オタク型
- C 入れっぱなしアウトプットできない型
- D お腹いたい…本番弱い型
- E 超細かい重箱のスミ型
- F まあイケるでしょ！丸腰型

このうちのひとつ、もしくはいくつかに当てはまるようでしたら要注意です。

時間は有限ですから自分にあった正しい方法でしっかり合格を勝ち取りに行きましょう！

A　テキスト最後まで読めない型

　このタイプの方は、そもそも宅建を受けるぞーという気合いが足りないか、お勉強に対する意識に問題がある人です。「合格したい」とか「合格しないと会社からつめられる」とかの強い理由や意思がない限り、とりあえ

ずテキストは購入したけど最後まで到達することすら出来ずに試験当日を迎えてしまいます。

A型の傾向

1. 学習量が足りないので知識が足りない
2. 受験者としての意識がそもそも欠如してる
3. 不合格・不勉強の責任を転移しがち

　このタイプは、お勉強が進まないことを「仕事忙しい～」「勉強する時間がとれない！」とか会社のせいにしたり、仕事のせいにする人が多いです…。
　本試験まで残り数週間になってはじめて「まずいかな～」と思っても、もう後の祭りです。また来年がんばってくださいね…。

B　専門家気取り法律オタク型

　これはお勉強が好きなタイプにありがちなパターンです。宅建が法律関連の試験という事も関係していますが、民法のようにお勉強していくと面白さを感じられる分野に、より多くの時間を使ってしまうようになります。反面、最低限頭に入れる必要がある情報に対しての対策が全然できていない傾向があります。

B型の傾向

1. 民法を知って法律の専門家になったように思い込む
2. 問題集よりテキストの方が面白い
3. 業法等の他の分野をないがしろにする

あなたは何型？
タイプ別宅建試験の落とし穴

　もちろん、宅建のお勉強をする以上は合格が目的ですので民法をしっかり得点して合格点をとるようであれば問題はないのですが、時間は有限ですから…宅建業法等の知識を入れてしっかり演習すれば取れる箇所をおざなりにしてしまう人が多いように思います。

C　入れっぱなしアウトプットできない型

　これは最も数が多いタイプ。不合格者の典型ともいえます。ただこのタイプの人たちは一度不合格になってしまっても「ああもっと過去問を解いておけばよかったな〜」と自覚しやすいので救いがあります。

C型の傾向

1. 知識量がある割に伸び悩む
2. 問題演習の重要性を知らない
3. テキストを終わらせるだけで息切れ

　テキストを読むのは「テキストを読むこと」が目的ではありません。テキストから吸収した知識は問題を解くための武器です。テキストを読むのは「問題を解くため」と目的をしっかり意識して、日頃のお勉強を進めていきましょうね。

D　お腹いたい…本番弱い型

　個人的には一番かわいそうなタイプがこれです…自己マネージメントでなんとかしろって言われても、緊張しちゃったらどうにもならないですよね。宅建のお勉強を進めていくと、孤独や不安に苛まれる夜が誰しも訪れます。

それでも毎日お勉強した自分を信じてあげて、落ち着いて挑(いど)んでほしいなと思います。

D型の傾向

1. ものすごいマイナス思考
2. ドキドキしちゃって直前期の対策ができない
3. 試験（高校・大学受験も含む）に慣れていない

　このタイプに当てはまりそうだな〜という方は、少し前から模試などに挑戦して試験の空気に慣れておくのもいいかもしれません。きっといいことある、受かる〜！と、ときには気楽に、楽しく挑戦しましょう！

E　超細かい重箱のスミ型

　「質問なんですけど〜」の質問がめちゃくちゃ細かいのがこのタイプの特徴です。細かいところまで気を配れるのはもちろん良いことではあるのですが、細かいところはバッチリで大きな頻出ポイントが抜けている人が意外に多いんです。

E型の傾向

1. 木を見て森を見ず
2. 時間の使い方がヘタクソ、機能不全に陥りがち
3. 気合い入れて六法全書とか買っちゃうパターン

　宅建の合格を目指すのであれば六法全書は、ちょっと…いらないんじゃないかな…それ読んでる暇があったら1問でも多く過去問を解いてもらったほうが合格率はあがると思いますよ～。

F　まあイケるでしょ！丸腰型

　これ、最もマズいタイプです。宅建試験がどれくらいの難易度かを知らないため、申込みすれば受かるでしょ～くらいにしか考えていないんです。ただ真剣にお勉強をしている人からしたら大変ありがたい存在でもあります。といいますのも宅建試験は「落とす試験」ですから、この人たちが合格点を下げてくれているんですねぇ～。

F型の傾向

1　宅建試験は「落とす試験」であることを知らない

2　受けることに価値がある、結果より道筋が大切（意味不明）

3　特に初学者

　私の知っている某宅建業者さんでは、会社から「宅建絶対取れよ！」とせっつかれて営業マンが全員申し込みをしています。が、結果は毎年惨敗。ちゃんと対策を取って臨(のぞ)んでいる人からしたら有り難い限りです。皆さんは宅建試験とはどのようなものかしっかりと理解した上で、合格を目指しましょう！

本試験の傾向を知る

「わかったつもり」はわかってない！間違った理解のママお勉強を進めていては本末転倒です。せっかく仕事後や休日の貴重な時間を費やしてお勉強をするのであれば、必要な知識を最低限の時間と労力でゲットして、最短距離で合格を目指しましょう。そのためには宅建試験とはどのようなものなのかを知るのが最も大切です。

1 宅建士試験の概要は？

> 50問を2時間で解きます。1問あたり2分ぐらいですね！

宅建士試験の概要

受験資格	年齢、性別、学歴の制約はありません（誰でも受験できます）
実施機関	（財）不動産適正取引推進機構 詳細は http://www.retio.or.jp にて
試験実施日	例年10月の第3日曜日
出題形式	問題数は50問、四肢択一形式による筆記試験 ＊宅建業に従事している方で所定の講習を受講した方は45問（5問免除）にて実施
試験時間	120分
受験申込	例年7月から受験申込書の配布・受験の申込み
受験申込者数	約22万人～23万人
受験者数	約18万人～20万人
合格者数	約3万人
合格率	15％前後
合格点	35点前後（50問中）〈免除者は30点〉 ＊その年の問題の難易度による
合格発表	例年11月の最終水曜日

033

本試験の傾向を知る

2　宅建試験の主な出題内容

　もちろん年度によって多少の変動はありますが、概ね下記のような内容が出題されています。

宅建士試験の出題内容

分野の表現	具体的な法令	問題番号	出題数
権利関係編	民法・借地借家法・不動産登記法・建物の区分所有等に関する法律	問1～問14	14問
法令上の制限編	都市計画法・建築基準法・農地法・国土利用計画法・土地区画整理法・宅地造成等規制法など	問15～問22	8問
宅建業法編	宅地建物取引業法	問26～問45	20問
その他諸法令など	所得税・登録免許税・印紙税・不動産取得税・固定資産税など	問23～問24	2問
	地価公示法か不動産鑑定評価	問25	1問
	住宅金融支援機構・景品表示法・住宅着工統計など（免除科目）	問46～問50	5問
	宅地・建物の形質など（免除科目）		

　注）宅地建物取引業に従事している方で、所定の講習課程（指定講習）を修了し、講習修了者証の交付を受けた方は、問46～問50の5問が免除され、全45問での試験実施となります。

　出題数を見ますと、比較的難易度が高い権利関係に力をいれるよりも、逆に、とっつきやすい内容で過去問を解けば解く程得点できるようになる宅建業法で、がっつり得点した方がいいな～という作戦も見えてきますね。
　というように、本試験について知ることは、合格への近道でもあります。皆さま、以上でおおよその傾向はわかりましたでしょうか？

本書の使い方

1 攻略のガイドラインでどんなことをお勉強するのかを確認しましょう

各セクションのはじめにある**「学習のポイントABC」**と**「攻略のガイドライン」**を読んで出題の傾向と対策をしっかり頭に入れてくださいね。

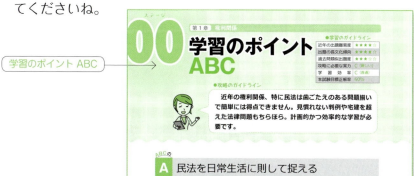

2　ドラマ形式の本文をご自身のペースで結構ですので読み進めましょう

「宅建業者さん」「知事」など、お勉強する内容ごとに多彩なキャラクターが登場して、重要箇所をわかりやすく説明してくれます。

宅建合格を目指す登場キャラクターと一緒に、お仕事の合間や通勤の電車の中など、スキマ時間を効率的に使ってお勉強を進めていきましょう！

3　本編ドラマでお勉強した内容を理解できたか確認しましょう

本試験に出やすい重要な項目が**「理解と暗記の重要ポイント」**としてまとまっています。ドラマを読み終えたら、**「理解と暗記の重要ポイント」**を使用してどれくらい理解できているのかを確認しましょう。

どの資格試験でもいえることですが、お勉強のコツは立ち止まって自分の現状を知ること。**「理解と暗記の重要ポイント」**でほとんどわからなくても、だめだ…と落ち込むのではなくて、自分が理解できていなかった箇所がどこかわかった！ラッキーと考えましょう。

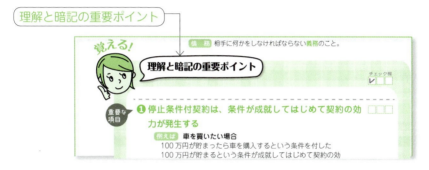

4　あいまいなところがあったらそのままにしない！もう一度戻って理解できるまで読みましょう

　ここが一番大切！分厚いテキストを何冊も使ったり、六法全書を用意して、あれもこれも手を出してお勉強した気になるより、一冊をしっかり理解するほうがずっと合格への近道です。また本書では満点は狙えません。宅建士試験で満点取るぞ〜という方には向いていません。だって35点以上取ればいいんだもん。
　大事な箇所だけしっかりおさえていきましょう！
　それでも、せっかくだし満点を狙うという方は「重箱のスミ型」の落とし穴に陥ってしまわないように気をつけてくださいね。(私もどちらかと言うと重箱のスミ型です…笑)

宅建試験受験ガイド

受験申込書の受付は7月末まで、申込書や必要書類も早めに入手すること。

試験概要

指定試験機関	(財) 不動産適正取引推進機構 (試験部) ※通称「適取」 〒105-0001 東京都港区虎ノ門 3-8-21 (第33森ビル3階) 電話 03-3435-8111 ホームページ http://www.retio.or.jp
受験資格	特に受験資格はなく誰でも受験できます。
試験日時	例年10月の第3日曜日に実施されます。 午後1時〜3時 (一部免除の受験生は午後1時10分〜3時)
試験場所	受験申込みの際に各自指定し、後日試験会場の案内図を記載した受付表が交付されます。一度申し込んだら変更できません。

申込方法

受験申込書の配布	7月上旬から申込み受付終了日まで、ホームページ (7月中旬まで) 及び各都道府県の協力機関の指定する場所で無料で配布されます。
受験申込受付期間	インターネットは7月上〜中旬、郵送は7月上〜下旬です。
写真	6カ月以内に撮影したもので無帽、無背景。サイズは縦4.5cm×横3.5cm で裏面に受験地と受験者の氏名を記入します。
受験手数料	7,000円 (変更される場合もあります)

合格発表

発表の期日	例年は11月下旬〜12月初旬
発表方法	合格者番号の掲示。合格者へは合格証書が送付されます。

試験形式

試験時間	2時間 (一部免除の受験生は1時間50分)
持参するもの	受験票、筆記用具 (BまたはHB)、上履き (一部場所のみ)
出題方法	全50問。四肢択一のマークシート方式で行われます。

出題範囲

出題内容	出題法令の適用その年の4月1日現在に施行されている法令が対象となります。

※各情報とも発刊時点でのものにつき更新等される場合があります。

第1章

Chapter.1

権利関係

チェック欄

01	債権と債務	
02	弁済	
03	問題ある意思表示	
04	代理制度	
05	所有権と時効	
06	共　有	
07	抵当権	
08	第三者弁済、相殺、代物弁済	
09	債権譲渡	
10	連帯債務、保証債務	
11	債務不履行	
12	売買契約	
13	委任契約、請負契約、贈与契約	
14	不法行為	
15	相　続	
16	借地借家法》借地権	
17	借地借家法》建物賃貸借	
18	区分所有法	
19	不動産登記法	

point

　本章では権利関係として、民法を中心に民法特別法である借地借家法、区分所有法、不動産登記法を加えた法律群をお勉強していきます。（これらは民法グループとも呼ばれることもあります。）

　民法という法律の性格上、判例等の学習も不可欠です。本書ではスムースな理解を促すため、重要な判例等を解説に加えました。

ステージ 00

第1章 権利関係

学習のポイント ABC

●攻略のガイドライン

●学習のガイドライン	
近年の出題難易度	★★★★☆
出題の長文化傾向	★★★★☆
過去問類似出題度	★★★☆☆
攻略に必要な実力	C（難しい）
学 習 効 率	C（普通）
本試験目標正解率	60%

近年の権利関係、特に民法は歯ごたえのある問題揃いで簡単には得点できません。見慣れない判例や宅建を超えた法律問題もチラホラ。計画的かつ効率的な学習が必要です。

ちょっとマジメに解説します

ABCの A 民法を日常生活に則して捉える

　民法は、日常生活で起きる様々なトラブルを解決するために存在しています。そう思って見回してみると、私たちの周囲には民法になんとかしてもらいたい事だらけです。

　本テキストに収録した内容も例外ではありません。友人との約束、隣人との付き合い方、親族との関係等々、皆さんは民法学習の具体例に日々囲まれて生活しています。このように民法は、とても身近で理解しやすい法律なのです。まず「私には民法なんて縁がない」「民法ってなんとなく難しそうだから…」という悪い印象は払拭しておきましょう。

■民法はもともと明治時代に作られた法律

　民法はもともと明治時代に作られた法律です。表記こそ改正されましたが表現は古めかしくすんなりと判読できないうえに、目的物も曖昧に規定されており、一見すると現代における生活様式や人間関係とのギャップばかりが印象に残ってしまいます。

　そこで、こと宅建受験に関しては条文をそのまま読んで理解しようとする方法は絶対に避けるべきです。条文の読み方をマスターするよりも、条文の要旨やその考え方を汲み取り、民法を身近な存在として捉

040

える癖を付けましょう。 民法の規定を日常生活の権利関係にあてはめて考える能力が身に付けば、事例問題（A、B等の登場人物の関係を通して法律の理解を問う問題）が増えつつある本試験の受験対策としても万全です。なぜなら、事例問題攻略のコツは、複雑な権利関係をすっきりと整理することに尽きるからです。

■ 民法は自分の生活にあてはめて考える

本書では条文の中から、その核となる部分だけをユニークな読み物のなかに染み込ませました。ちなみにここでいう核とは、本試験頻出項目を指します。収録分すべてが最重要項目です。

本書を読み想像力を働かせながら身近な出来事として権利関係を捉え、ひとつひとつの条文が私たちの生活を土台から支えているものだと実感できれば、民法はすでに攻略したも同然です。

ABCの
B 頻出項目の重点学習がカギ

民法の範囲は膨大です。宅建試験で出題される部分だけでも、そのすべてを勉強しようとしたら、何年経っても終わりが見えません。

よって学習内容を厳選し、**出題の可能性の高い項目から学んでいく方法が現実的**です。苦労して作り出した学習時間は、学習の優先順位に沿って使うべきであり、そのためには、**どの項目を見切るべきか**も知らなければなりません。

実は**ここが合否の分かれ目**となります。出題者の意図をある程度予想できれば学習効率はもちろん、学習意欲の向上に大きく影響してくるからです。「今なぜココを学習しているか」という自己への問いかけに対し「学習する意味が大きいから＝出題可能性が高いから」という明快な解答を常に心に抱いて学習できれば、ただ言われるままに行う暗記学習と違って、知識量も格段に増えてくることでしょう。

民法学習を始めるにあたっては、出題者の意図を考えてみることが大切です。そのためには、宅建試験の目的に立ち返る必要があります。さっそく詳しくみてみましょう。

C 37条書面の重要性が示す民法学習のポイント

ご存知のように宅建試験は、正式名称を「**宅地建物取引士資格試験**」といい、宅建士の事務を行ううえでの知識の有無を問うことが目的です。ここでいう宅建士の事務とは次の3つです。

① **35条書面の説明・交付**（簡単にいえば商品説明）
② **35条書面への記名押印**
③ **37条書面への記名押印**（簡単にいえば契約内容のチェック）

要するに宅建試験では①〜③についての知識の有無が試されており、いってみれば受験生にそれを聞くのが出題者の役目です。極論ですが、試験の目的に直接係わる①〜③を出題のメインに置かない試験問題は不適当ということになります。

①〜③はすべて宅建業法で規定されています。しかし実際の試験は民法が約 $\frac{1}{3}$ も占めています。試験の目的である宅建業法はともかく、なぜ民法の出題が全体の約 $\frac{1}{3}$ を占めるのでしょうか？ さらに、民法はなんのために学習するのでしょうか？

その答えは③の37条書面にあります。**37条書面には多くの民法の規定が深く関わり、宅建士の重要な事務である37条書面を正しく理解するためには、正確な民法の知識が必要とされている**のです。具体的に確認してみましょう（次ページ表参照）。

（表）37 条書面の記載事項に関係する民法の規定

民法の規定	37 条書面の記載事項 [ステージ 40 参照]
◎意思表示・代理	◎契約の当事者の氏名住所
◎売買契約・賃貸借契約・債権債 務の発生	◎宅地建物を特定させるべき、 所在番地等 ◎代金または交換差金の額並びに、 その支払方法と時期
◎債権債務の発生	◎不動産の引渡し時期
◎所有権等の物権・不動産登記法	◎移転登記の申請時期
◎債権債務の消滅・債務不履行・ 手付	◎代金または交換差金以外の 金銭の授受に関する定め ◎契約の解除に関する定め
◎損害賠償	◎損害賠償の予定または 違約金に関する定め
◎債務不履行・抵当権	◎代金等の斡旋にかかわる 金銭の貸借が成立しないときの措置
◎危険負担・債務不履行	◎天災その他不可抗力による 損害の負担に関する定め
◎売主の瑕疵担保責任	◎不動産の瑕疵担保責任に関する定め
（◎税金）	◎不動産にかかわる租税 その他の公課の負担に関する定め

■ 37 条書面を理解する

先の表のように 37 条書面にはこれほど多くの民法の規定が含まれており、宅建士の事務には、まず民法の理解が先決であることがわかります。

このように、37 条書面を理解することは「宅建士を目指している今、なぜ民法を学習しているのか」という民法学習の意義を把握することにつながります。ひいては一見バラバラに見える宅建試験の 3 分野（民法、宅建業法、法令上の制限）が、実際は有機的に繋がっていることも実感できると思います。さらに学習の優先順位を知ることでより出題されやすい項目を重点的にお勉強できるようになり、学習効率も飛躍的にアップすることでしょう。

本書では、以上のような考え方をもとに、民法の頻出項目を徹底的に絞り込み、必要最小限の解説を加えています。ステージごとに読み進めば、自然に理解できるよう工夫してあります。

特に宅建業法の学習を終えたあとには、自分が宅建士になったつもりで37条書面を意識しながら、民法の規定を整理してみてください。第1回目の学習時とはまったく異なった視点で、民法が理解できるはずです。

D 神経質な学習はダメ、完全主義もダメ

民法は日常生活に置き換えて考えやすいため、他の2分野に比べて勉強が面白く感じられる反面、理解しなければならないことが非常に多く、時間を要するのが特徴です。そのため学習が苦にならない＝「自分は民法が得意なんだ！」と誤解して、いつの間にか学習計画の大部分を民法に割いてしまったり、分厚い法律書を購入してどうでもいいような細かいところにこだわってしまい、宅建合格という目的から遠く離れてしまうひとも…。

また、細かい疑問に遭遇したとき、そのまま先に進めなくなってしまうひともいます。

宅建試験に限らず、受験の王道は**理解→記憶の学習サイクル**をいかに素早く繰り返せるかです。民法の細かい規定にとらわれたり、出題とは直接関係のない疑問点の前で立ち往生するのは絶対に避けましょうね。

■早期に学習を開始

民法は実際のところなかなかの曲者（くせもの）です。深入りし過ぎが原因でいったん「木を見て、森を見ず」病に感染してしまうと本試験までに完治しないことも予想されます。症状が悪化すると2～3年の闘病すらありえます。そんな悲劇を体験しないで済むよう、できる限り**早期に学習を開始**し、できれば**夏前の完成を目標に学習計画を組み立て**てください。そして夏以降は過去問を含む問題演習を繰り返し取り組むことです。締めくくりは試験1カ月

前頃に再度本書の民法を、今度は軽く見直して完成させましょう。

E 正解肢を選べることが、理解したということ

「民法を知っている」と「民法を理解している」は大きく異なります。読んだことがある、聞いたことがある等の習得レベルで本試験に臨んでも、四肢択一問題で正解することはできません。なぜならその程度の不確かな実力者は出題者の仕掛けた罠にはまりやすく「どの肢も読んだことがありそうで、選べない」ともがいてしまうからです。

迷った挙げ句の惜しい不正解も、白紙の不正解も、結果は同じ不正解。肝心なのは**「正解肢を導き出せる力だけ」**と思って、それを身に付けるための専門的な訓練を繰り返すことです。

内容を理解できるまで読み込んだら次は過去問にチャレンジ、間違えたらテキストに戻って過去問へ…。これを続ければ得点力アップを必ず実感できるはずです！

ステージ 01

第1章 権利関係
債権と債務

●攻略のガイドライン

債務とは何だろうということを理解することからはじめましょう。債権・債務について理解できると、これからお勉強していく他の項目についてもすんなりと頭に入るようになります。まずは気軽に読み進めていきましょう！

●学習のガイドライン

本試験重要度	★
本試験出題頻度	★
本試験出題難易度	★
攻略に必要な実力	A（やさしい）
学習効率	A（最良）
覚えるべき事項	2項目

攻略のひとことテーマ

債権と債務は、表裏一体

- **債 権** 相手に何かをしてもらえる**権利**のこと。
- **債 務** 相手に何かをしなければならない**義務**のこと。

理解と暗記の重要ポイント

チェック欄 ✓ ☐ ☐

重要な項目

❶ 停止条件付契約は、条件が成就してはじめて契約の効力が発生する

☐ ☐ ☐

例えば 車を買いたい場合

100万円が貯まったら車を購入するという条件を付した。100万円が貯まるという条件が成就してはじめて契約の効力が生じる。

重要な項目

❷ 期限の利益は放棄できる

例えば 借金をした場合

借金の支払期限までは払わなくても大丈夫という条件を付した。でも、もしお金があるなら期限前であってももちろん弁済できる。

☐ ☐ ☐

「理解と暗記の重要ポイント」は本試験に出やすい重要な項目です。この後のドラマを読み終えたら、「理解と暗記の重要ポイント」がどれくらい理解できているのかを確認しましょう。

1 権利関係 >> 01 債権と債務

はじめまして、私が民法です

さて今回のお話は…

日頃私たちはスーパーへ行って食材を購入したり、ショッピングモールでお洋服を買ったり、さまざまな「お買い物」をして生活をしています。この「お買い物」ですが、当然買い手と売り手が存在して、「買いたいな」「売りたいな」というようにそれぞれの意志が合致することで成立していますよね。**お互いの希望が合致してはじめて取引、つまりは契約が成立するのです。**

そんな当たり前の行為に関するルールをまとめたものが**「民法」**です。また、法律では買ったり、借りたりすることによって目的物が引き渡される等の一定の効果が生じることを期待して行う行為を**「法律行為」**というふうにいいます。行為なんて言われると大層なことのように思えて、なんだか取っ付きにくいですね。でも、実際は日常で皆さんが行っているお買い物も先に述べたように立派な法律行為なんです。さて、今回は民法をお勉強するうえでは切っても切れない債権ちゃんと債務くんから民法のいろはを学びましょう！

シーン1　期　限

債権：はじめまして。私を持つと「債権者」と呼ばれます。つまりは私のご主人様ってことだけど、そうなるには意思表示が必要になるわ。

債務：でも単なる意思表示じゃダメ、私たちのご主人様同士の意思表示が合致して契約が成立しないとね。申し遅れましたが私は「債務者」です。

債権：そりゃそうよね。**契約ってつまりは約束のこと**で、守るために交わすもの。同じく契約はその内容を実行するために結ぶもの。そうして私たちは生まれる…と。つまり**当事者**間の契約の成立によって、その効力である私たちが発生し、債権者は契約の内容を実行するよう請求できる「権利」を、債務者は契約の内容を実行する「義務」をそれぞれ持つことになるわけね。

債務：いわば僕たちは表裏一体、切っても切れない仲だよ。発生したからには消滅するまで長い付き合いになるけどよろしくね。

債権：長くって…ものには限度が。もしも当事者が〇月〇日に私たちを消滅させようと取り決めた契約ならばそうもいかないでしょ。

債務：今回の当事者は期限なんて決めてたっけ？　たしか債務者は次会ったときに履行するっていってただろ？

債権：ちょっと待って。確か期限には2種類あったよね。

期限の種類	解説
① 確定期限	期限が確定していること。 （例）7月1日に土地を売る。
② 不確定期限	期限が確定していないこと。 （例）祖母がなくなったら土地を売る。

『次会ったとき』って約束したなら②の**不確定期限**よね。債権者と債務者が今後会う可能性はあるが、それがいつかは定かでないときの期限よ。

面倒だな〜。いっそ期限なんて決めなきゃよかったのに。

そういうときには、債権者は適当な時期を見計らって契約の内容を実行するよう債務者へ請求するわけ。遅かれ早かれ私たちは消滅する運命ね。

じゃあ期限も決めず請求もなければ、僕たちは永遠にこのまま？

▶ シーン2　条件

そうあせらない、期限や請求のほか条件というものにも左右されるわけ。種類は同じく2つ。

期限の種類	解説
① 解除条件	条件がそろうと法律要件が発生すること。 （例）大学に合格したら仕送りしてもらえる。
② 停止条件	条件がそろうと法律要件が消滅すること。 （例）留年したら仕送りがストップする。

もしも①の**解除条件付契約**だったらどうなるの？

その条件が成就すると契約の効力が解除される、つまり私たちが消滅することになる。逆にいえば条件が成就しない限り私たちは消滅しない。

なるほど。ご主人様同士が「次に会う」まで、僕たちの付き合いは続くと。

そう。それに対して②の**停止条件付契約は、条件が成就してはじめて契約の効力が発生する** ❶ つまり私たちが発生する契約。逆にいえば条件が成就しない限り私たちは発生しない。

こうして僕たちが出会っていることも、もしかしたらすでに条件が成就したからかもね。たとえば『親のゆるしが出たら』とか。

可能性はあるね。どっちにしてもあなたのご主人様である債務者には頑張ってもらわないとね。

▶ シーン3　期限の利益

でも『次に会ったら』なんてあなたのご主人様である債権者も気の長い人だね。次に会うまで債務者は債務を履行しなくていいわけでしょ。

そう。それが債務者が持つ期限の利益ね。債務者は期限が到来するまで債務の履行を待ってもらえるわけ。

その期限までのどの時点で履行するかを債務者自身が決められると。

重要な項目
つまり<u>期限の利益は放棄できる</u> ❷ けれど、その自由も債務者にあるのね。だから債権者は期限が到来するまで債務の履行を待つしかない。

なるほど、期限の利益は債務者のためにあるんだね。どちらにしても僕たちの消滅も債務者の行動を待つしかないということだ。

▶ シーン4　民法とは…

そう、私たちと別れる方法はあらかじめ決まっているのよ。

決まっているって、どこに？

民法よ。民法には私たち債権債務をどうやって消滅させるか、その手法が定められているの。

でも民法って個人の権利や義務について規定した法律でしょ？

もちろんそうだけど、日々他人から物を買ったり、借りたり、もらったりしつつ生活しているということは、毎日たくさんの契約を結びながら過ごしているということでしょ。私たち債権債務がたくさん発生するわけだから。

世の中ごちゃごちゃになって権利関係がわからなくなっちゃう…だから発生した債権、債務は必ず消滅するようにその方法が定められているのよ。発生するばかりではやがて身動きが取れなくなっちゃうから整理する方法があるってことだね？

051

そういうこと。だから債権債務をどうやって消滅させるかがとても重要で、民法はそのガイドブックと考えるとわかりやすいの。

じゃあ民法は私たちを成仏させてくれるお坊さんみたいなものだね。

んー、あなたが仏教徒ならそうかもね。次のステージから「成仏」の方法を見ていきましょう。

語句の意味をチェック

債権、債権者	契約の内容を実行するよう請求できる権利、その権利を持つ者
債務、債務者	契約の内容を実行しなければならない義務、その義務を持つ者
意 思 表 示	一定の法律効果の発生を欲する意思を外部に対して表示する行為
当 事 者	私とあなた
（債権債務の）発生、（債権債務の）消滅、（債務の）履行、（条件の）成就、（期限の）到来	それぞれ法律用語としてペアで使われる
履 行	債務者等が債務の内容を実現すること

試験問題セレクション

問1 ＡとＢは、Ａ所有の土地をＢに売却する契約を締結し、その契約に「ＡがＣからマンションを購入する契約を締結すること」を停止条件として付けた（仮登記の手続きは行っていない。）場合、当該条件の成否未定の間は、ＡＢ間の契約の効力は生じない。（平成11年）

★解答・解説は054ページ左下

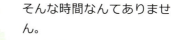

5問免除の恩恵

一般の方からすると不動産業者の5問免除って羨ましいですよね。

私も5問免除の恩恵を受けて合格しましたが、この講習、とにかくつまんないんです。やれこの法律が、やれこの数値が…なんて教科書見ればわかるようなことを延々と聞かされます。

でも、そもそもなんで5問免除なんて制度ができたんでしょうね。

国としては、宅建は宅建業に従事する人にこそ取ってほしいからなんだと思います。

ただ悲しいことに、それでも業者さんは全然合格しない…私の知っている業者では20人近くの従業員に受けさせて、合格したのは0人！なんていうイカしたところも（笑）。今年こそは…と例年意気込んでいますが、果たして今回は…。

ただ、業者さんって忙しくてお勉強している暇がないんです。だから受からない。私も宅建業に従事しているひとりですので、気持ちはよくわかります。

大手の会社だと研修があったり、新入社員はみっちり宅建勉強するのが仕事！なんてところもありますが、ベンチャーですと、とてもそんな時間なんてありません。

時間が取れないから受からない…そして業界全体で宅建士が不足していく…ピンチ(>_<)

…そんな事態をなんとかするために、5問免除という制度が生まれたのでしょう。

この5問免除に該当する箇所ですが、一番理想的なのは試験前にしっかりと基礎をおさえておくこと。

でも直前になって勉強を始めた方や、時間が取れなくて、業法や法令制限等まだ不完全、なんて方におすすめの得点方法があります！

それは試験当日、少し早めに会場にいくこと！都市部の会場ですと、試験会場の付近に大手の予備校から派遣されてきたひとたちがいるんです。そのひとたちが「時事問題の予想配布してま～す」とか「出題予想です～」なんて言って問46以降の予想が書かれた紙を配布していますので、それをその場で覚えましょう（笑）。

でも、これはあくまで最後の手段。できればあらかじめ理解しておいて心の余裕をもって臨んでくださいね。

ステージ 02 弁済

第1章 権利関係

●攻略のガイドライン

まずはじめに弁済はあまり出ません！ただ頻出度は低くても債権債務の消滅の原則としてしっかり理解しておきたい項目です。基本的な知識として、また民法のベースとして他ステージにも通じるのでゆっくり読み進めていきましょう。

●学習のガイドライン
本試験重要度 ★
本試験出題頻度 ★
本試験出題難易度 ★★
攻略に必要な実力 B（普通）
学習効率 A（最良）
覚えるべき事項 4項目

攻略のひとことテーマ

約束は守るために、弁済は債務を消滅させるために

弁済 借りていた金品を返すこと。それによって**債務が消滅**する。

理解と暗記の重要ポイント

チェック欄 ✓

重要な項目

❶ 弁済の順序は、**費用→利息→元本**で充当される

❷ 弁済する場所は、**特定物はその物があった場所、特定物以外は債権者の住所**

❸ 受取証書の交付と弁済は、**同時履行**の関係にある

❹ 複数の債務に対する弁済は、**債務者の利益が多いもの**から充当される

例えば 利息有りと無しなら有りから、
利率が高いものと低いものなら高いほうから、
担保有りと無しなら有りから。

〔問1の解答・解説〕○ 停止条件付契約は条件が成就してはじめてその効力が生じる。つまり成就していない間はその逆ということ。

> ご利用は計画的に！

さて今回のお話は…

契約をしたことをその内容通りに実行して、債務を消滅させることを「弁済」といいます。債権債務の章でお勉強したように、債務者は契約＝お約束した内容をしっかり実行することが義務となりますが、世の中そうとんとん拍子にうまくはいきません…。

それでは債務者がその債務を履行しないと「契約」は永遠に続いてしまうのでしょうか？

いえ、契約内容を履行しなくても債務が消滅することは可能です。その方法として「相殺」「時効」「免除」「混同」「更改」「第三者弁済」がありますが、今回は株の投資に失敗したかわいそうな奥様と、借金取りのウチジマくんのやり取りから、これらの方法の原則をまずはお勉強させてもらいましょう！

本編　〔配役〕奥さん　ウチジマくん（借金取り）

▶ シーン1　**一部弁済するとき**

奥さん

助かりました。株に手を出したのがだんなにバレたらホントに困っちゃうから、借りたお金はきちんとお返ししますので。

ウチジマくん

奥さんよー。全額返してもらえるまで奥さんの債務は消滅しねえから、そこんとこヨロシク。

あの～、へそくりから少しずつお返ししても構いませんか？」

一部弁済かぁ。いいけど！　なかなか元本は減らないよ？

どういう意味ですか？

弁済の順序は、費用→利息→元本で充当される ❶ んだよ。こっちも貸すからには利息はしっかりもらわなきゃ商売にならないからね。

そうね、利息を生む元本から減ったら利息が少なくなってしまうわね。

それに最後に残った利息って、実は取り損ねてしまう可能性が高いんだよなぁ。

私も元本が消えたらそれ以上金額は増えなくなるので安心してしまって、返す気がなくなっちゃうかもしれないわね。

そりゃ困るぜ。待っててやるからさ奥さん、一部弁済しっかり頼みますわ。

▶ シーン2　弁済する場所

待ってますって、自宅まで取りに来てくださらないの？

弁済する場所は、特定物はその物があった場所、特定物以外は債権者の住所 ❷ 今回は不特定物の弁済ってことになるから、俺のところへ弁済に来てもらわないとね。

特定物って、たとえば。

住宅や土地が特定物、金銭が不特定物の代表例ってことだな。

▶ シーン3　受取証書を交付するとき

それから1週間後…

株で儲かっちゃって、少しですが持ってきました。

一部弁済ってやつですね。毎度どうも。後で受取証書を作成して郵送しておくから。

あら、今欲しいわ。疑うわけじゃありませんけど、受取証書がないからって再度請求されたら困りますからね。

こりゃ失礼。**重要な項目** 受取証書の交付と弁済は、同時履行の関係にある ❸ んだったな。受取証書を交付しないと弁済も受けられねーな。

同時履行の関係って？

当事者のどっちも債権を持つときは、一方の債務が履行されていないのに、もう一方の債務の履行を強制することは不公平だと思わないか？

ええ、自分だけ履行したのに、相手が履行しないのは不公平よね。

同時履行ちゅーのは、それと同じことだよ。そんな不公平な状況に陥らないように、自己の債務の履行も拒めるんだ。まとめると**相手方が履行の提供をするまで自己の債務の履行を拒む権利を、同時履行の抗弁権**って言うんだよ。

 なるほど、つまり私は『あなたが受取証書を交付しないならば、借金を弁済しないわよ』っていえるわけね。じゃあ、あなたが受取証書を交付しないならば、借金を弁済しないわよ。

 んだとー！ あんたが借金を弁済しないならば、受取証書は交付しねーからな。

 でも、もしもの話だけど誰かが盗んだ受取証書を使って弁済の請求をしてきて、私が支払ってしまったらどうなるのかしら？ すでに同時履行の抗弁権も使えないし…。

 確かにそういう問題もあるんだよなぁ。もしも奥さんがその盗人を（受取証書を持参した者）弁済受領の権限があると過失がなく、信じてしまったときには奥さんのせいじゃないからあんたはせめられないよなー。

 私の弁済は有効になるんでしょ？

 そういうこと。奥さんは弁済したことになるから、とりあえず俺からは奥さんへ請求できなくなっちまう。

 それだと借金取りさんが大損じゃないですか…。

058

俺だってただ手をこまねいて見ているわけじゃねーぜ。当然不当に利益を得た者として、その盗人に返還請求するし、表じゃ言えないようなことできっちりオトシマエを…。

▶ シーン4　複数の債務を一部弁済するとき

それから1週間後…

一部弁済したばかりだけど、また損しちゃったのよね… 今回は少しだけ貸してくださいな。

…これを最後に株から足を洗ったほうがいいぜ奥さん。

まあまあ。また株で儲かったら一部弁済しますから。そのときは額も小さいし、今回の借金から消していってほしいんだけど…。

はいはいわかりましたよ。基本的には**複数の債務に対する弁済は、債務者の利益が多いものから充当される** ❹ から、言っといてくれなかったら金額の多い前回の債務から弁済することになってしまうところだったぜ。

なるほどね。さてと、お金も借りられたし、宝くじを買いに行ってきますわ。駅前のお店から1等が出たんですって！

……。

語句の意味をチェック

費用・利息・元本	元本とは使用の対価として収益を生ずる財産。その収益が利息。費用は経費ともいわれる
相　殺	［ステージ8参照］
時　効	［ステージ5参照］
免　除	いったん成立した義務（債務）を特定の者について解除すること。奢り
混　同	［ステージ10参照］
更　改	債務者が債権者に対し、既存の債務を消滅させると同時に、それに代えて新たに別の債務を成立させることで、具体的にはローンの借換え等
抗弁権	弁済を拒む権利

試験問題セレクション

問2　Aが、Bに対して不動産を売却し、所有権移転登記及び引渡しをした場合で、Aが、Bに対し不動産の代金債権より先に弁済期の到来した別口の貸金債権を有するときに、Bから代金債権の弁済として代金額の支払いを受けたとき、Aは、Bの意思に反しても、代金債権より先にその貸金債権に充当することができる。（平成11年）

★解答・解説は062ページ左下

1 権利関係 ≫ 02 弁済

ちょっと一息

内見で迷子
…ダンジョン風タワーマンション

豪華なタワーマンション、いいですよね。都会！って感じがして。
私はお仕事でよく行きますが、共有施設があちこちにあってまるでRPGゲームのダンジョンのよう。「あれ？エントランスどこだっけ？」とプチ迷子になることも…（笑）。

…エントランスからエスカレーターを登るとやっとロビーへ。
ロビーの向こう、ラウンジを抜けてエレベーターホールの前にまたもオートロック。やっとエレベーターに乗り込んでボタンを押しても反応しない。最近のエレベーターはオートロックキーをかざしてからじゃないとボタンが押せない仕様になっている。
そうこうして、やっとお部屋へ…。

これはちょっと大変です(T＾T)
私がとにかくせっかちな性格なので大変そうと思いますが、宝くじに当たったり、玉の輿♡に乗れたりしたら、速攻でタワーマンションに引っ越して「やっぱり都内で暮らすならタワーだよね」とか言いそうな気もします（笑）。

これってあり？
「付き合う」といったのは錯誤！無効にしてー！

Aさんは気になる女の子Bちゃんとちょっとオシャレなカウンターのあるお店へ。終電間際になんとかホテルへ。朝目を覚ますと横に眠るのは、「え…誰……」

化粧を落としてもはや別人になった彼女。僕が告白したのはあのまつげが長くて二重がきれいなBちゃんのはず。特殊メイクをしていたなんて聞いていない。

Aが「付き合って」という意思表示をするにあたり、Bちゃんの容姿という重要な部分に勘違いがあったので告白は無効にしたい（;;）

もし私がこれを言われたらマジ切れしますが（笑）実際これって認められるのかなあ。

ちなみに無効になると意思表示がそもそもなかったことになるので、付き合ったという事実さえないことになるから、「別れてくれ」などと言うのはただのキャンセルのようなもので、無効だの取り消しとはちょっと性質が違いますね？

061

03 問題ある意思表示

[第1章 権利関係]

●学習のガイドライン
本試験重要度 ★★★★
本試験出題頻度 ★★★★
本試験出題難易度 ★★★★★
攻略に必要な実力 C（難しい）
学習効率 C（普通）
覚えるべき事項 9項目

──攻略のガイドライン──

ポイントは目的物がどのように移転しているかを見極めること。これを見極められるようになれば契約がいつ成立するかもおのずと理解できる。決して臆することはない。

攻略のひとことテーマ

落ち度がなくても、善意の第三者に対抗できない場合もある

理解と暗記の重要ポイント

❶ 公序良俗に反する意思表示は、例外なく無効
　例えば
　　500万円払うから人を殺してくれや、
　　月50万円払うから愛人になってくれ等。

❷ 心裡留保による意思表示は、相手方が善意無過失のときと、第三者が善意のとき以外は無効
　心裡留保 → 嘘や冗談をいうこと。
　善意 → 事情を知らないこと。
　無過失 → ちゃんと注意していて、責任がないこと。

❸ 通謀虚偽表示は、第三者が善意のとき以外は無効
　通謀虚偽表示 → 相手方を巻き込んで嘘をつくこと。たとえば財産が差し押さえられる前に名義だけ友達に移したりすること。
　心裡留保は単独でつく嘘のこと。
　虚偽表示は相手と示し合わせてつく嘘のこと。

〔問2の解答・解説〕× Bが「代金債権の弁済として」支払いをしている以上、Aが「債権の弁済として」充当することはできない。

062

1 権利関係 ≫ 03 問題ある意思表示

❹ 錯誤による意思表示は、表意者に重大な過失があったとき以外は無効 □□□

> 錯誤 → 勘違いや間違いのこと。
>
> 重大な過失があったとき → たとえば別荘を購入する際にインターネットの情報だけを信じ、一度も現地に行っていない場合。その結果不都合が生じても無効は主張できない。
> そんないい加減な人までは保護されない。

❺ 詐欺による意思表示は、相手方が善意のときと、第三者が善意のとき以外は取り消せる □□□

> 詐欺による意思表示 → 騙されて意思表示すること。近隣にゴミ焼却場ができるから今売らないと損だと騙されて土地を売却してしまう等。
>
> 善意の第三者 → そのことについて知らない当事者以外の人のこと。民法ではかなり保護されている。

❻ 強迫による意思表示は、例外なく取り消せる □□□

> 強迫 → 他人に恐怖を与えることにより意思決定、意思表示させること。

❼ 法定代理人の代理がない成年被後見人の行為は、例外なく取り消せる □□□

❽ 法定代理人の同意や代理がない未成年者の行為は、例外なく取り消せる □□□

❾ 保佐人の同意がない被保佐人の行為は、ある一定の行為に限って取り消せる □□□

> そんな行為は許しません！

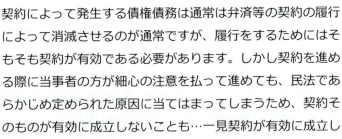

契約によって発生する債権債務は通常は弁済等の契約の履行によって消滅させるのが通常ですが、履行をするためにはそもそも契約が有効である必要があります。しかし契約を進める際に当事者の方が細心の注意を払って進めても、民法であらかじめ定められた原因に当てはまってしまうため、契約そのものが有効に成立しないことも…一見契約が有効に成立しているように見えて、当事者や周囲のひとがその契約を根拠に動いてしまってから、やっぱり契約が成立していなかった…！なんて大きなトラブルに発展してしまうと危険ですね。

そこで契約そのものを一方的に暴走させてしまわない策として「無効」と「取消し」というものが用意されています。

今回は「無効くん」と「取消しくん」にどんなときに活躍しているのか教えてもらいましょう！

▶ シーン1　無効と取消しのかかわるケース

俺がかかわるケースは2つ。ひとつ目は『〜したい』と思ったこと（意思）を口にした（表示）はいいが、法に触れるような契約を結んだ場合。これは「公序良俗に反する意思表示」というふうに表現されている。

2つ目は、なんらかの原因で意思と表示が一致していないまま契約を

結んだ場合。錯誤（さくご）・心裡留保（しんりりゅうほ）・通謀虚偽（つうぼうきょぎ）による意思表示なんて言う。そして、これらの意思表示は、なにか特別な理由がない限り、原則として無効になるんだ！

僕がかかわるケースもやはり2つあります…。ひとつ目は、外部の圧力によって意思表示をした場合です。詐欺（さぎ）・強迫（きょうはく）を受けて行った意思表示のことだね。
2つ目は、単独（1人）で契約を結んではならないとされている人が契約を結んだ場合です。制限行為能力者が単独で行った意思表示のことなんだけど。（制限行為能力者についてはシーン5を参照）意思表示しちゃった制限行為能力者のことを保護する目的により、このような意思表示について、表意者または法定代理人は、なにか特別な理由がない限り、取り消せます。

▶ シーン2　無効、取消し

まず、意思表示が無効になると、表意者は、契約の内容を実行しなくてもよくなる。すでに実行してしまっている場合も、もとの状態に戻せるんだ。言い換えれば、行為をした時点から、契約に効力がないってこと。つまり、意思表示が無効になると、表意者が『契約の内容が有利だから契約を続けたい』とそれを追認しても、有効にはならない。もう一度はじめから契約し直すしかないのです。

ほー、無効になった契約には有効になる余地がまったくないんですね。ということは、表意者が契約の内容を実行しなくてもよくなるわけで、無効さんは表意者に対して過保護という印象ですね。

いや、過保護とは心外な…。

それに比べて、僕は、とりあえず契約に効力を持たせます。表意者自身に考えさせるよう仕向けているんですよ。だから、表意者が『契約の内容が有利だから契約を続けたい』と追認すれば、契約はそのまま続行です。でもそれが嫌ならば、契約を取り消して、初めからなかったことにもできるんです。

▶ シーン3　無効な意思表示

確かに表意者に考える余地を与えていないけど、それは過保護というより正義のためなんだよ。たとえば、社会の一般的な道徳観念や公の秩序、いわゆる**公序良俗に反する意思表示は、例外なく無効** ❶ 重要な項目 です。こうした意思表示を追認できないようにするのも正義なんだよなぁ。あと、表意者が嘘をついて結んだ契約もあってはならないことだろ。契約の相手方に嘘をいったり（心裡留保）、誰かをだますために契約相手と結託して嘘をつく（通謀虚偽）場合だって無効になって当然。

確かに、公序良俗に反する意思表示が絶対無効というのはわかりますが、心裡留保や通謀虚偽の場合には、表意者の嘘を信じて取引した相手方や、その取引を信じて相手方と取引した第三者は、損害を被ってしまいますよね。正義のためといっても、実際は、嘘をついた人をかばっているだけのような気がしますが…。
たとえば、土地を購入した人が、その土地を別の第三者に売って差額を儲けるという話をよく聞きますが、もしも、最初の持ち主が、せっかく土地を手に入れた第三者に対して『あれは詐欺なんだ。土地を返してくれ』といった場合、土地は戻ってくるのでしょうか？

重要な項目

心配ご無用。**心裡留保による意思表示は、相手方が善意無過失のときと、第三者が善意のとき以外は無効** ❷ になる。そうなると、表意者

は自分でついた嘘を実行しなければならなくなるんだ。
要するに『あれは嘘なんだ、土地を返してくれ』といっても、善意無過失の相手方や善意の第三者は『嘘をついたあなたが悪いでしょ』と当然いえる。これなら、取引相手も第三者も損をしないだろ？ こういうケースの場合は、よりかわいそうなのはどっちかで考えよう！

じゃあ、通謀虚偽表示の場合は？

う〜ん、通謀虚偽の場合は、取引の相手方もグルなんだから無効になっても仕方がないだろうな。よって、**通謀虚偽表示は、第三者が善意のとき以外は無効** ❸ となる。　　　　　　　　　重要な項目

なるほど。では、錯誤の場合はどうですか？ 勘違いで行った意思表示を無効にすることが、果たして正義でしょうか…。

まあ、誰だって勘違いのひとつやふたつぐらいはするだろ。それを執拗に攻めたてるようなことはできるだけ避けたいと民法は思ってる。だから、善意の相手方や第三者には申し訳ないけど、**錯誤による意思表示は、表意者に重大な過失があったとき以外は無効** ❹ 重要な項目 ということになっている。表意者に重大な過失があったときとは、たとえば、契約に関して自分がすべき責務があるにもかかわらず、それをせずに錯誤の意思表示をした場合等だね。

▶ シーン4　取り消せる意思表示

無効のことをああだこうだと言うけど、取消しこそ、表意者の意思を尊重するといっても、実際は、詐欺や強迫を増長させているようにしか見えないんだけど。

067

それはまったくの誤解です。表意者に、自分の表示した意思を再考するチャンスを与えているんです。そのうえでイヤなら取り消せばいいんですから。まあ、表意者の自立を願う教育的措置といいましょうか。

でも表意者と取引をした相手方にしてみれば、詐欺や強迫の事実も知らずに、いきなり表意者から取引を取り消されても困るんじゃないの？ 詐欺や強迫をうけた人のことをかばうあまり、相手方に損をさせてたりとかさ。

強迫を受けて意思表示をしてしまった人はとってもかわいそうだから、その相手方の損も仕方のないことでしょう。人を脅すような不埒な行動に対して毅然とした態度をとる必要もあって、**強迫による意思表示は、例外なく取り消せる** ❻ 重要な項目 んだ。ただし表意者が追認できる余地を残すことで、相手方の損をなるべく回避するようにしているんです。
しかし詐欺の場合は違います。だまされて意思表示をした表意者にも責任はあるという観点から、**詐欺による意思表示は、相手方が善意のときと、第三者が善意のとき以外は取り消せる** ❺ んだ。 重要な項目

なるほど。『詐欺にあったんだ、土地を返してくれ』というような主張が常に通用するわけじゃないんだよね。

▶ シーン5　制限行為能力者の意思表示

でもさ、たとえばだまされて契約を行った者が未成年者の場合も、取引の相手方が善意だったら、同様に取り消せないの？ なんか腑に落ちないんだけど。

なるほど。まず、1人で契約を結んではいけない人のことを、制限行為能力者といいます。具体的には、**成年被後見人**・未成年者・被保佐人を指します。そして、成年被後見人・未成年者には法定代理人（親や後見人）、被保佐人には保佐人のサポートが必要です。

サポートって？

サポート、つまり補助ですよ。制限行為能力者は自分で判断する力がよわい人のことだから、自立を求めるのは無理というものです。しかしだからといって制限行為能力者と取引した相手方に一方的に損を被らせるのはあまりにも不公平です。そのため、身近な人にサポートさせることで取消しの機会をなくし、取引の相手方の損を回避しているのです。

どのようにサポートさせているの？

成年被後見人の契約はすべて法定代理人が代わり（代理）に行わなくてはなりません。これがサポートというわけです。ですから、法定代理人の代理がない成年被後見人の行為は、例外なく取り消せる ❼ ことになります。もちろん追認もできます。　【重要な項目】

また、未成年者が契約を結ぶときにも、法定代理人の代理または同意が必要です。よって、法定代理人の同意や代理がない未成年者の行為は、例外なく取り消せる ❽ ことになります。　【重要な項目】

ふ～ん、じゃあ、被保佐人の場合は？

はい。それに引き替え被保佐人の場合には、次にあげる一定の契約についてだけ保佐人の同意が必要となります。

> **保佐人の同意を必要とする制限行為能力者の行為**
> ①元金や不動産等の元本を受け取ったり、これを利用したりする契約
> ②「不動産」や「重要な動産」について、不動産の抵当権を設定する等の権利を持ったり、失ったりすることを目的とした契約
> ③自分の相続を承認したり、あるいは相続を放棄する契約
> ④贈与・遺贈を拒絶したり、負担（条件）付きで贈与や遺贈を受ける契約
> ⑤短期賃貸借の期間（土地は5年以下、建物では3年以下）を超えた賃貸借契約の締結　等

逆にいえば、**保佐人の同意がない被保佐人の行為は、ある一定の行為に限って取り消せる** ❾ ことになるわけです。ここにあげた行為ですね。　重要な項目

なるほど、ただ、制限行為能力者は再考できていいけれど、忘れた頃に取り消されるんじゃ相手方もおちおち契約できないじゃないか。

いや、それは誤解ですよ。いつまでも取り消せちゃうと誰も契約しなくなっちゃいますから、詐欺や強迫も含め、取り消せる期間は追認できるときから5年、もしくは行為から20年と決まっているんです。

ほう。つまり、追認できるときから5年というのは、たとえば未成年者であれば成年者になってから5年ってこと？

そうです。5年なんて、まごまごしていたらあっという間ですよ。

なるほどね。なんだかんだいっても、お互い弱い者を守って、最終的には経済がうまく回っていくようにしているんだなぁ。

いやはや、人間とは手のかかるものなんですよ。

有　　　効	効力、効果があること
表　意　者	意思表示をした者
法定代理人	［ステージ4参照］
追　　　認	過去にさかのぼって認めること
第　三　者	「私とあなた」以外で、契約の目的物にかかわってくる人
善意・悪意	ある事実について、前者は「知らない」、後者は「知っている」こと
無過失・有過失	前者は「落ち度がない」、後者は「落ち度がある」こと
未成年者	20歳未満で結婚歴のない者（ある者は、離婚しても成年者扱いとなる）
成年被後見人	心神喪失の常況にある者（重度の精神障害者等）
被保佐人	精神上の障害のため、是非善悪を区別できないか、区別できても行動に反映できないような心神耗弱者、または浪費者
抵当権、賃貸借契約	前者は［ステージ7参照］、後者は［ステージ17参照］
贈　　　与	［ステージ13参照］
遺　　　贈	遺言によって財産をもらうこと

> **問3** Aが、その所有地について、債権者Bの差し押さえを免れるため、Cと通謀して、登記名義をCに移転したところ、Cは、その土地をDに譲渡した。この場合、AC間の契約は無効であるから、Aは、Dが善意であっても、Dに対し所有権を主張することができる。（平成5年）

★解答・解説は次ページ左下

071

ステージ 04

第1章 権利関係

代理制度

●攻略のガイドライン

代理行為が誰に帰属するか（＝誰のために行われているのか）を見極めましょう。それができれば誰が責任を取らなければならないかが自然にわかるようになります。慎重に文章を読み進めましょう！

●学習のガイドライン

本試験重要度 ★★★★★
本試験出題頻度 ★★★★★
本試験出題難易度 ★★★★
攻略に必要な実力 B（普通）
学習効率 C（普通）
覚えるべき事項 6項目

攻略のひとことテーマ

誰かのためになにかするなら、きちんとしないとかえって迷惑

理解と暗記の重要ポイント

重要な項目

❶ 無権代理行為は、本人に対して効力なし

❷ 無権代理人の責任は、契約をそのまま履行すること、もしくは、損害を賠償すること
　　[無権代理人] → 実は代理権が無い人のこと。

❸ 無権代理行為の相手方は、催告できる

❹ 無権代理行為の善意の相手方は、取り消せる

❺ 表見代理行為の責任は、本人がとる
　　[表見代理] → 代理人ではないけど、表面上代理人だと誤認してしまうような人のこと。

❻ 代理権が消滅するとき
　　①本人死亡
　　②代理人死亡
　　③代理人が、成年被後見人・破産者になる
　　④契約終了
　　⑤本人破産

〔問3の解答・解説〕× Dは善意の第三者。通謀虚偽表示による無効は、善意の第三者に主張できない。

1 権利関係 >> 04 代理制度

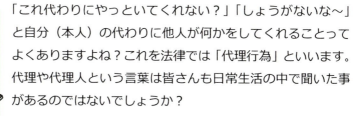

人は見かけによらない？

「これ代わりにやっといてくれない？」「しょうがないな〜」と自分（本人）の代わりに他人が何かをしてくれることってよくありますよね？これを法律では「代理行為」といいます。代理や代理人という言葉は皆さんも日常生活の中で聞いた事があるのではないでしょうか？

法律上はこれ代わりにお願い〜とお願いする人のことを「本人」といい本人の代わりに法律行為を行う人のことを「代理人」といいます。代理人が本人のためにしてあげる行為のことは「代理行為」です。

この代理行為が成立するためにはまず本人から「代わりにやってほしい」という依頼が必要で、この依頼によって代理人に与えられた権利を「代理権」なんて呼びます。

この代理制度のポイントは**代理人が本人のためにしてあげたことは、直接本人に帰属する点**です。今回は清い心を持った良い代理人である「天使さん」と汚れた心を持った悪い代理人の「悪魔くん」から代理制度をお勉強したいと思います。

シーン1　代理の要件−本人の名前を明らかに

いかなる行為も、次の3つの要件を満たしていなければ、代理人がきちんと代理行為を行ったとはいえません。

073

> **代理の要件**
> ①代理を行う際には本人の名を表示すること
> ②意思表示が有効に成立していること
> ③本人から代理権を与えられていること

どれかひとつが欠けても、契約相手が『一体私の契約相手は誰？』と混乱するおそれがあるため、この3要件が揃ってはじめて、代理人が行った代理行為の効果や責任のすべては、本人に及ぶことになります。

 代理を悪用して儲けるには、じゃまなルールですな。

 あなたのような悪い代理人に対しては対応策があります。まず、①が欠けた場合ですが、要するに『自分ではなく○○のために行います』と本人の名を明らかにしていないわけですから、契約の相手方は本人の存在を知るすべもなく、代理人を本人と信じているわけです。よって当然のごとく、その効果や責任は本人ではなく代理人に生じます。

 もともと代理行為じゃなかったとするわけだね。なるほど、我輩に責任を取らせるという作戦だな。

▶ シーン2　代理の要件－意思表示

 次に「代理の要件」がどれかひとつでもかけた場合、相手方をだましていたり、詐欺・強迫を受けて意思表示をした場合には、契約自体が成立していないわけですから、前章で学んだ無効や取消しに解決してもらうことになります。たとえば、代理人がだまされて代理行為を行った場合は、本人がだまされたことに他ならず、相手方が善意のとき以外は取り消せます。代理人がしたことは本人に帰属するから、本人＝

代理人として様々なケースにあてはめるのがポイントです。

そう、それがポイント。本人は知らずに代理人だけが知っていたり、逆に本人だけが知っていたりすると、結局本人自身が責任をとらされる羽目になるのさ。無効や取消しができればいいけどねえ、そうはいかない場合もあるでしょ、やっぱり。

だから、意思表示が有効に成立するように、本人と代理人の間では情報公開が必要なんです。それによって信頼関係も生まれるんだから。

政治家にきかせたいような、いい話だなあ。

▶ シーン3　代理の要件−代理権

最後に、シーン1③が欠けた場合ですが、いくら相手方に『私は○○の代理人です』といってみても、代理権がない以上、その行為の効果や責任は本人に及びません。このように、代理権を持たない者（無権代理人）が勝手に代理行為を行うことを**無権代理**といいます。

重要な項目

無権代理行為は、本人に対して効力なし ❶ か。そのうえ、無権代理行為の責任は無権代理人がとらなきゃならないとはシビアだな。

重要な項目

当然といえば当然です。また、**無権代理人の責任は、契約をそのまま履行すること、もしくは、損害を賠償すること** ❷ のどちらかですが、どちらになるかは、相手方の選択によります。

しかし無権代理行為＝悪と決めつけないでほしいなあ。無権代理行為だって、本人のためと思ってやってしまうこともあるんじゃないのか？ 真の悪は俺のような…。

ええ、そこで、次のどれかに該当する場合には、無権代理人はその責任を免れます。

無権代理人が責任を免れるとき
①相手方が悪意有過失のとき
　相手方が代理権がないことを知っていたり、
　知らないことについて過失があること。
②相手方が本人の追認前に無権代理行為による契約を取り消したとき
③無権代理人が制限行為能力者のとき

▶ シーン4　無権代理行為の催告と追認

確かに無権代理は良くないけどさ、無権代理行為の相手方にしてみれば、やっぱりできる限り契約を履行して欲しいと思うものでしょ。

確かにそうです。ですから、その無権代理行為について善意悪意にかかわりなく、本人に対して『期日××までに追認してください』というように、<u>無権代理行為の相手方は、催告できる</u> ❸ 重要な項目 のです。そして、期間内に確答がない場合は、追認は拒絶されたものとみなされます。しかしそれとは逆に、本人も、その無権代理行為が本人に有利であると認めれば、その行為を追認することができます。

ほらね！無権代理行為だって立派なもんだろ。本人に感謝される場合があるんだから。そうなると、無権代理人は代理人に昇格することになり、無権代理行為も代理行為に昇格するってわけさ。

それも確かにそうです。無権代理行為を本人が追認すると、その行為は契約当初にさかのぼって効力を持つことになります。いいかえると、無権代理行為をはじめから代理行為として取り扱うのです。

▶ シーン5　表見代理が成立するとき

そりゃ無権代理人だって責任なんかとりたくないからね。相手方が勝手に代理権があるものと思いこませてしまうのが一番さ。

う〜ん知能犯だな…。それは表見代理です。表見代理（ひょうけんだいり）は、実際には代理権がないにもかかわらず、相手方にしてみると一見代理権が存在するように見える無権代理をいい、具体的には次の3つが該当します。

> **表見代理が成立するとき**
> ①元代理人が代理権消滅後に代理行為を行ったとき
> ②代理人が与えられた権限外の代理行為を行ったとき
> ③本人が代理権を与えると表示したが、実は与えていなかったとき

これこれ。無権代理人が無権代理行為が表見代理であることを証明できれば、無権代理行為であっても、<u>表見代理行為の責任は、本人がとる</u> ❺ のさ、かわいそうにね。　　　　　　　　　　　重要な項目

しかし本人にしてみると腹立たしいものですよ。

そうなると、無権代理人と相手方がグルになって表見代理を成立させれば、無権代理行為の責任を本人に負わせることができるな。

それは断じて許されませんよ。表見代理が成立するためには、必ず、相手方は善意無過失でなければいけません。

▶ シーン6　代理権が消滅するとき

他にもひとつ責任を免れる方法があるよ。話は簡単さ、相手方が契約を取り消せばいいんだ。

確かに、その場合は本人も無権代理人も責任を免れます。**無権代理行為の善意の相手方は、取り消せる ❹** のです。もしも、相手方が悪意ならば、当然、本人の追認を期待して契約を交わしたことになりますからね。悪意の相手方は取り消せませんよ。
しかしさっきから聞いていれば、悪だくみや責任回避の事ばかり…そんなことより、契約が履行されて円満に終了することを考えたらどうですか。契約が終了すれば代理権も無事に消滅するんですから。

おっと、まだあるさ、代理権が消滅するときは全部で5つ
代理権が消滅するとき ❻

① **本人が死亡したとき** ❻-①
② **代理人が死亡したとき** ❻-②
③ **代理人が成年被後見人・破産者になったとき** ❻-③
④ **契約が終了する** ❻-④
⑤ **本人が破産したとき** ❻-⑤

1 権利関係 >> 04 代理制度

まったく、ああいえばこういう…。いっそあなた自身が破産して契約を終了させたらどうです？

…君からそんな言葉を聞くなんて…。

語句の意味をチェック

要 件	必要な条件
催 告	相手方に対して一定の行為をするよう請求すること
確 答	はっきりとした返事
遺 贈	遺言によって財産をもらうこと

試験問題セレクション

> **問4** AがBに対する債務の担保のためにA所有建物に抵当権を設定し、登記をした場合、抵当権の登記に債務の利息に関する定めがあり、他に後順位抵当権者その他の利害関係人がいないときでも、Bは、Aに対し、満期のきた最後の2年分を超える利息については抵当権を行うことはできない。（平成7年）

★解答・解説は次ページ左下

ステージ 05 所有権と時効

第1章 権利関係

●攻略のガイドライン

目的物が移転する順序をしっかり理解することが攻略のポイントです。難しそうに見えても、目的物の流れをしっかりつかめば意外にわかりやすいですよ。

●学習のガイドライン

本試験重要度	★★★★
本試験出題頻度	★★★★
本試験出題難易度	★★★
攻略に必要な実力	B（普通）
学習効率	B（良）
覚えるべき事項	8項目

攻略のひとことテーマ

自分の所有権を主張するために、証拠が必要なケースもある

理解と暗記の重要ポイント

重要な項目

❶ 物権の第三者対抗要件は、**登記**

❷ 二重譲渡では、先に登記をした者が真の所有者

❸ 所有権の取得時効は、**善意無過失10年間**
- 善意 → 知らないこと。
- 無過失 → ちゃんと注意していて、責任がないこと。

❹ 所有権の取得時効は、**悪意有過失20年間**
- 悪意 → 知ってること。
- 有過失 → うっかりして知らなかった、責任があること。

❺ 取得時効に前占有者の占有期間を含む場合には、前占有者の善意悪意も引き継ぐ
- 例えば 前占有者が他人の土地であることに善意であれば、自分は他人物であることに悪意でも善意の取得時効を引き継いで10年で取得できる等。

❻ 債権の消滅時効は、**10年間**
- 例えば 今年で38歳。中学のときに友達に貸した3,000円…卒業してからは会ってないし、1回も請求してないからもう返ってこないだろうなという状態。

〔問4の解答・解説〕× 後順位抵当権者等がいないのであれば2年を超える分についても抵当権行使可能。

080

❼ 時効の中断事由の代表的なものは、請求

> 例えば 高校のときに貸した1万円。あいつとは今でも時々飲むような仲。もちろん会うたびに請求してるから債権は消滅してないという状態。

❽ 確定判決後は、一律10年で時効成立

取られるのが嫌なら証拠を見せな！

さて今回のお話は…

皆さんはマンションやアパート等の賃貸住宅に暮らしたことはありますか？賃貸ってお部屋自体は大家さんの持ち物なのに、どうして借りた人は独占してそこで暮らすことができるのでしょうか？

それは、大家さんと賃貸借契約を結んだことにより「このお家を借りて、ここで暮らしていいよ〜」と権利を与えられているからです。このような権利があってはじめて人は不動産を支配できるのですが、この「支配する」というのは厳密には「使用する」「収益する」「処分する」の3つを意味しまして、この3種類の組み合わせで多種多様な権利がつくられています。所有権や地上権、抵当権等が宅建の出題範囲と代表的ですが、これら全てまとめて「物権」と表現されます。

例えばお家を売却して所有者が変わる…なんてときは所有権が移転することになります。契約の当事者同士であれば「売るよ」「買うね」と意思表示の一致が物権が移動したことの根拠になりますが、当事者以外の人にはそう簡単にはいきません。不動産の取引によって物権が移動した場合に、その不動産についてなんらかの権利を保有している人に対しては、どのように権利を証明すればいいのでしょうか。今回は気合いの35年ローンでお家を購入した「所有者さん」とその小ちゃいお家の「お隣さん」のやり取りから、所有権とそれに関連する時効について理解を深めたいと思います。

 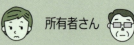

本編 ステージ05 スタート　〔配役〕お隣さん　所有者さん

▶ シーン1　二重譲渡（にじゅうじょうと）

所有者さん
今度新しく引っ越してきた者ですが、私の敷地にお隣さんの物置があるのでどけてくれませんか。この土地の所有権を買ったんですよ。

お隣さん
そんな馬鹿な。この物置込みで家を買ったのよ。当然、物置が建っているこの土地の所有権も私のものになってるわよ。

所有者さん
う〜ん、そうすると同じ土地について二重の売買契約があったことになっちゃいますね。**二重譲渡では、先に登記をした者が真の所有者 ❷** ◀ 重要な項目 ▶ となります。お隣さんは登記されていないようですが、私はこの土地の所有権を買ったときに登記してます。やっぱり物置をどけてくださいね。

お隣さん
この物置込みで家を買ったんですよ！当然、物置が建っているこの土地の所有権もそのとき買ってるんだって！

▶ シーン2　所有権の取得時効

お隣さん
確かに、この物置の土地は親戚から買い受けたのよ。

所有者さん：登記では、お隣さんの親戚は所有権を持っていませんでしたよ。私のほうが真の所有者から買ったのです。残酷なようですが、お隣さんは不法占拠者ということです。

お隣さん：ちょっと待って。所有の意思を持ってここに住んでから10年以上経つけど、その間、平穏、公然と、誰からもとがめられたことはないわ！そうすると取得時効を主張できるのよね。**所有権の取得時効は、善意無過失10年間、悪意有過失20年間** ❸❹ ◀重要な項目 でしょ！私は善意無過失だから10年間で取得時効が成立するはずよ！

所有者さん：確かに、お隣さんの**時効**が成立する前に、私が真の所有者からすでに買い取って、所有者になっていれば、所有権は、真の所有者➡私、と移り、そのあと、お隣さんの取得時効が成立すれば、所有権は、私➡お隣さんと移ることになります。その場合、お隣さんと私は当事者同士、登記の必要な第三者とは違って、登記は必要ありませんよね。
でも私がこの土地を買ったのは3日前なんです。つまりお隣さんの取得時効が成立したときには、私はまだ所有者ではなかったんですよ。

もし時効成立前に買い取っていれば…

お隣さん：……。

だから、お隣さんが取得時効を主張する相手は私ではなく真の所有者なんです。とすると、所有権は、真の所有者 ➡ お隣さん、真の所有者 ➡ 私、と２つの流れを持つことになり、私とお隣さんは第三者ですよね。**物権の第三者対抗要件は、登記** ❶ 重要な項目 ですから、所有権を主張するには登記が必要なんです。そして、私が先に登記しているんですよ。

▶ シーン３　占有の承継（しょうけい）

要は、私に売った親戚も単に**占有**している者、つまり占有者だったわけよね。取得時効は自らの占有期間に前占有者の占有期間を足してもいいうえ、**取得時効に前占有者の占有期間を含む場合には、前占有者の善意悪意も引き継ぐ** ❺ 重要な項目 わけだから、もしも親戚が自身で所有権を持っていないことについて悪意有過失ならば、それを引き継ぎ、親戚の占有期間と合わせた合計が20年間で取得時効が成立するってことでしょ。そして、それがあなたが買った契約以降に成立すればいいわけね。親戚にきいてくるから!!

そして、10分後…

残念…よく考えたら、借りていたことを思い出したなんて言うのよ親戚のあのじいさん。

それじゃあ、お話になりませんね。借り物をいくら占有しても、取得時効は成立しませんからね。親戚の占有期間はプラスされません。

▶ シーン4　時効が中断するとき

所有者さん
そんなに気を落とさないでくださいよ。その親戚から、この土地の代金分を返してもらえばいいじゃないですか。それに、その親戚には損害を賠償する責任があるんですから。

お隣さん
でも親戚と契約したのは10年以上も前です。債権の消滅時効は、10年間 ❻ でしたよね、もう取り立てられないじゃない…。

所有者さん
いや大丈夫ですよ。お隣さんは、物置のある土地の所有権が親戚のものではなかったことを知らなかったんでしょ？ ならば、そこの土地が手に入らないと知ったときから損害が発生するんです。消滅時効の進行は始まったばかりなんです。

お隣さん
あら、そうなの！では、まずは直接親戚に催告してみますよ。それで『わかった』と親戚が承認すれば時効は中断しますから。

所有者さん
でも承認しなければ、どんどん時効は進行してしまいますよ。

お隣さん
そのときには、催告から6カ月以内に裁判所へ請求の手続をしますよ。そうすれば、催告した時点で時効が中断するでしょ。

所有者さん
なるほど、**重要な項目** 時効の中断事由の代表的なものは、請求 ❼ ですからね。裁判所が請求の訴えを却下しないといいですが、却下されたら時効は中断しませんよ。それに裁判で請求が認められても、**確定判決後は、一律10年で時効成立 ❽** **重要な項目** となってしまいますよ。10年なんてあっという間です。そもそもいいんですか？ なんか、憂鬱だな…。

085

> 親戚の方とそんないざこざを…。

いいえ。返してもらえるものはしっかり返してもらわなくちゃ!!

語句の意味をチェック

地 上 権 利	他人の土地上で「竹林や工作物」を所有する権利
登 記	[ステージ19参照]
取 得 時 効	一定期間継続したことにより権利を取得すること
時 効	[ステージ19参照]
第三者対抗要件	すでに成立した権利関係、法律関係を他人に対して法律上主張するために必要とされる法律要件
占 有	権利の有無にかかわらず、自己のために物を所持すること
消 滅 時 効	権利を行使しない状態が一定期間継続したため、その権利が消滅すること
承 認	その事柄が正当であると認めること
請 求	相手方に対して一定の行為をすること、またはそれをしないことを要求すること

試験問題セレクション

> **問5** Aが善意無過失で占有を開始し、所有の意思をもって、平穏かつ公然に7年間占有を続けた後、その土地がB所有のものであることを知った場合、Aは、その後3年間占有を続ければ、その土地の所有権を時効取得することができる。(平成4年)

★解答・解説は088ページ左下

086

ちょっと一息

AD（エーディー）って聞いたことありますか？

advertisement アドヴァタイズメントという言葉の略なのですが、不動産業界では広告費や宣伝費といった報酬のことを意味します。

業法の「賃貸借の媒介における手数料は、合計で1カ月が上限」というルールから考えると、なんとなくグレーではあるのですが…名称が仲介手数料ではなく広告宣伝費なので（笑）。

賃貸の営業マンの立場で考えると、このADがあるかないかはちょーでかい。
たとえば10万円のお部屋の賃貸借契約の媒介（ばいかい）をしたとして、お客さんからいただけるのは5万円プラス税、お客さんが良いよーというなら10万円プラス税が限界。でも、AD100%付きのお部屋だと家賃の100% すなわち10万円を手数料とは別にもらうことができるんです。

マックスで10万円か、それとも20万円か…20万円の方が嬉しいですよね〜。

え、AD出ないのに？契約書も弊社ですか？

AD付きの物件は営業マンにとってはボーナスのようなものでとっても嬉しい存在なのですが、「ADをつけてあげるから重要事項説明書は仲介業者が作ってね」
などと一定の条件がついているケースも結構あります。

ちょっと仕事の手間が増えてしまいますが、賃貸の重説くらいならそんなに大変じゃないですね。
でも、稀にとんでもない管理会社さんがあるんです。申込をして契約関連の手続きを進めようという段になって突然、

「あ、契約書とかいい感じに作っといて〜」
「え？うちで作るんですか？」
「あと重説もよろしく〜（＾ω＾）契約書に必要な情報FAXで送っとくね！」
「ええ…ちなみに広告料って…」
「うちそういうのないんだよね〜ごめんね！じゃよろしく！」

まじすか。一から契約書つくるのは物件調査も必要だしちょっと…。

06 共有

第1章 権利関係

●攻略のガイドライン

共有物に対する行為は数種あるのですが、単独、過半数、全員といった数字にはしっかり注目していきましょう！具体例を通じて理解できれば簡単です。

●学習のガイドライン
本試験重要度 ★★★★
本試験出題頻度 ★★★
本試験出題難易度 ★★
攻略に必要な実力 A（やさしい）
学習効率 A（最良）
覚えるべき事項 7項目

攻略のひとことテーマ

最後には、持ち分がものをいうぞ

理解と暗記の重要ポイント

❶ <u>共有物の保存は、単独（1人）で行える</u>

例えば　友人とお金を出し合って購入した別荘のお風呂が壊れたので修理したりすること。別荘に勝手に住んでる人がいて出ていくように伝えること。

❷ <u>共有物の利用・改良は、持ち分価格の過半数の同意</u>が必要

共有物の利用 → 友達と買った別荘を別の人に賃貸させること等。
改 良 → システムキッチンに変えたり、壁紙を変えたり価値を上げる行為のこと。
過半数 → 半数を超えること。3人で買ったら2人、4人で買ったら3人、10人なら6人。半数ちょうどは含みません。

❸ <u>共有物の変更・処分は、全員の同意が必要</u>

共有物の変更 → 別荘の建替え、増築等。
処 分 → 別荘を売ること。

❹ <u>共有物の管理費用は、持ち分に応じて負担</u>

❺ <u>共有者が、共有物を承継するときとは、持ち分を放棄したときと、相続人なくして死亡したとき</u>

〔問5の解答・解説〕 ○　善意無過失の占有者は10年間で所有権を時効取得できる。途中で悪意に代わっても、占有当初に善意無過失であればやはり10年。

088

❻ 共有物の分割は、いつでもできる

共有物の分割 → 3人で買った別荘、ケーキのように3つに分割はできないから、売却したお金を3人で分ける。また、3人の共有から誰か1人の単独所有にして残りの2人は代わりにお金をもらう等。つまり共有関係を解消すること。

❼ 共有物の分割禁止の特約は、5年以内

「共有」で仲よしこよしも今のうち

さて今回のお話は…

ひとつの物を数人で所有することを法律では「共有」といいます。ひとりでは金銭的な負担が大きくてとてもじゃないけど購入できないようなものでも、数人でお金を出し合えば購入しやすくなりますよね。でも、人が数人集まると必ずトラブルはつきもの…せっかく皆でお金を出し合って仲良く「共有」していても、しっかりとしたルールを決めておかないと不平等になってしまい、結果として仲違いしてしまうことになりかねません。
今回は大学時代の友人4人でお金を出し合って別荘を買ったという「別荘くん」から、「共有」について理解していきましょう！
別荘くんは友人たちに掛け合って別荘を購入しました。将来的にもめ事が起こらないように、出資額に応じて使用できる日数を決めて交代で使うというルールも定めているようです。また、しっかり者の別荘くんは防犯やメンテナンスについても考えて、管理人さんも雇って万全の体制です！
こういうのって最初はうまくいくんですよね、最初は…。

 〔配役〕管理人さん 別荘くん

▶ シーン1　共有物を保存・改良するとき

 リーン、リーン、ガチャ

管理人　もしもし、別荘の持ち主さんですか？　この前の台風はすごかったですね。こっちもずいぶんと被害がありました。持ち主さんの別荘も壁がはがれたりしたのですが、このままにしておいて泥棒にでも入られたら大変です。早々に見に来ていただけませんか？

 別荘にて

別荘くん　これはひどいなあ。よし、私が修理してみます。

 カン、カン、カン

管理人　修理は順調ですか？

別荘くん　いやはや、こんなの僕ひとりでやってたら日が暮れちゃうよ…、実は、この別荘は私を含めて4人で買ったんですけどね。

なるほど。この別荘は確か購入価格が5,000万円でしたよね。みなさんでお金を出しあったんですね？

そうです。言い出しっぺの私が2,000万円、他の３人が1,000万円ずつ資金を出し合って購入し、４人で使っているわけです。で、まあ、今回は台所の被害がひどかったので、どうせ直すなら、いっそ使いやすいシステムキッチンに入れ替えたらと思い立ち、それを他の持ち主に聞いてみたんですよ。で、そうしようということになり、今こうして**改良**してるんですよ。

費用が高くなりますよね。修理は保存行為にあたり、**共有物の保存は、単独（１人）で行える** ❶ のですが、システムキッチンに入れ替えるとなると改良行為ですね。**共有物の利用・改良は、持ち分価格の過半数の同意が必要** ❷ です。あとで文句をいってくる人はいないですか？

重要な項目

もちろん、不公平にならないよう持ち分価格による多数決で決めたんですよ。大丈夫、私ともう１人が賛成していますから。

▶ シーン2　**共有物を変更・処分するとき**

あれ、床もフローリングにしているんですか？

ええ、床もだいぶ傷んでいたので、この際だからフローリングに変えようっていうことになったんですよ。

重要な項目

共有物の変更・処分は、全員の同意が必要 ❸ ですが、あとで文句をいってくる人は、本当にいないんでしょうか？

大丈夫、これについては4人とも賛成ですから。

 シーン3　共有物を管理するとき

リーン、リーン、ガチャ

もしもし、別荘の管理費用の入金額が予定より少ないんですが。

えっ、共有物の管理費用は、持ち分に応じて負担 ❹ することになっているので、各自で持ち分に応じた金額をそれぞれ振り込んでるはずですけど…。いやあ、実は私も困ってたんですよ。この前の改良・変更にかかった費用について、4人のうちの1人が『お金がかかりすぎる』っていい出していたんですよ。入金していないのも、きっと奴ですよ。

そういう厄介者はどこにでもいるものですが、滞納期間が1年を超えた場合には、他の共有者が、滞納者（たいのうしゃ）の持ち分を相当の補償金で買い取ることができるんですよ。そうされたらいかがですか？。

それは妙案ですね。では不足分は私が立て替えておきます。

 シーン4　共有物を承継・分割するとき

リーン、リーン、ガチャ

もしもし、例の管理費用の立て替え分は回収できましたか？

別荘くん：それが聞いてくださいよ。滞納者が我々に相談もなく、自分の持ち分を他の人に売ってしまったんですよ。

管理人：まあ、別荘自体を売る訳ではないので、勝手に持ち分の処分はできますからね。でも共有者が費用等を支払わないまま持ち分を処分した場合は、その特定承継人に対して支払いを請求できますよ。

別荘くん：なるほど、でもそれだけじゃないんです。他の持ち主の1人が突然死んでしまったんです。彼には身寄りがないのでどうしてよいものか…。

管理人：それは大変ですね。承継したらどうです？ 共有者が、共有物を承継するときとは、持ち分を放棄したときと、相続人なくして死亡したとき❺ですよ。

共有持分

持　　分	持分とは各共有者の共有物に対する所有権の割合で、共有者間で取り決めがなければ平等の割合と推定される。取り決めがあればその割合とする。
持分の処分	各共有者は、自己の持分を自由に処分（譲渡・放棄）することができる。
持分の帰属	「共有者の一人が持分を放棄したとき」または「死亡して相続人がいないとき」は、その持分は他の共有者に帰属する。

別荘くん：そうですか。でもまたもめるのも嫌なので、自分としてはもう手放したいのですが…。

管理人：そうなると分割の請求ですね。【重要な項目】共有物の分割は、いつでもできる ❻ んです。この場合、あなたの持ち分を他の持ち主に買い取ってもらうことになるでしょう。でも確か分割禁止の特約があったのでは？

別荘くん：ええ、別荘を買った頃は皆給料が安くて、すぐ分割請求されたら別荘を売らないとお金が作れない状態だったんです。共有物の分割禁止の特約は、5年以内 ❼ 【重要な項目】 だというので、5年間の分割禁止の特約を付けたんですよ。でもあれからもう6年経つし、特約の更新もしてません。

管理人：良かったですね。では、あなたの別荘を売ったお金で私の別荘買いませんか？

語句の意味をチェック

保　　存	財産を現状のまま保存すること（修繕、不法占拠者に対する立ち退き請求等）
改　　良	所有している物や権利の性質を変えない限度で財産を改良すること（家屋に電気・ガス・水道等を備え付ける、賃貸借契約を締結する等）
利　　用	財産の性質を変更しないでその用法に従って利用し、収益を得ること（銀行に預金して利息を得る等）
変　　更	所有している物や権利の性質や形状に変更を加えること
特定承継人	売買等の契約で、個々の権利・義務を承継取得する人

試験問題セレクション

> **問6** A・B・Cが土地を持ち分均一で共有している場合において、Dが不法に土地を占拠したとき、Bは、Dに対して単独で明渡請求をすることができる。（平成4年）

★解答・解説は次ページ左下

ステージ 07

第1章 権利関係

抵当権
（ていとうけん）

●攻略のガイドライン

言葉の意味をしっかり理解しながら読み解いていきましょう。登記がどのような役目を果たしているかを常に考えること。

●学習のガイドライン

本試験重要度	★★★★
本試験出題頻度	★★★★
本試験出題難易度	★★★★★
攻略に必要な実力	C（難しい）
学習効率	C（普通）
覚えるべき事項	7項目

攻略のひとことテーマ

抵当権は債務者の味方？
いいえ債権者の味方です

理解と暗記の重要ポイント

チェック欄 ✓

重要な項目

❶ 抵当権の効力は、果実には及ばない

抵当権 →銀行や他人からお金を借りるとき目的物を担保にすること。お金が返せないと担保にした目的物が競売にかけられて売却代金が返済に回される。

❷ 抵当権の順位は、登記の前後による

抵当権の順位 →抵当権は1つの目的物に何重にも設定できる。つまり一つの建物等を担保に複数の人からお金を借りられるということ。

❸ 後順位がいる場合、先順位の債務の利息は、満期から遡って2年分が保証されている

仮に3,000万円を貸した場合。3,000万円には利息も発生するので、その利息については最後の2年分は後順位抵当者がいる場合優先して弁済を受けられるということ。

❹ 第三取得者が抵当権を消滅させる方法は、代価弁済・抵当権消滅請求

第三取得者 →債務者から抵当権がついた土地や建物を購入した人のこと。競落人はこれには当たらない。

代価弁済 →利害関係のない第三者が債務者に代わって弁済すること。

096　〔問6の解答・解説〕○　不法占拠者に対する明渡請求は、保存行為に該当。単独でOK。

抵当権消滅請求 →第三取得者から抵当権者へ「金銭等を支払うので抵当権を消滅して」と請求すること。
抵当権者は納得すれば消滅、納得しなければ2カ月以内に競売の申立てを行う。2カ月以内に競売の申立てをしないと承諾したものとみなされる。

❺ <u>法定地上権が成立する第一条件は、建物があること</u>
法定地上権 →法で定められた土地を自由に使用できる権利のこと。

❻ <u>一括競売が可能となる第一条件は、更地であること</u>
一括競売 →更地に抵当権を設定した後に建物が建てられた場合、土地だけでなく、建物も一括して競売にかけられる。

❼ <u>抵当権設定後に、抵当権者の同意を得て登記した賃貸借契約は、競落人や第三取得者に主張できる</u>

貸してくれる人がいい人

さて今回のお話は…

借金返済等の債務が履行されない場合に備えて、換金できる価値のあるもの＝担保を債務者に用意させて、いざというときにそれを換金できる権利を担保物権といいます。いまどき利用する人はなかなかいないと思いますが、お着物や身の回りのものを質屋さんに預けてお金を借りる等もこれに該当しますね。

また身近な所ですと、夢の一戸建てや、高級シリーズの分譲マンションの一室を、途方もない長ーーい年数でローンを組んで購入する人なんかも、銀行に担保を提供している人が大半ですよね。

このローンで住まいを購入する人は何を担保として用意するのでしょうか？もちろん、ローンの対象になっている「お家」です。でも質屋さんみたいに担保をそのまま預けてしまうと、せっかく購入したお家に住めなくなってしまいますね…。それでは定年間際までギチギチのローンを組んだ

買主さんがあまりにかわいそうです。そこで登場したのが「抵当権」です。抵当権ですと質権とは異なり、抵当権設定者（所有者＝借金した人）が抵当権の対象となっている土地や建物を使いながら借金ができるのです。
今回は銀行にお金を借りにきた「借金くん」と「銀行マン」のやり取りから抵当権とはどのような性質のものなのか、一緒にお勉強したいと思います！

シーン1　抵当権の効力が及ぶ範囲

銀行マン：融資をご希望とのことですが、なにか**担保**をお持ちですか？

借金くん：今住んでる土地と建物があります。**登記簿**もこの通り。

銀行マン：なるほど。では、土地と建物に抵当権を付けましょう。もちろん、抵当権が付いても今まで通り住めますよ。当然売るのも自由です。
抵当権の効力は**付加物**にまで及びますが、**抵当権の効力は、果実には及ばない** ❶ -重要な項目- んです。あっ、果実ってくだもののことじゃないですよ！ ですから、債務不履行以後に発生する**法定果実**は、抵当権設定者の自由にできませんが、債務不履行以前に発生している法定果実については、差押えを行わない限り、抵当権設定者の自由にできます。空いている部屋を貸して賃料を稼ぐのも得策ですよ。

　付加物　→建物と一体となっているもの、ドア、雨戸。庭の物置等をイメージしよう。

　天然果実　→みかん畑のみかん。例えばみかん園に抵当権が設定された場合、土地とみかんの木には抵当権の効力が及ぶけど、みかんの実には及びません。

　法定果実　→家賃収入など。例えばアパートに抵当権が設定された場合、建物自体には抵当権の効力が及ぶけど、入居者さんから回収できる賃料については及びません。

借金くん 人に貸すのはいいんだけど、火事とかのトラブルが怖いよなぁ。一応、火災保険には加入済ですが、もしも焼失してしまったら？

銀行マン その場合、あなたが保険金を受領する前に、銀行で保険金を差し押さえさせていただきます。どんな形にしろ弁済してもらえばいいんです。

▶ シーン2 抵当権の順位

銀行マン あや…。ちょっと待ってください。借金さんは、前にも抵当権を設定しているので、うちは第2抵当権者になってしまいますね。**抵当権の順位は、登記の前後による** ❷ 重要な項目 ので、これでは、銀行が回収できずに損をする可能性があります。先順位の抵当権者への弁済は終わっていますか？ もしも抵当権が実行されれば、競売になりますが…。

借金くん いや、まだ完済していませんが、万一競売になれば、先順位だけでなくあなたの銀行にも返済できるわけですよね。

銀行マン それがそううまくはいかないのです。**後順位がいる場合、先順位の債務の利息は、満期から遡って2年分が保証されている** ❸ 重要な項目 んです。つまり先順位の人が、元本だけでなく競売から遡って2年分の利息まで持っていってしまうんです。競売で買い叩かれないとも限らないので、後順位で全額を回収するのはうちとしても、ちとキツイですね。融資額をもう一度考え直しましょうか。

▶ シーン3　**抵当権が消滅するとき**

 さて、なんとか銀行から借りられた借金くんのその後ですが…

 借金さん、土地建物を**第三取得者**に売ったという噂を聞きましたが、弁済のほうは大丈夫ですか？

 …ええ、でも先順位の抵当権者さんが第三取得者さんへ代金を寄こすよう請求したので、私の所へはビタ1文入ってきませんでしたよ。

 なるほど、**代価弁済**ですね。【重要な項目】**第三取得者が抵当権を消滅させる方法は、代価弁済・抵当権消滅請求** ですからね。ということは、先順位さんの抵当権は消滅したんですね。しかし今どこにお住みなんですか？。

 第三取得者さんが親切にもそのまま建物を貸してくれています。

 ほう、でも賃貸借契約には抵当権者である私どもの同意とその登記が必要なので、これは第三取得者さんと話し合う必要がありますね。なんで我々に何も言わずにそんなことしちゃったんですか。

 そういわれても。なんとかこのまま住めるようにお願いします。

 わかりました。なんとかしましょう。

1 権利関係 >> 07 抵当権

▶ シーン4　抵当権が実行されるとき

　しばらくして、銀行へ第三取得者さんから書面が届きました。

　第三取得者さん、もしかして抵当権消滅請求ですか？

　ええ、そうです。もしも私の申し出がイヤでしたら書面の期日内に競売申立ての通知をくださいね。

　いやいや、競売なんてめっそうもない。なぜなら、あの土地には抵当権設定時にすでに建物があったため、法定地上権が発生するおそれがありますからね。そうなると競売にかけないほうが利口ですから。

　法定地上権が発生するとなにか不利があるのですか？

重要な項目

　<u>法定地上権が成立する第一条件は、建物があること</u> ❺ です。抵当権設定時に建物があり、競売された時点で、土地と建物の所有者が別々になってしまった場合、建物の所有者が不法占拠者とならないために、法定地上権が成立してしまうんです。そうなると不動産価値が下がります。第三取得者さんの手元に残るお金もそれだけ少なくなってしまいますよ。

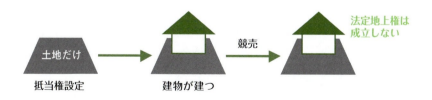

101

つまり土地と建物を一緒に競売できないってことですか？

> 重要な項目

ええ。**一括競売が可能となる第一条件は、更地(さらち)であること** ❻ なんです。抵当権設定時にですよ。よって今回のケースは一括競売できません。

じゃあ競売は私にとっても、不動産価値が下がれば銀行さんにとっても、さらに競売になることで追い出されてしまう借金さんにとっても良いことないじゃないですか。

> 重要な項目

いや、借金さんにすれば、**抵当権設定後に、抵当権者の同意を得て登記した賃貸借契約(けいらくにん)は、競落人や第三取得者に主張できる** ❼ ので、競売後も継続して住めますよ。でもそうなれば不動産価値がもっと下がって…。

とにかくここは抵当権消滅請求を受けてもらうのが得策ってことですね。

ですね。それで手を打ちましょう。

語句の意味をチェック

担保	債務不履行［ステージ 11］に備え、債務の弁済を確保する手段として、債権者に提供されるもの
登記簿	［ステージ 19 参照］
付加物	不動産の構成部分となって、独立性を失っている物（雨戸、硝子窓等）
果実	物から生ずる利益。天然果実（牛乳、鉱物等、物の経済的目的に従い収得する産出物）と法定果実（家賃、利子等、物の使用の対価として受ける金銭等）に２分できる
差押え	特定の物や権利を私人が処分できないよう国家権力が禁じる行為
競売	一般には売主が多数の者に買い受けの申出を行わせ、最高価額の申出をした者に売る売買方法
第三取得者	抵当権設定者から、所有権や地上権を取得したもの
代価弁済	その事柄が正当であると認めること
抵当権消滅請求	所有権を取得した第三取得者が、自らの評価額を抵当権者に弁済して、抵当権を消滅させること
法定地上権	抵当権の実行された場合に、法律の規定により、当然に生ずる地上権
更地	その事柄が正当であると認めること

試験問題セレクション

問7 AがBに対する債務の担保のためにA所有建物に抵当権を設定し、登記をした場合、抵当権の登記に債務の利息に関する定めがあり、他に後順位抵当権者その他の利害関係人がいないときでも、Bは、Aに対し、満期のきた最後の２年分を超える利息については抵当権を行うことはできない。（平成７年）

★解答・解説は次ページ左下

103

ステージ 08

第1章 権利関係

第三者弁済、相殺、代物弁済

● 攻略のガイドライン

難しいと感じたら決して深入りしないこと。相殺については、弁済期と債務の種類に着目することが大切です。誰のためにする保証なのか、弁済なのかを意識して読み進めましょう。

●学習のガイドライン
本試験重要度 ★★
本試験出題頻度 ★★
本試験出題難易度 ★★★★★
攻略に必要な実力 C（難しい）
学習効率 C（普通）
覚えるべき事項 8項目

攻略のひとことテーマ

"相手方第一"で行動しなければならない

理解と暗記の重要ポイント

チェック欄

❶ **債務者が反対すると、まったくの第三者は弁済できない**
　例えば　妹の借金を兄が払ってやろうとしても妹本人の許しがないと、勝手には払えない。

❷ **債務者が反対しても、保証人、抵当不動産取得者等の第三者は弁済できる**

❸ **保証人等の第三者が弁済したときには、当然に、債権者の地位を代位する**

❹ **相殺の第一条件は、少なくとも相手方の債務が弁済期を迎えていること**

❺ **相殺の効力は、相殺適状まで遡って生じる**
　相殺適状　→お互いが持っている債権によって相殺できる状態にあること。

❻ **時効によって消滅した債権は、消滅前に相殺適状であれば相殺できる**

〔問7の解答・解説〕× 　後順位抵当権者がいないときは、最後の2年分を超える利息についても優先弁済を受けられる。

104

❼ 不法行為による損害賠償請求権が受働債権ならば相殺できない

例えば お金を貸した相手が支払いを渋ったのでかっとして殴ってしまい、慰謝料が発生した場合。借金はチャラにしてあげるから慰謝料も勘弁してというのはNG。一方、殴られた相手から、慰謝料はいらないから借金と相殺してくださいと申し出ることは可能です。

❽ 代物弁済は、債務者が代替物を債権者に引き渡すことで効力が生じる

お金のかわりに物で返すこと。約束しただけではダメで実際に物を提供しないといけない。

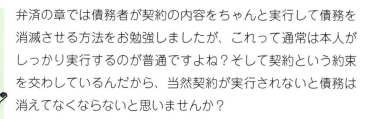

保証人さまは、神さまです！

さて今回のお話は…

弁済の章では債務者が契約の内容をちゃんと実行して債務を消滅させる方法をお勉強しましたが、これって通常は本人がしっかり実行するのが普通ですよね？そして契約という約束を交わしているんだから、当然契約が実行されないと債務は消えてなくならないと思いませんか？

でも…たとえ契約の内容を本人が実行しなくても、債務を消滅させる方法が実はあるんです。その代表ともいえるのが第三者弁済です。第三者弁済とは本人以外の人が本人に変わって契約の内容を実行してあげて、債務を消滅させることです。（さらに代物弁済や、債務と債務で相殺すること等も契約内容を本来の約束通りに実行せずに債務を消滅させる方法のひとつです。）

この第三者弁済の第三者って一体誰を指すのでしょうか、そしてどんなときに契約履行以外の方法で債務を消滅させることができるのか借金取りの「ウチジマくん」とそのお客さんのやり取りから、「第三者弁済」「相殺」「代物弁済」とはどのようなものか見ていこうと思います。

シーン1　債務について利害関係のない者が弁済するとき

え？ 弁済してくれないご主人に代わって払ってくれるんですか？

ええ、主人からは『おれが弁済するから手を出すな』って言われているんですが、主人は払えそうにないし、黙って見ていられないので。

そりゃあ残念だ。お気持ちはうれしいけど、**債務者が反対すると、まったくの第三者は弁済できない** ❶ んだよな。

第三者？ 私は正真正銘の正妻ですが…。やだ、あの人ってヨソで変な若い女と…。

いやぁそれは俺にはなんとも…。　妻であっても借金においては無関係な第三者なんだよ。ご主人がダメそうなので**保証人**さんのところへ行って頼んでみるか。

シーン2　債務について利害関係のある者が弁済するとき

ここは保証人宅…

とまあそういうわけでさ。代わりに弁済してくれませんかねぇ。

そうですか。あのご主人にはこの前も車を安く譲ってもらったりと世話になっていますので、払ってあげてもいいかな…と。でも支払うとしても、その前に本人の了解を取らないと…。

大丈夫。たとえ債務者が反対しても、保証人、抵当不動産取得者等の第三者は弁済できる❷んだぜ。

ちょっと待って。そういえば借金するときに自分の土地建物に抵当権を設定したと聞いていますが…。

確かにそうだけど、この程度の金額で競売するのもかわいそうだし。現にあの家族が住んでるしなー。

仕方ありません、私がお支払いしましょう。それで競売にかけられる可能性は無くなるんですよね。

いいや。あなたのような保証人等の第三者が弁済したときには、当然に、債権者の地位を代位する❸んだよ。つまり今度は俺に代わって保証人さんが新しい債権者になるわけで、保証人さんはいつでも抵当権を実行できるんだぜ。競売は保証人さん次第ということだな。

なるほど。でも私にだったらきちんと弁済してくれるでしょうし。

甘い。だまされたと思って代位の付記登記を行っておくことだ。あのご主人が土地建物を第三者に売ってしまったら、保証人さんが新しい抵当権者だと主張する証拠が必要になるからな。

▶ シーン3　相殺するとき

（玄関ドア）ガラガラ…

奥さん：ごめんください。保証人さん、この度は主人の借金を肩代わりしていただいたそうで、本当にすみませんでした。

保証人：いいんですよ、奥さん。借金取りさんの地位を代位したので、弁済方法も引き継ぎ、同様の利息もいただきますがよろしいですか？

奥さん：では今度から保証人さんへ弁済させます。

保証人：早速なんですが、以前ご主人から譲り受けた車の代金を、すぐにお支払いするはずが、まだお支払いしていないんですよ。どうでしょう、その代金と来月の弁済分とでチャラにしませんか？

奥さん：はぁ、実はあの代金は別の用途であてにしてまして…。

保証人：まあ、**相殺の第一条件は、少なくとも相手方の債権が弁済期を迎えていること** ❹ ですから、来月分の弁済のことはまた来月考えましょう。

▶ シーン4　相殺の効力

奥さん：それならば、以前保証人さんの仕事を手伝ったときのパート代がありましたよね。確か主人もまだもらっていませんよね。あれで来月分と相殺できませんか？

あれは何年も前の話で、半年前にもう時効ですよ。ご勘弁を。

時効でもらえなくなったパート代では相殺できないんですか？

いや…一概にそうともいい切れません。**時効によって消滅した債権は、消滅前に相殺適状であれば相殺できる❻**んですよ。

適　状　→あることが可能な状態のこと。

相殺適状って？

相殺するには相殺できる状態、つまり相殺適状の必要があるんです。昔のパート代と来月分の弁済の相殺適状は、厳密にいうと、ご主人が期限の利益を放棄するならば、私がご主人に対する債権を持った先日です。

でも時効は半年前なので、債権の消滅後に相殺適状と…。

そう、すでに時効で消滅していて相殺できる債権がないんですから相殺できません。もしも時効が半年後だったら、たとえば1年後でも相殺できます。債権の消滅前に相殺適状だからです。

1年後に相殺しても、相殺適状の時点で相殺しても同じね。

だから**相殺の効力は、相殺適状まで遡って生じる❺**んです。たとえ1年後に相殺しても、自動的に先日に相殺したことになるんですよ。

そうですか…。なんだかとっても損した気分です。

せめてものお詫びに、車の代金と一緒に美味しいワインでも明日お宅へお持ちしますよ。

109

シーン5　相殺できないとき

ガラガラ、ガチャーン

 保証人　すみません、奥さん。車の代金を持ってきたのですが、運転ミスで車をお宅の塀にぶつけてしまったんですよ、いやあ、面目ない。

 奥さん　まぁまぁ、お怪我はありませんか？

 保証人　私は大丈夫ですが、塀が壊れてしまいました。もちろん弁償しますが、どうでしょう、この塀の修理にはかなりの費用がかかりそうなので、私が立て替えた借金全額と塀の修理代金とで相殺しませんか？

 奥さん　はあ、でも塀をこのままにしておくわけにもいかないので、保証人さんにはいいにくいですけど、修理代金は現金でいただけませんか？

　　　　　　重要な項目

 保証人　そうですよね…。**不法行為による損害賠償請求権が受働債権ならば相殺できない** ❼ のですから、これは虫のいい話でした。被害を受けたそちらからいうのでしたらわかりますが、損害を与えたこちらからは相殺の主張はできませんよね。いやあ、本当に申し訳ないです。

 奥さん　いいえ、こちらも現金が欲しいばかりに無理いってすみません。こんなことならお金のあるときに、物をこんなに買うんじゃなかったわ。

シーン6　代物弁済するとき

 保証人　いや、そう後悔せずとも。これだけの絵画や骨董があれば代物弁済という方法もあります。**代物弁済は、債務者が代替物を債権者に引き渡すことでその効力が生じる** ❽ つまり弁済されたことになります。

重要な項目

1 権利関係 >> 08 第三者弁済、相殺、代物弁済

奥さん: じゃあ、いっそこの土地と建物もいかがですか？

保証人: 不動産の場合は所有権移転登記等、対抗要件を備えてはじめて代物弁済の効力が生じるので、そうなると手続きが複雑そうで…。

奥さん: そうね、借金は地道に返済していくのが一番ですね。じゃあせっかくだから、ワインでもいただいて気分を変えようかしら。

保証人: それがその…さっきの衝突で…。

奥さん: じゃあ高級フレンチでもいいですよ、代物弁済ということで。

確認する！ 語句の意味をチェック

相　　　殺	互いの同種の債務で、チャラにすること
保　証　人	債務を履行しない債務者に代わって債務を履行する契約を締結した第三者
代　　　位	ある人の法律上の地位に他の人が代わってつくこと
付　記　登　記	既存の特定の登記に付記してその一部を変更する登記
不　法　行　為	故意または過失によって他人の権利を侵害し、損害を生じさせる行為
代　物　弁　済	債務者が債権者の承諾により、本来負担している給付に代えて他の給付をすることで、弁済と同一の効力を生じさせること

挑戦する！ 試験問題セレクション

問8 AがBに対して100万円の金銭債権、BがAに対して100万円の同種の債権を有する場合において、Aの債権が、Bの不法行為によって発生したものであるときには、Bは、Bの債権をもって相殺をすることができる。（平成7年）

★解答・解説は次ページ左下

111

ステージ09 債権譲渡

第1章 権利関係

さいけんじょうと

●攻略のガイドライン

債権譲渡が成立する要件と第三者へ証明する方法をしっかり把握しておく必要あり。それができていれば確実に得点に結び付けられます。

●学習のガイドライン
本試験重要度 ★★
本試験出題頻度 ★★
本試験出題難易度 ★★★
攻略に必要な実力 C（難しい）
学 習 効 率 C（普通）
覚えるべき事項 3項目

攻略のひとことテーマ

新債権者、つまり"真"の債権者であると証明しないと！

債権譲渡 →債権を他人にゆずり渡すこと。

理解と暗記の重要ポイント

チェック欄

重要な項目

❶ 債権を譲渡する方法

①旧債権者から債務者への通知
　通知がないといきなり見知らぬ人から請求される感覚。架空請求かもしれない。通知か自分が承諾すること。

②債務者から旧債権者or新債権者への承諾

❷ 債務者以外の第三者に対する債権譲渡の対抗要件は、確定日付のある証書での通知or承諾

　確定日付のある証書 →内容証明郵便など（誰が、誰に、いつ、どんな手紙を出したのか、郵便局が証明してくれる）

❸ 債権の二重譲渡では、先に確定日付のある証書が債務者へ届いたほうが真の譲受人

〔問8の解答・解説〕 × 不法行為に基づく債権では不法行為をした人から、「相殺してくれ」といってもダメ。

112

1 権利関係 >> 09 債権譲渡

> 譲渡は代位なり！

さて今回のお話は…

債権も権利のひとつである以上、契約の目的物になることがあります。これを債権譲渡というのですが、この債権譲渡が行われると、債務者は新しい債権者のために契約の内容を履行して債務を消滅させないといけなくなります。つまりもともとの債権者との関係がなくなった代わりに、新しい債権者との債権債務が誕生したと考えるのです。今回はおバカな娘がした借金を肩代わりさせられそうなお父さんと、借金取りのウチジマくんのやり取りから、債権譲渡のポイントをさぐってみましょう！

本編

ステージ09 スタート 〔配役〕 父 ウチジマくん 保証人

▶ シーン1　**債権譲渡が成立するとき－その1**

ウチジマくん

お父さん、あなたの娘さんの弁済が、ここのところ滞っているんだよなー。代わりに弁済していただけないでしょうかねぇ。

父

そういうお前さんはどうなんだ？　娘同様、私からの借金、弁済が滞っているじゃないか。娘に貸す金があるなら私にさっさと返しなさい。

ウチジマくん

それをいわれちゃうと…。じゃあこうしよう。俺 ➡ お父さんの債権の代わりに、娘さん ➡ 俺の債権をお父さんに譲ると。

父

いいだろう。そのように娘にもいっておくから。

113

いやいや、お父さん。債権を譲渡する方法は、旧債権者から債務者への通知 ❶-① だからさ。いくら親子でも俺が伝えないと成立しないんですから。

じゃあ頼んだぞ。娘が間違ってウチジマくんへ弁済しないよう、しっかり通知しておいてくれよ。

わかりました。しかしお父さんも大変だねー。

▶ シーン2　債権譲渡の対抗要件

まあ身内だから仕方ない。人様に迷惑をかけないだけましかもしれん。

それが実は、娘さんの友人が保証人になってて、保証人さんの土地に抵当権を設定させてもらってるんだよなー。

ドラ娘め…。しかしその保証人さんは債権譲渡を納得してくれるのか？

それは大丈夫。保証は債権に付き従うものなので、黙っていても新しい債権者を保証するんだよ。

じゃあ、何もしないぞ？

ええ。しかし債権の二重譲渡には備えておいたほうがお父さんも安心なんじゃないの？債務者以外の第三者に対する債権譲渡の対抗要件は、確定日付のある証書での通知 or 承諾 ❷ なんだから。俺が内容証明で通知しておくよ。

1 権利関係 >> 09 債権譲渡

君が郵便局へ行ってくれるか。わざわざすまんな。しかし対抗要件って、そんな仰々しいものなのかね。

もちろん。なんてったってお父さんは債権者になるんですからね。抵当権を実行する権利だって**代位**できるんだよ。

そうなると**付記登記**が必要になるんじゃ…。

お父さんは保証人じゃないのでその必要はないぜ。

債権を二重譲渡するとき

ここは保証人宅…

保証人さん、あなたも悪い友だちを持ったとあきらめて、代わりに弁済していただけると助かるんだけどな。

ウチジマさん、忘れたとはいわせませんよ。私からの借金、弁済が滞っているじゃないですか。そっちこそ弁済してください。

それをいわれちゃうと…。じゃあこうしましょう、俺 ➡ 保証人さんの債権の代わりに、あの娘さん ➡ 俺の債権を保証人さんに譲ると。

あなた、それと同じことあのお父さんにいってるでしょ。さっきあのお父さんから挨拶を受けたんですよ。代位したからって。

それが実はまだあの娘さんへ通知していないんだよ。債権を譲渡する方法は、旧債権者から債務者への通知だからね。

115

保証人：つまりあのお父さんは、私に対しては債権譲渡の対抗要件を持っていないということですね。

ウチジマくん：そういうこと。今すぐに俺が保証人さんのために確定日付のある証書を作って、あの娘さんに渡せばいいんだ。

保証人：
重要な項目
債権の二重譲渡では、先に確定日付のある証書が債務者へ届いたほうが真の譲受人 ❸ となるから、約束通りなら私が新債権者になりますね。

ウチジマくん：悪くない話でしょ？ ここはひとつその線でいきましょうよ。

保証人：本当に？ あの娘が二重払いをしちゃうことはないでしょうね？

ウチジマくん：その心配はないよ。誰だって二重払いはイヤだろう。そのために複数の債権者から請求を受けても、債務者は受け取った確定日付のある証書を盾に支払いを拒めるようになってるんだよ。

▶ シーン4　債権譲渡が成立するとき−その2

再度、父親宅…

ウチジマくん：おかげさまで、俺→お父さんの債権は、娘さん→俺の債権で無事に消滅しました。

父：そう？ 話と違うなぁ…でもいいか。娘から私へ承諾があったし…。

ウチジマくん：え？

父：こら、悪党。通知だけじゃないんだよ。
重要な項目
債権を譲渡する方法は、債務者から旧債権者 or 新債権者への承諾 ❶ − ❷ でもいいんだよ。

116

1 権利関係 >> 09 債権譲渡

で、でも…保証人さんのために、確定日付のある証書をすでに娘さんに送ったのに…。

その保証人さんがすべて教えてくれたぞ。お前さんが二重譲渡を仕組んでるってな。それに娘には確定日付のある証書で承諾させたから、仮にお前さんが送った通知が届いても、娘は先に確定日付のある証書で承諾したことを盾にできるんだからな。つまり真の譲受人はこの私だ。

いやー参ったなぁ。お父さんごめんなさい。

それよりも、お前にお父さんって気安く呼ばれたくないぞ。

"お父さん"、この際娘さんを俺にくれませんか？

……。

語句の意味をチェック

確定日付のある証書	当事者が後に変更することができない確定した日付の証明としてつくられる公正証書。内容証明郵便等
代位、付記登記	[ステージ8参照]

試験問題セレクション

問9 Aが、AのBに対する金銭債権をCに譲渡した場合において、Aは、Cへの譲渡について、Bに対してはAの口頭による通知で対抗することができるが、第三者Dに対しては、Bの口頭による承諾では対抗することができない。（平成9年）

★解答・解説は次ページ左下

117

ステージ 10

第1章 権利関係

連帯債務、保証債務

●攻略のガイドライン

本試験頻出です。請求の効力が及ぶ範囲と、承認の効力の及ぶ範囲がメインとなります。的が絞りやすく理解しやすいので確実に得点に結び付けたいポイントです。

●学習のガイドライン

本試験重要度	★★★★★
本試験出題頻度	★★★
本試験出題難易度	★★★
攻略に必要な実力	C（難しい）
学習効率	C（普通）
覚えるべき事項	6項目

攻略のひとことテーマ

競技者（連帯債務者、主債務者）は、試合終了まで抜けられないが、応援団（保証人）は、理由を付けて抜けられる

理解と暗記の重要ポイント

チェック欄

❶ 連帯債務者の1人に対する請求は、全員に効力が及ぶ

❷ 連帯債務者の1人の時効が完成したときは、その債務者の負担部分だけが債務総額から減る

❸ 自らの債権で相殺する場合は、上限はないが、他人の債権で相殺する場合は、その他人の負担部分だけが債務総額から減る

❹ 連帯債務者の1人に混同が生じると、全員が債務を免れる
債権者と債務者が実は親子で親が死んで親の債権を相続した場合、債権者、債務者両方にはならず、いったん全ての債務をすべて弁済した形になる。

❺ 主債務者に対する請求は、保証人に効力が及ぶが、保証人に対する請求は、主債務者に効力が及ばない

❻ 主債務者に対する請求は、連帯保証人に効力が及び、連帯保証人に対する請求は、主債務者に効力が及ぶ

〔問9の解答・解説〕○ 債権譲渡については、債権者と債務者の間では口頭でもOK。しかし第三者に対しては対抗要件が必要。

1 権利関係 ≫ 10 連帯債務、保証債務

一体誰から借金するの？

さて今回の
お話は…

以前債権債務の章でお勉強したように、債権が発生すると同時に債務も発生しますが、こうした債権債務には実にさまざまな形があります。ひとつの債権やひとつの債務を持てるのは決して一人（単独）ではありません。例えば共有で所有している別荘を誰かの友人に貸すと、共有者全員が債権者になりますし、逆にひとつのものを複数人で借りるとひとつの債務を数人で持つ事になります。また債権を保証する場合ですが、抵当権の様に物を担保にするのではなく、人が担保を保証することもあり得ます。よくマンション等の賃貸借契約を結ぶときに求められる「連帯保証人」もそのひとつです。ここでは夢のマイホームとしてマンション購入を検討しているオシドリ夫婦から、連帯債務と保証債務とは何かお勉強していきましょう。

本編
スタート
ステージ10
〔配役〕　妻　　夫

▶ シーン1　**連帯債務が消滅するとき**－弁済・時効

夫
希望通りのマンションも見つかったことだし、いっそお金を借りて、買わないか？

妻
そうね。相続対策にはマンションを2人で所有するのがいいと思うのよ。この際、2人で連帯してお金を借りない？ 私の分は私が働いて返すから。

連帯債務か…、どういうメリットがあるの？

連帯債務の場合、2人で全債務を弁済するんだけれど、弁済額の受け持ち（負担部分）を決めるのよ。だから、自分の負担部分さえきちんと弁済すれば、他の連帯債務者に迷惑をかけることがないわけ。まあ、だからといって、自分の負担部分をすべて弁済し終えても、全債務が弁済されるまでは、それぞれの連帯債務者の責任は消滅しないの。

なるほどな。この先、なにか不測の事態が起こっても、助け合って弁済できるってことだな。そうなるとお金も余計に借りられるかもしれないし、しっかり者の君が、俺の負担部分も払ってくれたりすれば、俺はなにもしなくていいんじゃないか？ それは、もしかして小遣いを減らされずに済むってことか？

何言ってるのよ。 あなたの分を私が代わりに払うと、私はあなたに対して求償権を持つことになるの。求償権というのは、簡単にいえば『立て替えておいたから、返してね』ということ。当然あなたから返してもらうわけなのよ。

む〜残念っ。だけど、連帯債務の場合、時効ってどうなるんだ？ 2人別々に借りれば債務が2つだけど、連帯債務は債務1つだろう？

1 権利関係 ≫ 10 連帯債務、保証債務

妻
重要な項目
連帯債務者の1人に対する請求は、全員に効力が及ぶ ❶ から、たとえば、あなたが請求を受けると、私も請求を受けたことになって、**時効**は中断するわね。

夫
じゃあ、単に2人で借りてるというだけで、普通の債務とあまり変わらないな…。

妻
それがそうでもないの。債権者から催告を受けたときに『わかりました』と承認するか否かは、個人の自由なのよ。だから、連帯債務者の1人が承認すれば、その者の時効は中断するけれど、もしも、承認しない連帯債務者がいたら、その時効は中断しないのよ。

夫
へえ、でもそうすると承認しない連帯債務者については時効が完成してしまうじゃないか。1つの債務のなかで時効が完成したり、進行していたりとバラバラで、債務総額は一体どうなるの？

妻
重要な項目
連帯債務者の1人の時効が完成したときは、その債務者の負担部分だけが債務総額から減る ❷ ことになるのよ。そして、時効が完成した連帯債務者については『もともと連帯債務者の1人ではなかった』ということになるの。

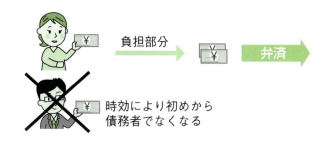

121

▶ シーン2　連帯債務が消滅するとき−相殺

妻：そうはいっても、どこから借りたらいいのかしら？

夫：君のお兄さんはどうかな。この前、君から借金していたけど最近はいい調子じゃないか。お兄さんから借りられれば、君の債権と相殺できるんじゃないか？

妻：まあね。連帯債務者の1人が、【重要な項目】**自らの債権で相殺する場合は、上限はない** ❸ から、相殺は確実にできるわね。相殺すれば、その分が連帯債務総額から減ることになるのよ。

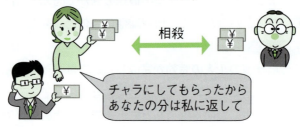
〔自らの債権で相殺する場合〕
相殺
チャラにしてもらったからあなたの分は私に返して

夫：そうだよ、貸しているのは君、つまり債権を持っているのは君だから、相殺は君しかできないからね。

妻：いいえ、それは違うわ。あなたもできるのよ。ただし【重要な項目】**他人の債権で相殺する場合は、その他人の負担部分だけが債務総額から減る** ❸ ことになるの。要するに、あなたが、私の兄さんに対する債権を使って、連帯債務を相殺するときは、そのうちの私の負担部分と同額だけしか相殺されないのよ。

1 権利関係 >> 10 連帯債務、保証債務

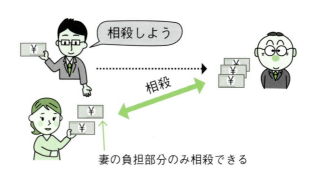

へえ、便利といえば便利だね。

でも相殺なんかしないわよ。今は、なにより現金が欲しいんだから。借りられるものは借りて、返してもらえるものは返してもらうわよ。

そうだよな。でも逆に、お兄さんからも相殺してきそうだね。

そうね。相殺適状であれば、いくら抵抗しても相殺されちゃうんだから、兄さんから借りるのは止めましょう。

▶ シーン3　**連帯債務が消滅するとき**－混同

じゃあ、誰から借りるんだい？

あなたのお父さまはどう？　弁済期日とか、いろいろと便宜をはかってもらえそうじゃない。そうしましょうよ。

でもなあ、歳も歳だし…弁済し終わるまで生きててくれるかな。

妻　それなんだけど、もしもよ、もしもお父さまが完済前にお亡くなりになって、あなたが財産を相続する場合、あなたはこの債権も相続することになるのよ。そうすると、債権者と債務者が同一という通常はありえない事態になってしまうので、**連帯債務者の1人に混同（相続等）が生じると、全員が債務を免れる** ❹ ことになるの。

重要な項目

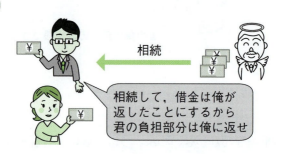

相続
相続して、借金は俺が返したことにするから君の負担部分は俺に返せ

夫　そうか、それも、メリットといえばメリットだなあ。しかし混同によって債権者となった連帯債務者本人の債務が消えるのはわかるけど、他の連帯債務者の債務まで、免れるというのは、どういうことなんだ？

妻　全員が債務を免れるってことは、債務の全額が、相続した者1人によって弁済されたってことなのよ。で、さっき話したように、弁済した連帯債務者本人は、他の連帯債務者に対して、求償権を持つことになるの。

夫　じゃあ、混同が生じれば、俺は君に求償権を持つってことだな…。

妻　万が一あなたが私に請求すればの話だけど。

夫　……　。

1 権利関係 >> 10 連帯債務、保証債務

▶ シーン4　保証人に対する請求の効力

夫：でも2人で連帯してたくさん借金しても、1人がダウンしてしまったら、どちらかが2人分弁済しなくてはならないんだよ。君がこの先育児で働けない状況になる可能性もあるし、お父さんにしても貸しづらいだろうなあ…、やっぱり、社長に借金を頼んでみようかな。

妻：この際、相続対策は横において、家長のあなたが借りて、私がその保証人になるのはどうかしら？　あなたが弁済できなくなったら私が代わりに払うというなら、社長さんも貸してくださるんじゃない？

夫：保証人か…、なにかメリットはあるのかい？

妻：**主債務者に対する請求は、保証人にその効力が及ぶが、保証人に対する請求は、主債務者にその効力が及ばない ❺** のよ。つまり保証人である私に請求しても、主債務者であるあなたに請求したことにはならないのよ。だから、もしも、社長さんが間違えて私にだけ請求してきたとすると、あなたの債務について時効が完成することもありえるわ。そうすれば、当然、私の保証債務についても時効が完成するわけよ。

夫：なるほどね、誰にでも間違いはあるものだからな…。

▶ シーン5　保証人が主張できる権利

夫：しかし保証債務といったって、結局は、俺が借金を返せないときは、君が返さなきゃならないわけだろう？

妻：それは当然ね。でもね、そうなったときには、**催告の抗弁権と検索の抗弁権**というのもあるのよ。

夫：抗弁権って、一定の事由に基づいて請求を拒絶できる権利のこと？

妻：その通り。『主債務者にまずは請求してくれ』っていうのが催告の抗弁権で『まずは主債務者の財産から取り立ててくれ』っていうのが検索の抗弁権よ。どちらも、保証人が、債権者に対して主張できることになっているのよ。

夫：……なっているのよ、って君なら間違いなく抗弁権を行使するだろ。

▶ シーン6　連帯保証人に対する請求の効力

妻：でも単なる保証債務では、抗弁権を使って言い逃れをされるおそれもあるから、社長さんもいやだっていうんじゃないかしら…。もしそう言われてしまったら、私が**連帯保証人**になるしかないわね？

夫：連帯保証人か…、連帯保証人には、催告の抗弁権も検索の抗弁権もないんだろう？

妻：ええ。それに、**主債務者に対する請求は、連帯保証人にその効力が及び、連帯保証人に対する請求は、主債務者にその効力が及ぶ** ❻ のよ。

夫：それじゃあ、俺が返済できなくなったときに、いい逃れもできないなあ…、あまりメリットがないんじゃないか？

1 権利関係 ≫ 10 連帯債務、保証債務

妻　そうね。でも私が働いた分を貯蓄にまわせるっていう点では、連帯債務よりもいいわ。なにしろ、こんなご時世ですからねえ。

夫　そうだなあ…、よし！じゃあ、社長にせいぜいゴマすっておこう。

語句の意味をチェック

連帯債務	数人の債務者が、同一の給付を目的とする債務を各自独立して負担し、そのうちの1人がこれを履行すれば、債務がすべての債務者について消滅する債務
時　効	［ステージ5参照］
相殺適状	［ステージ8参照］
保証人	債務者が債務を履行しない場合に、債務者に代わって自らがその債務を負担することを約束した者
保証債務	債務者が債務を履行しない場合に、債務者に代わって履行することを約束した者（保証人）が負担する債務で、債権者と保証人との書面による契約によって生じる
主債務者	保証対象となるもともとの債務を有する債務者のことで、主たる債務者ともいう
連帯保証	保証人が主債務者と連帯して債務を負担する保証契約

試験問題セレクション

問10　Aが、Bに1,000万円を貸し付け、Cが連帯保証人となった場合、AがCに対して請求の訴えを提起することにより、Bに対する関係で消滅時効の中断の効力が生ずることはない。（平成10年）

★解答・解説は次ページ左下

ステージ 11

第1章 権利関係
債務不履行

――● 攻略のガイドライン ●――

①いつ債務不履行に陥るのか、②陥ったらどうすればいいのか、③債務不履行は誰のせいか、この3点を理解すれば比較的わかりやすいと思います。ゆっくり読み進めましょう！

● 学習のガイドライン
本試験重要度 ★★★★
本試験出題頻度 ★★★
本試験出題難易度 ★★★★
攻略に必要な実力 B（普通）
学習効率 C（普通）
覚えるべき事項 6項目

攻略のひとことテーマ

約束が守れなかったときの代償は、極めて大きい

理解と暗記の重要ポイント

チェック欄 ✓

重要な項目

❶ 確定期限付債権は、期限が到来したときから履行遅滞となる

❷ 履行遅滞の場合、催告してから契約を解除できる

❸ 損害額は、あらかじめ予定しておくことができる

❹ 契約を解除しても、権利を得た第三者が対抗要件を備えたときは、原状回復できない

❺ 売買契約が、**不可抗力**によって債務不履行となったときには、債権者が危険を負担する

　　不可抗力 → 地震による倒壊や落雷による火災等のこと。誰のせいにもできないこと。
　　建物の売買契約成立後、目的物の引渡し前に災害等の不可抗力により建物が滅失してしまった場合についてよく取り上げられます。

128　〔問10の解答・解説〕× 連帯保証人への請求は、主たる債務者にも効力を及ぼす。つまり主たる債務者の時効は中断する。

売買契約が成立しているということはたとえ引渡し前であろうとも、目的物はすでに買主さんの物と考えられます。従って不可抗力による滅失等の場合、損害を被るのは買主さん。
この損害を負担することを危険負担といいますが、危険負担については契約時の特約で別の定めをすることも可能です。

❻ 同時履行の抗弁権を行使するための第一条件は、相手方の債務が弁済期にあり、かつ履行していないこと

同時履行の抗弁権 → 相手方が債務の履行を提供するまで、自分の債務の履行を拒絶できる権限のこと。
例えば買い物に行って品物をもらうまで、お金は払わないと主張できること。逆にお店側はお金を払わないなら品物は渡せないと主張できること。

履行するのも楽じゃない

さて今回のお話は…

契約っていうものは人と人のお約束事ですから、もちろんしっかり契約の内容は履行して債務は果たさなければなりません。でも現実的には債務を履行できない、つまり契約の内容を実行できない場合もありますよね…この債務を履行できない状態のことを「債務不履行」といいます。債務不履行の状態に陥るとそのままではいつまで経っても債権債務は消滅しません。そればかりか債務不履行によって債権者が不利益を被るときにはその不利益についても責任問題も生じることになります。
では債務不履行に陥ってしまったら一体誰にどんな責任が生じるのでしょうか？ここに、契約を結ぼうとしている「債権者くん」と「債務者くん」がいますので、彼らのやり取りから債務不履行について学んでみましょう！

 〔配役〕 債権者くん 債務者くん

▶ シーン1　履行遅滞と損害賠償

　リーン、リーン、ガチャ

　はい、ピザ店です。これは債権者さん、いつもお世話さまです。なにか弁済についてのお話でしょうか？

　あれ？ 宅配ピザを始めたんですか。じゃあ、このチラシって債務者さんのお店だったんですね。別に弁済の話じゃありませんよ、いやあ、友人と一緒にピザでも食べようかと…。

　毎度ありがとうございます。当店では、作り立てを召し上がっていただくため、注文から30分以内にお届けしております。

　30分？ 本当に30分で届けてもらえるんですか？

　はい。もしも30分を過ぎてしまった場合、お詫びとしてウーロン茶をサービスさせていただきます。

　なるほど。ピザの出前も30分と期限を切っているわけだから、立派な**確定期限付債権**ですね。**確定期限付債権は、期限が到来したときから履行遅滞となる** ❶ 重要な項目 から、30分以内という約束が守れなかったときにもらえるウーロン茶は**損害賠償**ってわけですね。

その通り。損害額は、あらかじめ予定しておくことができる❸ので、こうやって、お客様に対して、前もって損害賠償の中身をお知らせしておくわけです。

▶シーン2　契約を解除するとき

そして、1時間後…

ちょっと債務者さん、あれからもう1時間も経っているけど、ピザが来ませんよ。う～ん、もうちょっとだったら待ってみるけど…。

そんなはずは…、配達人はもうとっくに出たんですけど。

こっちも空腹で死にそうです。もうちょっと待っても来なかったら、もういりません、注文はナシにします。履行遅滞の場合、催告してから契約を解除できる❷んです。この催告が最後のチャンスですよ、債務の履行が行われなければ契約は解除です。いいですね。

はい、本当にすみません。至急、配達人と連絡を取ってみます。

さらに、1時間後…

ちょっと債務者さん、まだ来ないんだけど！　友人も帰っちゃったし、もういらないからピザはキャンセル、契約は解除にするから！

本当にすみません。配達人がトンズラしてしまったんですよ。今、別の者がそちらに向かっていますので、よろしければ、お持ちしたピ

ザをお詫びとしてお受け取りください。もちろん、お代は結構です。

あっそう、じゃ、損害賠償としてそれは受け取っておくよ。

▶ シーン3　債権者が危険負担するとき

　リーン、リーン、ガチャ

はい、生花店です。

あれ、その声は債務者さん？ ピザ店のほうはどうしたんですか？

ええ、ピザ店はあまり儲からないのでやめて、今度は生花店を始めました。ところで、ご用件はなんでしょうか？

そうなんですか。そうそう、そちらの広告に載っている植木を買いたいのですが、いつ届けていただけますか？

いつもありがとうございます。3日後ではいかがでしょうか？

わかりました。では、代金はそのときにお支払いしますね。

　3日後、ピンポーン

生花店ですが、ご注文の品をお届けにあがりました。

ご苦労さま。あれ？この植木、枝が折れてるじゃないか。

ええ、ご注文の植木は、先日の台風で枝が折れてしまったんですよ。万全の注意は払ったのですが、申し訳ありません。

持って帰ってくれよ。広告で見たあの枝振りが良かったのに…。

申し訳ありませんが、弁済期前に 売買契約が、不可抗力（ふかこうりょく）によって債務不履行となったときには、債権者が危険を負担する ❺ ことになっています。今回の場合も、不可抗力によって目的物にキズ等が生じたため、お客さまが危険を負担することになります。つまりこのままお受け取りいただくしかないんです。

仕方ないなあ。じゃあ、代金はうんとまけてくれよ。枝が折れちゃってるんだから。

申し訳ございません。先ほどいった通り不可抗力ですので、ご勘弁ください。その代わり、肥料をサービスしておきます。この植木も、かわいがってやれば、広告のような枝振りに戻りますよ。

うーん…。しょうがないか…それで良いですよ。

▶ シーン4　原状回復ができないとき

リーン、リーン、ガチャ…

はい、不動産業者です。

あら、その声は債務者さん？ 生花店のほうはどうしたんですか？

ええ、おかげさまで生花店が儲かったので、今度は宅建業に手を拡げてみたんですよ。どうです？ 今なら良いマンションありますよ。

そうそう、そちらの広告に載っている家を見たいと思って…。

そして、現地案内中

これはいい物件だ。今日はとりあえず、現金で半額支払っておくから。今すぐ引っ越す予定はないから、残金は1カ月後でいいよな？ でも半額も支払うんだから、移転登記はすぐにでもたのむぜ。

かしこまりました。債権者さんとは付き合いも長いことですし、早速登記の移転を行っておきます。

そして1カ月後、リーン、リーン、ガチャ

債権者さん、家の残金がまだ入金されていないのですが…。

実は、株で失敗してしまって…、お支払いできないんです。

困りましたね。では、契約を解除しましょう。私は、お預かりした現金をお返しいたしますから、債権者さんは、家を返してください。

契約を解除するのは構わないのですが、**原状回復**（げんじょうかいふく）、つまり家はお返しできないんです。実は、家は別の方に売ってしまい、移転登記も済ませてしまったんです。で、売ったお金も全部株で…。

そうですか…、【重要な項目】契約を解除しても、権利を得た第三者が対抗要件を備えたときは、原状回復できない ❹ ですからね。今となれば、債権者さんを信じて移転登記をした私が愚かでした、株をやっていらっしゃることを事前に知っていれば…。

▶ シーン5　同時履行の抗弁権

お言葉を返すようですが、債務者さんが、私に借金を弁済してくれれば、そこからお支払いできるんですよ。

なるほど、しかしあの借金は弁済期をむかえていません。弁済期日までしっかりお借りします。

仕方ないか…。でも契約を解除されるなら、1カ月前に支払っておいたマンション代金の半額分は返してくださいね。

そうはいきません。こちらは、**同時履行の抗弁権**を主張します。お金を返して欲しければ、家を私に返してください。もしも、それができない場合は、損害を賠償してください。

ええ？【重要な項目】同時履行の抗弁権を行使するための第一条件は、相手方の債務が弁済期にあり、かつ履行していないこと ❻ ですよね。私の損害賠償債務は、弁済期をむかえてしまっているの？

契約を解除する際に、債権者・債務者の双方に原状回復義務が生じたときには、その時点で、双方はすでに弁済期をむかえているものと判断され、同時履行の関係になるんです。

はあ、ということは、債務者さんの債務は私にお金を返すことで、私の債務はあなたに損害賠償をすることであると、で、どちらも弁済期もむかえているし、まだ履行されてないと、そういうわけですね。

その通りです。だから、債権者さんが損害を賠償してくれないうちは、私はお金を返しません、はい。

ウソでしょ…。

1 権利関係 >> 11 債務不履行

語句の意味をチェック

履行遅滞	債務不履行の一つで、債務の履行が可能であるのに、履行期に履行しないこと
確定期限付債権	履行期について、到来する時期が確定している債権
損害賠償	一定の事由に基づき他人に与えた損害を補填して、損害がなかったと同じ状態にすること
不可抗力	外部から発生した事故で、取引上あるいは社会通念上普通に要求される一切の注意や予防方法を講じてもなお防止しえないもの
移転登記	不動産物権の移動を示す登記［ステージ19参照］
原状回復	現在の状態を、それを生じさせた原因以前の状態に戻すこと。戻せない場合には損害賠償が原状回復の代わりとなる
同時履行の抗弁権	［ステージ２参照］

試験問題セレクション

問11 A所有の家屋につき、Aを売主、Bを買主とする売買契約が成立したが、家屋の所有権移転登記後、引渡し前に、その家屋が天災によって消滅した場合、Aは、Bに対し代金を請求することができない。（平成元年）

★解答・解説は次ページ左下

ステージ 12

第1章 権利関係

売買契約

●攻略のガイドライン

売買契約において債務不履行に陥った売主が取るべき責任はなにかを理解することがポイント。善意と悪意を混同しやすいので注意して取り組みましょう。頻出度も高いので、ていねいに進めてください。

●学習のガイドライン
本試験重要度 ★★★★★
本試験出題頻度 ★★★★
本試験出題難易度 ★★
攻略に必要な実力 B（普通）
学習効率 A（最良）
覚えるべき事項 6項目

攻略のひとことテーマ

約束を破られた善意の買主は、より多くの代償を請求できる

理解と暗記の重要ポイント

チェック欄

重要な項目

❶ **全部他人物を売るとき**
　〔善意の買主〕契約解除、損害賠償
　〔悪意の買主〕契約解除

❷ **一部他人物を売るとき**
　〔善意の買主〕代金減額　契約解除、損害賠償
　〔悪意の買主〕代金減額

❸ **数量不足等のとき**
　〔善意の買主〕代金減額、損害賠償、目的不達成のときのみ契約解除
　　数量不足 → 100㎡の土地を買ったつもりが、測ってみたら90㎡しかなかった場合等。

❹ **制限物権等が付くとき**
　〔善意の買主〕損害賠償、目的不達成のときのみ契約解除
　　制限物権等が付く → せっかく買った土地が自由に使えないこと。

138　〔問11の解答・解説〕× 売買契約後、不可抗力で債務不履行になっている。これは、債権者が危険負担をするパターン。つまり売主は、壊れたまま家を引き渡し、そのうえ代金も請求できる。

1 権利関係 >> 12 売買契約

❺ 担保物権が付くとき
〔善意・悪意の買主〕損害賠償、所有権を失ったときのみ契約解除

担保物権が付く → 留置権、先取特権、質権、抵当権がついていること。例えば抵当権が設定されていた場合、実行されるとせっかく買った土地が競売にかけられてなくなる。

質権とは
債権者（お金を貸した人）が債務者（お金を借りた人）の物、時計や指輪、権利書などを預かり手元に置いて債務が弁済されなかったときはそれを売って優先的に弁済を受けられる権利のこと。
抵当権は債権の担保とするが、物を取り上げない。債務者はそのまま使用することが可能。
一方、質権は物を債権者に渡す必要があるため、債務者は預けている間使用することができなくなる。

❻ 隠れた瑕疵があるとき
〔善意の買主〕損害賠償、目的不達成のときのみ契約解除

世紀の対決、善意 vs 悪意

さて今回のお話は…

これまであらゆる契約に共通する「原則」のようなものをお勉強してきましたが、ここからは契約の種類ごとの細かな取り決めについて学んでいきたいと思います。
まずは売買契約。これは皆さんにとって一番身近な契約形態のひとつですよね？日常的に皆さんがしている「スーパーマーケットでお野菜を買う」

「デートでショッピングモールに行ってスカートを購入する」等の行為も立派な売買契約です。こうした日々の小さな売買契約はお金を出したあとにはその手元に買ったものが必ず存在していませんか？

しかしこの売買の対象物が土地や建物等の大きなものになるとそうはいきません。代金支払い後、日数を経てやっとその所有権をもらえるということも多々あります。

債務がきちんと守られて土地や建物の所有権がなんの問題も無く移転すればいいのですが、なんらかの理由で「やっぱり移転できなくなっちゃった…（泣）」なんて切ない事態になってしまうことも。

今回はそれらの問題が生じた場合について「善意くん」と「悪意くん」の会話を取り上げて、買主さんが売主さんの責任をどのように請求できるのかを見て行きましょう。

ところで皆さん「善意」と「悪意」ってどんな意味かわかりますか？漢字のイメージだけですとおそらく良い人と悪い人のように感じますよね。でも法律上では「善意」は契約になんらかの影響を及ぼすような事態について知らない人を意味し「悪意」はそれらの事態について知っている人を意味します。

シーン1　全部他人物を売るときの担保責任

🎥 リーン、リーン、ガチャ

善意くん：知らなかった、僕が買い取ったあの土地の所有権が実際は売主のものではなかったなんて…。

悪意くん：いや、僕は知っていたよ。

1 権利関係 ≫ 12 売買契約

善意くん
大体、お家や工場のような不動産を、他の人が持っている〔所有権がある〕のに、売買の目的物とできること自体が信じられないよ。

悪意くん
そうかな。手に入りさえすれば、目的物の持ち主が誰であったかなんて関係ないことだね。

善意くん
でも売主は、いったん他人からあの土地の所有権を取得し、そのうえで、さらに僕に移転するわけでしょ。もしも、その計画が果たせなかったときは一体どうするつもりなのかな。

悪意くん
そのときは、売主にそれなりの責任をとってもらえばいいじゃない。**全部他人物を売るとき、善意の買主は、契約解除、損害賠償** ❶ を請求できるんだよ。　　　　　　　　　　　**重要な項目**

善意くん
無論そうしてもらうよ。

重要な項目

悪意くん
でも**全部他人物を売るとき、悪意の買主は、契約解除** ❶ しかできないのさ。事実を知っていて『もしかしたら手にはいらないかもしれない』くらいの気持ちでいるからね。

▶ シーン2　**一部他人物を売るときの担保責任**

悪意くん
でも、あの土地だったら、土地の一部についての所有権は、確か売主が持っていたんじゃないかな。

善意くん
ええ？　でも僕は土地全体の所有権を買ったのだけど…。

141

悪意くん　まあ、売主自身がその事実を知らなかったということも考えられるし、とにかく、売主が残りの部分の所有権をいったん買い取ることができれば問題ないでしょう。

善意くん　できなかったら？ こっちはそんな事実は知らないし、絶対手に入ると思っていたから、土地の一部でも欠けたらその分の代金は引かせてもらうよ。第一、そうなったら予定が狂っちゃう。目的の達せられない契約なんて解除して、そのあとで損害賠償も請求してやる。

悪意くん　まさにその通り。**重要な項目** 一部他人物を売るとき、善意の買主は、代金減額、損害賠償、目的不達成のときのみ契約解除 ❷ なんだ。そして、これらの請求ができる**期間**は、その事実を知ったときから1年以内ということも忘れずに。でもさ、事実を知っていた場合はそうはいかないのさ。一部他人物を売るとき、悪意の買主は、代金減額 ❷ しかできないんだよ。それに、この請求の除斥期間も、契約のときから1年以内となるのさ。

▶ シーン3　数量不足等のときの売主の担保責任

善意くん　ふと思ったんだけど、契約のときに売主が示したあの土地の面積より、実際の面積が小さかったりした場合はどうなるの？

悪意くん　まあ、売主の勘違い等によって、誤った数量で売買しちゃうことはあるんじゃないかな。それに、そうなったら、あとで、不足分を足してもらえばいいんだし、ただ目的物が土地みたいにあとから足すことができないものであれば、仕方ないじゃないか。売主には、それなりの責任をとってもらえばいいさ。数量不足等のとき、善意の買主

は、代金減額、損害賠償、目的不達成のときのみ契約解除❸できるんだよ。これは一部他人物売買のときと同じだね。そして、これらの請求の除斥期間も、その事実を知ったときから1年以内と、一部他人物売買のときと同じなんだ。

善意くん これくらいは当然さ。こっちはそんな事実は知らないし、絶対手に入ると思っていたのだからね。で、悪意の買主の場合はどうなるの？

悪意くん 足りないとわかっていながら買うわけだから、足りなくても満足だろうって解釈されて、売主に対しては一切の請求ができないんだ。

▶ シーン4 **制限物権等が付くときの売主の担保責任**

善意くん あと気になるケースがもうひとつ。もしも、あの土地に地上権や賃借権が付いていたらどうなるの？

悪意くん 売買の目的物とする不動産の権利に、地上権・賃借権・質権等の制限物権が付いている場合だね。実際に、貸していたことを忘れてそのまま売ってしまう、なんてこともありえるからね。要するに、不動産を誰かに使われていて、買主は、所有権を取得しても使えないっていうことだよね

善意くん せっかく不動産を買っても、買主が、その不動産を自由に使えないなんて…。目的が実現できない契約なんて解除して、そのあとで、損害賠償も請求したいよね。

確かに、**制限物権等が付くとき、善意の買主は、損害賠償、目的不達成のときのみ契約解除** ❹ できるんだ。この場合も、これらの請求の除斥期間は、その事実を知ったときから1年以内だよ。

重要な項目

悪意の買主の場合はどうなるの？

使えないとわかっていながら買うわけだから、たとえ使えなくても満足なんだって解釈されてしまうのさ。だから、売主に対しては一切の請求ができないんだ。う〜ん、悪意の買主は辛いねえ。

▶ シーン5　担保物権が付くときの売主の担保責任

ただし悪意の買主でも善意の買主と同等に扱われる場合も1つだけあるんだよ。売買契約の目的物である不動産に、抵当権等の**担保物権**が付いている場合さ。

担保物権かあ、それらの権利が実行され競売にかかったら、競落人にその所有権を奪われちゃうからね。でも抵当権付不動産を売るなんてあまりに非常識じゃないの？

いや、たとえ抵当権が付いていても、所有者は、その不動産を自由に使用・収益・処分できるわけで、売ること自体は制限できないよ。抵当権が実行されて所有権が失われたときにはじめて、売主に対して責任を取らせればいいのさ。**担保物権が付くとき、善意の買主も悪意の買主も、損害賠償、所有権を失ったときのみ契約解除** ❺ できるんだ。

重要な項目

じゃあ、抵当権が実行されて所有権が失われるまでは、売主に対してなんの責任も負わせられないけれど、いったん所有権が失われたら、契約解除はもちろん、損害賠償も請求できるわけだね。でもなんでこの場合だけ悪意の買主も同等の扱いになるの？

考えてごらんよ。買うときに担保物権が付いていることを知っていようがいまいが、抵当権が消滅することを期待して買うのは当然のこと。だから、悪意の買主だって、契約解除はもちろん、損害賠償も請求できるのさ。

▶ シーン6　瑕疵担保責任（かしたんぽせきにん）

じゃあ、あの土地が将来の道路用地だったりした場合はどうなるのかな？　やっぱり、善意の買主と悪意の買主は同等なの？

それは、**隠れた瑕疵**（かくれたかし）というやつだね。売買契約時の目的物に隠れた瑕疵がある場合、買主は十分に使用・収益できないことになるよね。この場合も、売主にそれなりの責任を取らせることができるんだ。

売買契約時に、売主がその瑕疵を知っていたかどうかによって責任の内容も変わってくるの？

どんなことでもさ、完全なものっていうのは、なかなかないものだよ。売主がその瑕疵を知らなかったとしても一概には責められないよね。だから、**隠れた瑕疵があるとき、善意の買主は、損害賠償、目的不達成のときのみ契約解除 ❻** できるんだ。

`重要な項目`

なるほど。ちょっと不完全でも、がまんすれば一応の目的が達成される場合には、損害賠償の請求だけすればいいんだね。
でも完全な不動産を購入したと思っていた以上、隠れた瑕疵のために目的が達せられない場合には、契約を解除できるんだね。そしてそのあとでも、損害が生じていれば、損害賠償を請求するというわけか。

その通り。ちなみに、これらの請求ができる期間も、他の場合と同様で、その事実を知ったときから１年以内だよ。

でも悪意の買主の場合は、傷があるとわかっていながら買うわけだから、たとえ使えなくても満足なんだって解釈されてしまい、売主に対して、一切の請求ができないんでしょ。

瑕疵を知っていればね。隠れた瑕疵っていうのは、契約時に見つけることができなかったから『隠れた』と付くわけなのさ。もしも、契約時に瑕疵があることを知っていれば、普通の人ならその時点で直させてるよ。

な〜んだ。悪意というからには、なにもできなくてかわいそうにと思っちゃった。あなた『悪意』と付いても結構いい人なのね…。

あのねえ、悪意ってすごい悪いヤツみたいに感じるかもしれないけど、法律上では『知っていた』という意味なんだ。決して悪者じゃないんだよ〜。

1 権利関係 >> 12 売買契約

語句の意味をチェック

除斥期間	権利関係を短期間に確定する目的で一定の権利を行使する期間
賃借権	賃貸借契約に基づき、その目的物を使用、収益する賃借人の権利
制限物権	物を全面的に支配できる所有権に対し、一定の限られた内容をもって物を支配する物権
質権	物を受け取り留置し、弁済がなければその物から真っ先に弁済を受ける権利
担保物権	債権回収を確実とする手段を担保といい、物権の交換価値を担保とするための権利
隠れた瑕疵	契約時に存在し、買主が普通の注意を払っても発見できなかった瑕疵
瑕疵	単にキズのことではなく、物の不完全な点すべてを指す

試験問題セレクション

問12 AがBからBの所有地を買い受ける契約をしたが、その土地の一部が他人のものであって、BがAに権利を移転することができず、残りの土地だけではAが買うことができないとき、Aはそのことについて善意悪意に関係なく契約を解除することができる。（平成3年）

★解答・解説は次ページ左下

ステージ 13

第1章 権利関係

委任契約、請負契約、贈与契約

●攻略のガイドライン●

それぞれの契約の特徴を把握すれば、誰がどんなときに損害を賠償すべきかも自然と浮かびあがってくる箇所なのでしっかり理解しましょう。頻出度こそ高くないが知っていないと得点できない。

●学習のガイドライン●

本試験重要度 ★★
本試験出題頻度 ★★
本試験出題難易度 ★★★★
攻略に必要な実力 B（普通）
学習効率 A（最良）
覚えるべき事項 7項目

●攻略のひとことテーマ●

契約の種類が違えば、債務の内容も違う

理解と暗記の重要ポイント

チェック欄 ☑ ☐ ☐

委任契約

委任契約 → 相手を信頼して仕事をお願いすること。
一生懸命やってもらえれば、結果については責任は負わない。
例えばお医者さんがベストを尽くしてくれたが、残念ながら亡くなった。
弁護士さんに訴訟を依頼して、一生懸命やってもらえたが敗訴した等。

重要な項目

❶ 契約締結時に報酬を定めたとき以外は無償 ☐☐☐

❷ いつでも解除できる ☐☐☐

❸ 受任者の委任者に対する義務は、
善管注意、状況報告 ☐☐☐

善管注意 → 報酬の有無を問わず、その道のプロとして注意して仕事をすること。
弁護士には弁護士の医者には医者としての善管注意義務が存在する。

〔問12の解答・解説〕 × 売買契約の目的物の一部が他人の持ち物であった場合には、善意の買主に限り、契約を解除できる。

148

1 権利関係 》 13 委任契約、請負契約、贈与契約

❹ 委任者の受任者に対する義務は、 □□□
受任者に金銭的負担を負わせないこと

請負契約

請負契約 →委任とは違い、お願いした仕事の結果を求めること。

❺ 目的物の引渡しと報酬の支払いは同時履行の関係 □□□

❻ 請負人の瑕疵担保責任は、 □□□
〔一般の請負契約〕修補、損害賠償、目的不達成
のときのみ契約解除
〔土地工作物の請負契約〕修補、損害賠償

瑕　疵 → 欠陥のこと。

贈与契約

贈与契約 →簡単にいうとプレゼントのこと。
「君に僕の別荘をあげよう」「いいの〜嬉しい」などうらやましい。

❼ 口約束の贈与契約は、 □□□
履行した部分は撤回できない

プレゼントを約束したけど、実際に相手に渡すまでは撤回できる。渡したあとは撤回できない。
不動産は登記がまだでも、引き渡したら撤回はできない。

149

約束守れば、みんなすっきりッス

さて今回のお話は…

人々のさまざまな目的にあわせて、契約の種類ももちろんさまざまです。物を借りるときには貸借契約、代理を頼むときには委任契約等ですが、それぞれが独立した形で存在するわけではなく、ここまでのステージで学習してきた「原則」の内容をふまえつつ存在しています。

今回は売買契約以外の契約の取り決めについてご紹介していきますが、なによりも重要なのはそれぞれの契約における債務の内容がどんなものであるかです。誰がどんな債務をもつことになるのかを把握できれば、債務不履行が生じる時期や状態についても自然と理解できるようになるでしょう。

ここでは、建物の立て替えを検討している「奥さん」と「宅建業者さん」「大工さん」のやり取りから学んでみたいと思います！

▶ シーン1　**委任契約が成立するとき**

奥さん:　宅建業者さん、実は息子が同居しようというので、この家を取り壊して賃貸アパートにしたいんですけど。

宅建業者:　なるほど。でもまたなんでうちに？

1 権利関係 >>> 13 委任契約、請負契約、贈与契約

奥さん: 賃貸アパートの管理をそちらにお願いしようかなと思って。でも、最近は欠陥住宅とか多いじゃない？ 大工さんの手配もお任せしていいかしら？

宅建業者: いいですよ。では、まずは私が大工さんを手配する委任契約を結びましょう、委任者様。

奥さん: 委任者様って私のこと？

宅建業者: はい。委任契約では奥さんのように事務を頼む人を委任者、それを受ける者を受任者というんです。

奥さん: へえ。じゃあ**委任契約は委任者が事務を委託し、受任者がそれを承諾することで成立する契約**なのね。で、それってやっぱりお願いをするわけだからお金が必要になるのかしら？

宅建業者: 【重要な項目】お金はいいですよ。委任契約は、契約締結時に報酬を定めたとき以外は無償 ❶ なんです。特別にサービスで原則通りで良いですよ。

奥さん: あら、悪いわね。でも腕のいい大工さんを頼むわよ。

宅建業者: 【重要な項目】ご安心ください。タダであっても委任契約における受任者の委任者に対する義務は、善管注意、状況報告 ❸ に変わりないんです。私は善良なる管理者の注意を持って委任事務を処理し、事務終了後だけでなく奥さんが請求するときにはいつでも状況報告をいたしますので。

奥さん: 助かるわ。完了したら賃貸の仲介もお願いね。

宅建業者: はい！ 再度委任契約を気持ちよく結んでもらえるよう頑張ります。

151

シーン2 **請負契約が成立するとき**

 1週間後…

 奥さん、こちらが工事を請け負っていただく大工さんです。

 ウッス！ お声を掛けていただいてありがとうございまぁす。

 ではお二人で請負契約を結んでください。**請負契約とは請負人が仕事の完成を約束し、注文者がそれに対して報酬を約束する契約**です。

 よろしくね。ところで材料費とかで事前にお金がかかるんじゃないの？ いくらお支払いしておけばいいのかしら？

 重要な項目

 請負契約は、目的物の引渡しと報酬の支払いは同時履行の関係 ❺ なんです。つまり賃貸アパートの完成と引き換えにお支払いいただければ結構です。それまで材料費は大工さんが立て替えることになります。

 奥さんに満足してもらえるようがんばりまぁす。

1. 権利関係 >> 13 委任契約、請負契約、贈与契約

▶ シーン3　請負契約を解除するとき

 3カ月後、賃貸アパートが完成しました…

宅建業者　奥さん、明日が建物の引渡しの日なので昨日、今日と現場へ行ってみたんですが、ちょっとまずくて… 構造上ちょっと欠陥が…。

奥さん　え？ 構造上って…危険なの？ 貸せないの？

宅建業者　今日見た限りではなんとも…追加工事が必要でしょう。

奥さん　貸せないなら意味ないじゃない。今すぐ請負契約は解除するわ。

宅建業者　それが、請負人が仕事を完成させる前であれば注文者はいつでも損害を賠償して契約を解除できるのですが、完成後はできないんです。

奥さん　どうして？ 賃貸用っていう当初の目的を達成できないじゃない？

重要な項目

宅建業者　請負契約における請負人の瑕疵担保責任は、一般の請負契約は、修補、損害賠償、目的不達成のときのみ契約解除 ❻ なんですが、土地工作物の請負契約は、修補、損害賠償 ❻ だけです。

奥さん　どうして土地工作物はダメなの？

宅建業者　土地工作物の場合は材料費が桁違いに高額だからです。しかも契約解除もOKにしちゃうとせっかく建てたお家をすぐに取り壊す… なんて事態にもなりかねないでしょ。そうすると日本経済として考えたときに非常に不利益だし、もったいないから解除は認められていないん

153

だと思いますよ。今回はその代わりにしっかり修補させますから。1カ月の猶予をください。

1カ月って… 賃貸収入がその分減るのはどうなるのよ？

それは損害賠償として大工さんが負うよう、私が話を付けます。

まさか修補の代金までこっちに回されないでしょうね？

それも大丈夫です。請負契約では、請負人には完全な目的物を注文者へ引き渡す義務があるので、修補分は大工さん持ちになります。

う～ん、じゃあ、あと1カ月だけよ。それにしても今になるまでどうして欠陥がわからなかったの？

▶ シーン4　委任契約にかかる費用

実はプロに見てもらったんです。私もその道の専門家ではないですが、委任契約がある以上、欠陥住宅をお渡しできませんからね。

プロに頼んだらお金がかかるんじゃ…

そうなんです。でも必要と判断して仕方がなかったんです。

そうなの。でも確か報酬はいらないっていってたわよね。

もちろん私自身は報酬をいただく気は全くございません。ただし、これは事務処理の費用なので…。通常は前払いなんですが、今回は立て

替えておきましたので、できればお支払いいただけたらと…。

つまり必要経費は委任者持ちなのね。

はい。率直にいえば、**委任契約における委任者の受任者に対する義務は、受任者に金銭的負担を負わせないこと** ❹ なんです。

わかったわ。で、利息も取るの？

通常は費用と支出した日以後の利息を請求いたしますが、立て替えたのは今日なので費用だけで結構です。

▶ シーン5　請負人の担保責任

さらに1カ月後、今度こそ賃貸アパートが完成しました…

奥さん、長らくお待たせいたしました。なんとか修補も終わりました。ご迷惑をおかけいたしましたが、今度こそ自信があります。

そうね～、見た感じはいいけど…本当に大丈夫？

信用してもらっていいっス。請負契約において、請負人は建物の瑕疵について引渡してから5年は担保責任を負うのが原則だけど、期間を最長の10年に延長してもいいでス。それくらいの自信っス。

最長の10年って？

担保責任ってのは結局俺らの債務なんスよ。奥さんにとっては債権っス。で、債権の消滅時効は10年なんで、通常10年は俺らの債務は消滅しないんス。ま〜5年っていうのは請負契約ならではの特例っス。

じゃあ、延長した10年間に瑕疵が見つかったらどうなるの？

もちろんタダで修理させていただきまス。損害賠償だってしまス。

▶ シーン6　委任契約を解除するとき

今だからいえますが、一時はどうなることかと思いましたね…。

そうねぇ。あのとき『あと1カ月』といわれたときには、請負契約はもちろん委任契約もやめようかと真剣に考えたわよ。

面目ないっス。

委任者、受任者どちらからでも委任契約はいつでも解除できる❷のに、どうしてしなかったんですか？

だって契約を解除したら損害賠償を支払わないとダメでしょ？

いいえ、損害賠償は相手方にとって不利な時期に解除した場合に限って行えばいいんです。それに、やむを得ない事由があれば損害賠償せずに契約を解除できます。

1 権利関係 >> 13 委任契約、請負契約、贈与契約

▶ シーン7　贈与契約が成立するとき

 ところで奥さん、工事のために抜いた庭木はどうしまス？

 そうねえ、もう植えるところないし、いらないわねぇ〜。処分してもらえる？

 奥さんさえよければ、もらっていってウチの庭に植えたいっス。

 あらそう？　安くしとくわよ。

 えっ…タダじゃないんスか？

 お二人の間で売買契約を結ぶことになりますね。売買契約とは売主が物の権利を与え、買主が代金の支払いを約束する契約です。
奥さんが庭木をあげて、大工さんが代金を支払うってことになりますね。

 ええ…？　自分、契約とか難しいのはちょっとよくわからないっス。

 冗談よ（笑）。工事のお礼にプレゼントするわ。不動産屋さんもそこまで委任していないわよ。

 プレゼントとなると、今度は贈与契約ですね。

 ぞ…贈与契約ってなんスか？　…複雑そうっスね。

157

贈与契約っていうのは贈与者が受贈者に無償で財産を与える意思表示をし、受贈者がこれを受諾すると成立する契約のことです。つまり植木をプレゼントする奥さんが贈与者、プレゼントされる大工さんが受贈者ってこと。口約束の贈与契約は、履行した部分は撤回できない ❼ 重要な項目 ので、あとで『キズがあったから返す』とはいきませんが、大工さん、いいですね。

いいっス。ありがたくいただきまス。

奥さんも、口約束の贈与契約は、履行した部分は撤回できないので、大工さんが庭木をまだ受け取っていない今ならやめられますよ。

どうぞもらってくださいな。お宅のお庭で可愛がってあげてください。で、たまにはその様子を知らせに我が家へお越しくださいな。お茶でも飲みながら庭にウッドデッキをちょちょいと作ってくれると助かるわねえ。

これまた、ずいぶんと高価な庭木になりますね…。

…贈与契約、今ならまだ解除できまス？

1 権利関係 >> 13 委任契約、請負契約、贈与契約

語句の意味をチェック

善管注意	善良なる管理者の注意のことで、物を保管するのに、その者を取り扱うプロが払う程度の注意をいう
土地工作物	建物を含め、橋、トンネル、鉄橋等の工作物
瑕　　疵	単にキズのことではなく、物の不完全な点すべてを指す
撤　　回	過去の行為の効力を将来に向けて消滅させること

試験問題セレクション

> **問 13**　Aが、A所有の不動産の売買をBに対して委任する場合において、Bは、委任契約をする際、有償の合意をしない限り、報酬の請求をすることができないが、委任事務のために使った費用とその利息は、Aに請求することができる。（平成14年）

★解答・解説は次ページ左下

ステージ 14 不法行為

第1章 権利関係

●攻略のガイドライン

まずは損害賠償がどのような場合に発生するかを理解しましょう。何が「不法行為」で誰が賠償すべきなのかがわかればばっちりです。

●学習のガイドライン
本試験重要度 ★★★
本試験出題頻度 ★★★
本試験出題難易度 ★★★★
攻略に必要な実力 B（普通）
学 習 効 率 A（最良）
覚えるべき事項 5項目

攻略のひとことテーマ

責任を負うのは加害者だけじゃない。加害者より悪い人や、加害者と一緒に責任をとらなければならない人もいるのだ

理解と暗記の重要ポイント

チェック欄 ✓□□

重要な項目

❶ 不法行為とは、故意・過失による違法行為のことで、損害を与えた者が責任を負う　□□□

❷ 仕事中の不法行為は、
被用者と使用者が責任を負う　□□□
　配達途中に交通事故をおこしたら本人と雇っている会社が責任を負うこと。

❸ 請負工事の不法行為は、
原則として請負人が責任を負う　□□□
　手抜き工事のせいで家が傾いている、ベランダの手すりがグラグラしている等。

❹ 工作物の不法行為は、まず占有者、
次に所有者が責任を負う　□□□
　例えば →一戸建てを賃借している場合、塀が壊れて歩いている人がケガをしたら、まず、暮らしている自分に、次に大家さんが責任を負う。

〔問13の解答・解説〕〇　契約締結時に報酬を定めたとき以外は無償。しかし交通費等の必要経費は委任者持ちとなる。

160

塀のメンテナンスを定期的に行う等をしていて使用する人としての管理をしっかりとしていたのであれば、本来の持ち主である大家さんが責任を負うことになる。大家さんは所有者なのでメンテナンスしてたから！等の理由で責任を逃れることはできない。

❺ 共同不法行為は、全員が責任を負う

共同不法行為 →例えばタクシーの運転手が乗用車と事故をおこしてお客さんが怪我をした場合、タクシーの運転手、乗用車の運転手、タクシー会社の共同不法行為で全員が責任を負うことになる。

いったいぜんたい、誰が悪いの？

さて今回のお話は…

もう皆さんもばっちり理解されている（ことと思います…笑）債権債務ですが、これは契約によってのみ発生するわけではありません。たとえば事故等の不法行為によって、突然発生してしまう場合もあるのです。ちなみに「不法行為」とは、誰か他人に損害を及ぼすような不法な行為をいい、害を与えた人のことを加害者、被害を被ってしまったかわいそうな人を被害者といいます。

不法行為によって発生する債権債務の内容としましては、損害賠償を請求する権利とそれを支払う義務です。通常ですと加害者がその債務を負うことになりますが、ときには加害者以外の人が債務を負うような場合もあります。

今回は某建築会社の社長室にこっそり侵入してみましょう。なにやら社員の男の子が青い顔をして社長に怒鳴られていますね…一体何があったのでしょうか？

 〔配役〕 社員 社長

▶ シーン1　仕事中の不法行為と一般的不法行為

社長
お客様から、建築現場の見学に行ってけがをしたと苦情があったよ。君がついていながらどういうことかね。ちゃんと説明したまえ。

社員
本当に申し訳ありません…。私がなにげなく塀に手をかけたとたん、塀が崩れてきたんです。私の不注意です。

社長
うむ。不注意とはいえ、君のように会社に雇われている被用者が仕事中に起こした事故だ。もう君1人の問題ではないのだよ。**仕事中の不法行為は、被用者と使用者が責任を負う** ❷ ことになるんだ。

重要な項目

社員
不法行為…？

社長
そうだ。突発的に他人に損害を与える不法な行為だからね。通常、**不法行為とは、故意・過失による違法行為のことで、損害を与えた者が責任を負う** ❶ のだ。

重要な項目

社員
それならば、私に、直接損害賠償を請求するのでは？

社長
もちろん、加害者である君に、直接請求することも可能さ。しかしさっきもいったように、君の不法行為については、君を雇っている会社にも責任があるんだ。被害者にしてみれば、個人より、資金力のある会社に請求したほうが確実だろう。したがって、君だけでなく、

我が社にも損害賠償を請求できるんだ。それで、被害者が使用者である会社に請求したときには、会社は、君と連帯して責任を負うことになるんだよ。まあ、とりあえず、会社が支払っておくよ。しかし君にも責任がある。その分はしっかり求償させてもらうからね。

社員　社長、ではもしも、被害者が被用者である私に損害賠償を請求したときには、私は会社に求償できるのでしょうか？

社長　馬鹿者！ 会社は被用者の保証人のようなもので、主債務者はあくまで君だぞ。だから、被用者が損害を全額賠償したからといって、使用者に求償することはできないのだ。いいか、今月と来月は減給だぞ！

▶ シーン2　請負工事の不法行為

社長　しかし手をかけたくらいで崩れるなんて、誰が工事したんだ？

社員　いや、塀の工事はうちでなく、うちの子会社が請け負ってます。

重要な項目

社長　請負工事？ **請負工事の不法行為は、原則として請負人が責任を負う❸**ことになっている。よし、子会社に損害を賠償してもらおう！ うちは責任を負わないで済むぞ！

社員　しかし社長、さっき同僚にきいたら、どうやらうちの担当者があの塀に関して間違った図面を子会社に渡していたようで…。

社長　なに？ いいか、うちはその請負工事の注文者なんだ。もしも、注文者の指図等によって被害者が被害を被ったのであれば、その責任は注文者であるうちの会社が負うことになるんだぞ。う～…胃が痛い。

▶ シーン3　工作物の不法行為

社長　しかしいくら図面が間違っていたからといって、ブロック塀がそんなに簡単に壊れるなんて信じられん。おい、もしや、ブロック塀そのものに瑕疵があったんじゃないか？　建物・鉄橋・トンネル・ブロック塀等の土地の<u>工作物の不法行為は、まず占有者、次に所有者が責任を負う</u>❹ ◀重要な項目　ことになっているんだ。つまり瑕疵を放置していたために第三者に損害を与えた場合は、まず管理者や賃貸人等の責任となるわけだ。あのブロック塀だって、施主に引き渡すまでは、その子会社が管理したはずだ。

社員　しかし子会社としては、補修したり、損害が起こらないよう張り紙等で十分注意を徹底させていて、自らに過失はないと主張しています。私もいろいろ調べてみましたが、やはり子会社に過失はないと思います。

社長　そうか。土地工作物の不法行為は、結局のところ、所有者か占有者のどちらか一方が責任を取ればいいんだから、占有者が駄目なら、次は所有者だな。所有者に責任をとらせなさい、いいな。

社員　すみません。ブロックの提供者はうちの会社なんです。つまりブロック塀の所有者は、お客に引き渡すまではうちの会社なんです。

社長　なに？　やはり君の責任だ！

▶ シーン4　共同不法行為

社員　でも社長。全部とはいわないまでも、損害の半分とか一部を子会社に負担してもらうわけにはいかないでしょうか？

1 権利関係 >> 14 不法行為

社長: う～ん、もしも、うちと子会社が共同して行った不法行為ならそれもできるんだがな。**共同不法行為は、全員が責任を負う** ❺ ◀重要な項目
ことになっているからね。そうなれば、連帯して損害を賠償しなければならず、直接手を下さなかったからといって、責任を逃れることはできないのだが… 今回の件はなぁ…。

社員: 社長、その方向でなんとか…。

社長: まあ、今回の件では無理だな。大丈夫、君の今度のボーナスでそっくり返してもらうから、今は安心して働いてくれたまえ。

社員: そんなあ…。

語句の意味をチェック

使用者	一般に、事業主のこと
被用者	雇われている労働者のこと

試験問題セレクション

問 14 Aは、宅地建物取引業者Bに媒介を依頼して、土地を買ったが、Bの社員Cの虚偽の説明によって、被害を受けた。この場合、Bは、Aに対して損害の賠償をした場合、Cに求償することはできない。(平成6年)

★解答・解説は次ページ左下

165

ステージ 15 相続

第1章 権利関係

●攻略のガイドライン

誰が相続人になれるのか理解できれば、第一段階はクリアです。法定相続分や相続の種類はしっかり頭に入れましょう。実際に問題を解くときは必ず、家系図を書いて状況を整理しましょう。

●学習のガイドライン
本試験重要度 ★★★
本試験出題頻度 ★★★★★
本試験出題難易度 ★★★★★
攻略に必要な実力 C（難しい）
学習効果 C（普通）
覚えるべき事項 7項目

攻略のひとことテーマ

相続と遺留分はまったくの別物。
でも親密な関係

理解と暗記の重要ポイント

チェック欄

重要な項目

❶ **相続人になれる順番**
〔常時〕配偶者、〔第1順位〕子供
〔第2順位〕父母、〔第3順位〕兄弟姉妹

❷ **法定相続分**
〔子供〕1/2、〔父母〕1/3、〔兄弟姉妹〕1/4

❸ **相続人が相続を放棄したときには、代襲相続は発生しない**

❹ **相続の承認・放棄は、相続人になったことを知ったときから3カ月以内に行う**

❺ **限定承認は、必ず相続人全員で、かつ裁判所へ申し出て行う**

限定承認→相続財産に負債も含まれている場合、プラスの財産の範囲内でその負債を返済し、もし負債を清算しても財産が残るようであればそれを相続すること。負債を財産では清算しきれないようであれば残りの負債は放棄する。
相続放棄はプラスの財産もマイナスの財産も一切相続しないこと。
単純承認はプラスもマイナスもすべて相続すること。

〔問14の解答・解説〕× 使用者は、被用者の保証人のようなもの。保証人が支払えば、当然、主たる債務者である被用者に求償できる。

> 例えば プラスの財産が3,000万円、マイナスの財産が1億円ある場合、単純承認でマイナス7,000万円を相続…。
> 限定承認で3,000万円分のマイナスを返済して、残りの7,000万円のマイナスは債権者には申し訳ないけど相続放棄。つまり1円も相続しない。

❻ 遺留分の割合は、法定相続分の割合の〔原則〕1/2、〔父母のみのとき〕1/3

> 例えば 愛人に3,000万円の遺産すべてを渡すという遺言を残してダンナさんが死亡した場合。奥さんと2人のこどもは遺留分として、奥さんは本来は1,500万円相続できたはずだからその1/2で750万円、子供はそれぞれ750万円ずつ相続できたはずなので1/2で375万円を請求できるということ。

❼ 遺留分は、相続開始前でも放棄できる

あなたの取り分は、法律が守ってくれる

さて今回のお話は…

ある人(被相続人)が亡くなると、その人の財産は特定の誰かに承継されます。これを「相続」というのですが、皆さんもテレビのサスペンスドラマや昼ドラなんかで耳にしたり、中には実際に相続人になったことがある方もいるのではないでしょうか?

ただ、財産や相続と一概にいっても、どんなものが財産になるのかといわれるといまいちピンとこないですよね。何が相続の対象になるかといいますと、実際には、動産・不動産・地上権等の物権・賃貸借権等の債権から借金等の債務まで全てひっくるめて様々です。

借金を相続することになってしまったら大変なことです。つまり相続したからといって相続人が必ず得をするかというと決してそうではないのです。従って相続が発生したときに相続人となる人が頭を悩ませるのはきまって「どうすれば損をしなくて済むのだろう?」という問題なのですが…今回は夫が亡くなった「未亡人さん」のお悩みから相続についてお勉強したいと思います。

 〔配役〕未亡人さん 裁判所

ステージ15

▶ シーン1 　相続人

 夫が死んで、相続が発生したんですが、どのように財産を分ければいいのかわかりません。被相続人（夫）の兄弟からも、いろいろと言われてホントに困るわ。

 まず、亡くなられたご主人の家族構成を調べてください。それによって、相続人が決定します。ちなみに、相続人になれる順番は次の通りです。

> **重要な項目**
>
> ### 相続人になれる順番 ❶
>
> 〔常時〕被相続人の配偶者
> 〔第1順位〕被相続人の子供（孫）
> 〔第2順位〕被相続人の父母
> 〔第3順位〕被相続人の兄弟姉妹（甥・姪）
> 　（※嫡出子と非嫡出子の相続分は平等）
> 　（※片親が違う兄弟姉妹の相続分は他の1/2）
>
> 嫡 出 子 →法律上の婚姻関係にある男女の間に生まれた子
> 非嫡出子 →法律上の婚姻関係にない男女の間に生まれた子

配偶者　〔常時〕
被相続人
父母　〔第2順位〕
兄弟姉妹　〔第3順位〕
子　〔第1順位〕
孫　〔第1順位〕（代襲相続）
甥・姪　〔第3順位〕（代襲相続）

168

被相続人に子供がいなければ、被相続人の父母。それもいなければ、被相続人の兄弟姉妹が相続するのね。でも孫や、甥・姪は、どんなときに相続人になれるの？

これは、**代襲相続**といいまして、補欠要員みたいなものです。いってしまえば、相続は血の濃い順に権利があるので、もしも、相続人である子供が死亡している場合には、第2順位ではなく、さらに、その子供、つまり被相続人の孫に相続の権利が移ります。

血の濃い順？ 私はあの人と血はつながってないじゃない…。

いえ、血はつながっていなくとも、配偶者は、財産を一緒に蓄えてきた同士です。当然の権利でしょ。

ホッとしたわ。被相続人の兄弟がいろいろといってきたので、うんざりしていたのだけれど、あの人たちは第3順位なのね。

▶ シーン2　法定相続分

しかし財産を分けるとなると、たとえ親子の間でも、喧嘩になりそうで気が重いわ…。

確かに。話し合いがまとまらなかったといって、財産を分けないわけにはいきませんからね。そのときには、法律で定めた割合で分けるのが最も公平です。それを法定相続分といい、被相続人に配偶者がいる場合は、次の割合で財産を分けてください。

> **重要な項目**
>
> ## 法定相続分 ❷
>
> 〔第1順位の場合〕配偶者：子供＝ 1/2 ：1/2
> 〔第2順位の場合〕配偶者：父母＝ 2/3 ：1/3
> 〔第3順位の場合〕配偶者：兄弟姉妹＝ 3/4 ：1/4
>
> 被相続人〔第1順位〕　配偶者 1/2　　子供 1/2
> 　遺産　〔第2順位〕　配偶者 2/3　　父母 1/3
> 　　　　〔第3順位〕　配偶者 3/4　　兄弟姉妹 1/4

▶ シーン3　相続の承認・放棄

でも夫はかなりの借金があったらしいのよ。借金も相続してしまい『相続しなければよかった』と後悔することになりそうなんだけど…。

そんなときは、相続を承認せず、放棄することもできます。

もしも、相続を放棄すると、相続人の関係はどうなるの？

当然変わってきますよ。相続を放棄した者は、初めから相続人でなかったことになります。

そうして、例えば私が放棄をして初めから相続人でなかったことになった場合は、なにかに影響を与えることになるの？

　　　　　　　　　　重要な項目
ええっとですね、相続人が相続を放棄したときには、代襲相続は発生しない ❸ のです。たとえば、あなたの息子さんが相続を放棄すれば、相続権は、お孫さんではなく、まずは被相続人のご両親に移ることになりますね。ただし相続開始前の、自分が相続人になるか否かわからないうちから相続を放棄することはできません。

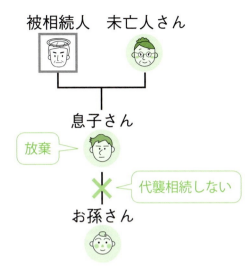

なるほど。承認するにも、放棄するにも、まずは夫の財産を調べることが先決ですね。

▶ シーン4　相続の承認の方法

重要な項目
ただし **相続の承認・放棄は、相続人になったことを知ったときから3カ月以内に行う** ❹ ことになっています。相続人は、自己のために相続があったことを知った日から3カ月以内に、被相続人の財産や家族構成を調べたうえ、承認するか放棄するかを決めて、もしも放棄する場合には家庭裁判所に申し出てくださいね。

一度放棄したら、撤回できないの？

できません。一度いらないと言ったら3カ月以内であっても撤回できません。また、3カ月以内に、なんの意思表示も行わなかった場合は、「単純承認」を行ったことになりますから注意してください。

単純承認ってなに？

単純承認とは、財産や借金等、その一切を相続する方法です。無論、借金額のほうが多ければ、相続人が借金を弁済しなければなりません。

う～ん、相続人になったことを知ってから、3カ月間で財産の内容を調べるのは無理のような気がするんだけど。かといって、借金を弁済する余裕なんてないし…、他に方法はないのかしら？

限定承認もあります。**限定承認とは、相続した財産の範囲内で債務を弁済する、という条件で相続する方法**です。この方法ならば、3カ月以内に被相続人の借金総額が判明していなくても、おびえる必要はありません。

なるほどね。相続財産をすべて処分しても弁済できなかった借金については、一切の責任を負わなくて済むね。

ええ。ただし<u>限定承認は、必ず相続人全員で、かつ裁判所へ申し出て行う</u> ❺ ことになっています。相続人が複数いる場合は、相続人全員でよく話し合ったうえで家庭裁判所に申し出てください。

私だけ単純承認、残りは限定承認、というのはダメ？

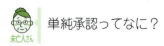ダメです。そのうえ、一度行った限定承認は、相続人全員の同意があっても撤回できませんので、よく考えてから申し出てくださいね。

単純承認	無限に被相続人の権利義務を承継することをいう。
限定承認	相続人が相続によって得た財産の限度においてのみ、被相続人の債務や遺贈を弁済するという条件で相続を承認することをいう。
放棄	はじめから相続人とならなかったものとみなされる。

▶ シーン5 遺留分(いりゅうぶん)

末亡人さん: でも… 被相続人の兄弟が『**遺言**はないのか』とホントにうるさいのよ。法定相続の場合は、あらかじめ分与の割合が決まっているので問題はないのでしょうけど、もしも『全財産を兄弟に』という遺言があった場合、法定相続人はその遺言に対してなにも言えないの？

裁判所: いいえ、被相続人が遺言によって財産を自由に処分できるとすると、法定相続人の相続分がゼロになってしまうこともありえます。そうなると、被相続人の財産によってともに生活してきた人の生活が維持できなくなってしまい、相続本来の目的が失われます。
そこで、法律によって、一定の相続人が受け取れる最低額を定め、相続分がゼロにならないよう取り決めています。この守られた取り分のことを遺留分(いりゅうぶん)といいます。

末亡人さん: 遺留分か…。じゃあ、被相続人が多くの贈与や遺贈(いぞう)を行い、それらが相続人の遺留分に食い込んでしまった場合、相続人はどうすればいいの？

その場合は当然、相続人は被相続人から贈与や遺贈を受けた者に対し、食い込んでしまった分について取り戻すよう請求できます。これを**減殺請求**といいます。ただし遺留分の権利は、第2順位までの相続人しか持てないことになっていまして、第3順位、すなわち、被相続人の兄弟姉妹（甥・姪）は主張できません。

遺留分の割合 ❻
〔原則〕法定相続分の割合の1/2
〔相続人が父母のみの場合〕法定相続分の割合の1/3

そして**相続権**とは異なり、家庭裁判所の許可さえあれば、**遺留分は、相続開始前でも放棄できる** ❼ のです。

重要な項目

なるほど。でも遺留分の計算方法って難しそう…。

わかりました！ では、具体的に説明しますので、例をあげて考えてみましょう。

遺産総額6,000万円を有するXが、妻A、Aとの子供B、C、Xの父母D、Eを残して死亡した場合は？

相続人は、配偶者Aと、その子供B、Cの3人となり、遺留分の割合は1/2、つまり6,000万円×1/2＝3,000万円が、A、B、Cの総相続可能額となります。それを、法定相続分の割合で分けた結果、A：B＋C＝1/2：1/2の割合で相続することになります。つまりそれぞれの遺留分の額は、Aが1,500万円、Bが750万円、Cが750万円となります。仮に、Bが遺留分を放棄しても、相続人は、配偶者Aとその子供B、Cの3人に変わりありません。したがって、それぞれの遺留分の額は、Aが1,500万円、Cが750万円となります。

1 権利関係 >> 15 相続

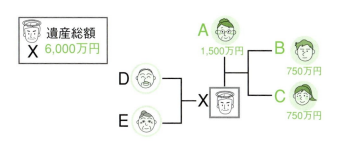

遺産総額6,000万円を有するXが、妻A、Aとの子供B、C、Xの父母D、Eを残して死亡したが、そのうち、B、Cが自己の子を持たずに被相続人より先に死亡していた場合は？

相続人は、配偶者Aと、父母D、Eの3人となり、遺留分の割合は1/2、つまり6,000万円×1/2＝3,000万円が、A、D、Eの総相続可能額となります。それを、法定相続分の割合で分けた結果、A：D＋E＝2/3：1/3の割合で相続することになります。つまりそれぞれの遺留分の額は、Aが2,000万円、Dが500万円、Eが500万円となります。仮にD、Eが遺留分を放棄しても、相続人は、配偶者Aと父母D、Eに変わりありません。したがって、Aの遺留分の額は2,000万円となります

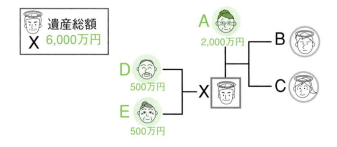

遺産総額6,000万円を有するXが、妻A、Aとの子供B、C、Xの父母D、Eを残して死亡したが、そのうち、Aが被相続人よりも先に死亡し、それに加えて、B、Cも自己の子を持たずに被相続人より先に死亡していた場合は？

175

相続人は、父母D、Eの2人となり、遺留分の割合は1/3、つまり6,000万円×1/3＝2,000万円が、D、Eの総相続可能額となります。それを、法定相続分の割合で分けた結果、D：E＝1/2：1/2の割合で相続することになります。つまりそれぞれの遺留分の額は、D、Eともに1,000万円となります。

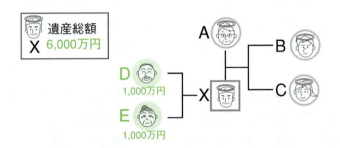

 よくわかりました。とにかく、家族の者が相続できない事態には陥らないことがわかってホッとしたわ。これで、被相続人の兄弟にもなんとか抵抗できそうだし。

 相続が発生するととかく争い事が起こり、親しい間柄であっても、遺恨を残すことになりかねません。そこで、民法では細かく規定が設けられているのです。民法はあなたの味方、がんばってくださいね。

語句の意味をチェック

代襲相続	推定相続人である子または兄弟姉妹が、相続の開始以前に死亡したとき等に、その者の子がその者に代わって相続すること
遺言	被相続人の死後の財産処分を定めた遺書のことで、相続権のない者に相続させたい等の場合に使われることが多い。遺言には、自筆証書遺言（全文・日付・氏名を自分で書いて押印する）、公正証書遺言（公証人に、遺言内容を述べ、代わって作成させる）、秘密証書遺言（封印した遺言書を、公証人に確認させる）、の方式がある
遺留分	一定の相続人が受けることを保証するために、遺産について法律上必ず留保されなければならないとされる一定割合
遺贈	遺言により遺言者の財産の全部または一部を無償で他に譲渡すること
減殺請求	相続に際して遺留分を有する相続人が、遺留分を侵害する遺贈または贈与について、自らの遺留分を保全するために必要な限度で、その効力を否定すること
相続権	相続できる権利

試験問題セレクション

問15 被相続人Aの配偶者BとAの弟Cのみが相続人であり、Aが他人Dに遺産全部を遺贈したとき、Bの遺留分は遺産の3/8、Cの遺留分は遺産の1/8である。（平成9年）

★解答・解説は次ページ左下

ステージ 16

第1章 権利関係

借地権

●攻略のガイドライン

数字がいっぱい出てきて難しい…。とにかく暗記しようとするのはNGです。借地借家法が誰のための法律なのかを意識して、しっかりおさえていきましょう。

●学習のガイドライン

本試験重要度	★★★★
本試験出題頻度	★★★★★
本試験出題難易度	★★
攻略に必要な実力	B（普通）
学習効率	A（最良）
覚えるべき事項	10項目

攻略のひとことテーマ

借地借家法は、借主にとって、とても有利な法律

理解と暗記の重要ポイント

チェック欄

重要な項目

❶ 借地権の存続期間
〔当初契約時〕30年以上
〔更新初回〕20年以上
〔更新2回目以降〕10年以上

　借地権 →他人の土地に家を建てて住むなど利用する目的で、お金を払って借りることのできる権利のこと。

❷ 借地権設定者が更新を拒絶できる第一条件は、正当な事由をもって遅滞なく異議を述べること

　借地権設定者 →土地を持ってて貸す人のこと。

❸ 借地権の第三者対抗要件は、借地権の登記もしくは借地権者名義での建物の保存登記

❹ 当初存続期間中の再建築は自由にできるが、更新後の建物再築には借地権設定者の承諾が必要

❺ 借地権者は借地権終了時に、建物買取りを請求できる

　借地権者 →土地を借りて使う人のこと。

〔問15の解答・解説〕× 被相続人の兄弟姉妹には、遺留分は認められていない。Cの遺留分はナシ。

178

❻ 借地権を譲渡等する場合に借地権設定者の承諾が得られないときには、借地権者は許可を得るために裁判所へ申し立てできる

❼ 借地権を譲渡等した場合に借地権設定者の承諾が得られないときには、第三者は借地権設定者に対し、建物買取りを請求できる

❽ 一般定期借地権の第一条件は、存続期間が50年以上であること

❾ 建物譲渡特約付借地権の第一条件は「借地権設定後30年以上経過後に、建物を借地権設定者へ譲渡する」という特約をすること

❿ 事業用借地権の第一条件は、存続期間が10年以上50年未満であること

貸主の事情、借主の事情

さて今回のお話は…

建物を所有する目的で、賃料を支払って地主さんから土地を借りたり（賃借権）、地上権を設定する権利のことをまとめて「借地権」といいます。また、借地契約における地主さんを「借地権設定者」その土地を借りて使用する人のことを「借地権者」といいます。

借地権設定者と借地権者の双方の権利を守るために、借地借家法という法律があります。ここでは、借地権に関する借地借家法ついてお勉強していきたいと思います。

某宅建業者さんに土地を借りたいというお客さんが来たようですね…ちょっと話を聞いてみましょう。

 〔配役〕 お客さん 業者さん

▶ シーン1　借地権の存続期間

家を建てたいので、土地を借りたいのですが…。

それで、どれくらいの期間使いたいの？

どうせ建てるなら、建物の寿命が来るまで土地を借りていたいなあ。

そんな曖昧なのはダメだよ、きっちり決めないと借地権設定者も困るからね。**借地権の存続期間は、当初契約時は30年以上** ❶ 〈重要な項目〉と決められているんだ。もしも、30年より短い期間とした場合や、期間を決めなかった場合には、存続期間は自動的に30年になるからね。

30年かあ、現在の建築技術だと30年くらいじゃまだまだ住めるんじゃないの？

そんなときは建物を借地権設定者に買い取ってもらえばいいんだよ。**借地権者は借地権終了時に、建物買取りを請求できる** ❺ んだから。

でも継続してそこに住みたい場合はどうすればいいの？

業者さん　そういうときには、契約を更新すればいいじゃないか。<u>更新初回は20年以上、更新2回目以降は10年以上</u>❶ と決められているよ。3回目も10年、4回目も10年、30、20、10、10…と更新することができるんだ。

▶ シーン2　契約を更新・拒絶できるとき

お客さん　更新かあ〜。当初存続期間が終了するということは、少なくとも30年間は土地を借りていたことになるわけでしょ、30年も経てば、地主さんの事情も変化しているだろうし、そのときに地主さんがスムースに更新してくれるのかちょっと心配です。

業者さん　基本的には大丈夫。借地権を設定するような土地は、借地権設定者にとって遊休状態だったような土地がほとんどだから、存続期間満了時には更新することが前提となっているんだ。万一、借地権設定者が更新を拒絶するときも、そう簡単にはいかない。<u>借地権設定者が更新を拒絶できる第一条件は、正当な事由をもって遅滞なく異議を述べること</u>❷ なんだ。　　　　　　　　　　　　　　　　　　　重要な項目

お客さん　じゃあ、そのまま建物に居座っていれば、自動的に更新されるの？

業者さん　そうだね。借地権設定者が存続期間満了時になにもしなければ、存続期間以外は同じ条件のまま、自動的に、つまり**法定更新**されるんだ。

お客さん　そのときは、建物がなくても更新できるの？

業者さん　当然だけど更新できないよ。建物がないということは、その土地に住んでいないということでしょ。土地を有効に使っていることにはならないから、借地権設定者だって更新させたいとは思わないでしょう。

そうか、やっぱり地主さんの人柄次第ということだね…。

▶ シーン3　借地権の第三者対抗要件

う〜ん、なんか思い違いをしているんじゃないの？　借地権設定者にしても生活がかかっているから、そんなに甘くないよ。そんな悠長なことをいってないで、自衛策を取るべきだよ。もしも、借地権設定者が、あなたが借りている土地を第三者に売却してしまって、新借地権設定者に『借地権の証拠を見せろ』といわれたらどうするの？　証拠がないと、借地権者のあなたは土地を追い出されてしまうよ。

でも証拠といっても、土地には名前が書けないし…。

> 重要な項目

借地権の第三者対抗要件は、借地権の登記もしくは借地権者名義での建物の保存登記❸ なんだ。

土地でなく建物についての保存登記でいいのか…、でも建物が火事等でちょうどなくなってしまったときにはどうするの？

借地権者名義の保存登記を済ませてあった建物が滅失してしまった場合には、借地上に立て札を掲げるんだよ。『こんな家を建てていましたが、○月○日に家が滅失しました。また家を建てる予定です』なんて具合にね、ただしこの立て札は、建物滅失の日から2年間に限り借地権設定者に対抗できるんだ。この点は注意しないとね。

なるほど。建物が滅失しても、第三者対抗要件さえ備えていれば、建物再築もスムースにできるということだね。

▶ シーン4　建物を再築するとき

業者さん

そうはいっても、建物再築には注意が必要だよ。**当初存続期間中の建物再築は自由にできるが、更新後の建物再築には借地権設定者の承諾が必要** ❹ なんだ。この『当初』とは契約時という意味さ。

【重要な項目】

お客さん

でもあと数年で存続期間終了というときに建物が滅失してしまった場合、いくら自由だからといって建物を再築するのは危険すぎるよ。万一、更新できなかったらどうなるの？

業者さん

そういう心配はごもっとも。でも再築について借地権設定者の承諾さえあれば、当初存続期間中の再築でも、更新後の再築でも、存続期間が延長されるんだ。

お客さん

どれくらい延長されるの？

業者さん

借地権設定者の「承諾」があれば、存続期間は、承諾もしくは再築のどちらか早い日から20年間延長されるんだ。もちろん、契約の残存期間が20年よりも長ければ、契約で決めた期間を、そのまま存続期間とすることになるけどね。

▶ シーン5　当初存続期間中の無断再築

お客さん

承諾かぁ…。そうすると、存続期間が残りわずかにもかかわらず、そのことを知らずに、勝手に再築しちゃった場合は悲劇だね。

う〜ん、でも当初存続期間中の再築だったら、借地権者が、借地権設定者に対して『再築しちゃったよ』と再築の通知を行えばいいんだよ。これに対して、借地権設定者が、2カ月以内に異議を唱えなければ、同じように存続期間が延長されるんだ。

でも借地権設定者が、2カ月以内にしっかり異議を唱えたら？

異議に正当な事由があれば、どうすることもできないな。当初存続期間中の再築は自由といっても、承諾がなければ存続期間は延長されないからね。契約期間満了後に契約は終了することになるなあ。

うわっ、借地権者にとっては最悪のケースだね。

▶ シーン6　更新後の無断再築

でも当初存続期間中の再築については、まだ優遇されているといえるな。更新後の再築はもっと厳しいよ。更新後の再築には『再築の通知』なんてなくて、借地権設定者の承諾が不可欠だからね。もしも、勝手に再築したら、借地権設定者に契約の解除権が発生するんだ。そして、借地権設定者がそれを行使したら、解約の申入れの日から3カ月後には借地権は消滅して、借地権者は立ち退かなければならなくなるよ。

そうなったら仕方ないなあ、再築したばかりの建物を借地権設定者に買い取ってもらって、立ち退くしかないよね。

ダメダメ、更新後に勝手に建物を再築するのは立派な法律違反。借地権者の債務不履行が原因で契約を解約するわけだから、借地権設定者は買取請求を拒否できるんだよ。

1 権利関係 》》 16 借地権

でもそうなると、借地権者にしてみれば、なんのために更新したかよくわからないじゃないか。

それはいえる。だから、更新後に建物が滅失した場合は、借地権者にも『契約の解除権』が与えられているよ。再築の意思がなかったり、再築を諦めた場合等は、自ら契約を解除し、3カ月後に借地権を消滅させることができるんだ。まあ、更新後の再築は慎重にってことさ。

そうはいってもねえ、どうしても継続して住みたいと思っている場合も、それがかなわないわけでしょ？

まあ、最後の手段として、建物の再築にやむを得ない事由があるにもかかわらず、借地権設定者が承諾しない場合には、裁判所に申し立てを行い、代わって許可をもらうという方法はあるよ。

裁判所に申し立てかあ。なんだか大変そう… やっぱり、少し無理してでも当初存続期間内に再築しておくべきだね。そうして、借地権設定者に建物を時価で買い取ってもらうよりも、少しでも高い値段を付けてくれる第三者に売って、多少でも元を取るほうがかしこいかもね。

▶ シーン7　**借地権を譲渡・転貸するとき**

おっと、そこでも注意が必要だな。地上権に基づいて設定した借地権はともかく、賃借権に基づいて設定した借地権の場合は、気をつけないといけないよ。

だって、借地権は借地権者の権利でしょ。自由にできるんじゃないの？

185

それは、地上権に基づく借地権の話さ。地上権に基づく借地権は、物権だからね。取得者の自由にできるのさ。けれど、賃借権は物権じゃないから、当然それに基づく借地権は物権じゃないのさ。だから、借地権者は自由に処分できないんだ。もしも、建物を譲渡・転貸する場合には、それに伴って、賃借権も譲渡・**転貸**されるわけだから…借地権設定者の承諾をもらってくれよ。賃貸借っていうのは、貸す人と借りる人の信頼関係によって成り立っているんだからさ。

地主さんがそう簡単に承諾してくれるとも思えないけど…。

借地権を譲渡等する場合に借地権設定者の承諾が得られないときには、借地権者は許可を得るために裁判所へ申し立てできる ❻ んだ。ただし借地権設定者が、自己に不利となるおそれがないにもかかわらず、承諾しない場合に限ってね。

裁判所かあ…厄介だな。違う方法はないの？

そうだな。第三者に売却等して、すでに第三者が建物を取得しているケースだったら、別の方法も考えられるよ。借地権を譲渡等した場合に借地権設定者の承諾が得られないときには、第三者は借地権設定者に対し、建物買取りを請求できる ❼ のさ。

じゃあ、借金のカタに、建物を競売にかけられてしまう場合はどうなのかな？　競売となれば、誰の手に渡るかわからないじゃない。事前に承諾をもらうなんて不可能だし、第一、競売だってうまくいかないよね？

ご心配なく。競売によって借地権を取得した第三者は、代金を支払ってから2カ月以内に裁判所に申し立てれば、借地権設定者の代わりに裁判所から許可をもらえるんだ。

まあでも競売にかけられないように、堅実に生きるようにするよ。終の住処のつもりで建てたのに、追い出されたらたまらないからなあ。

▶シーン8　一般定期借地権

だったら定期借地権にしたらどう？ 定期借地権には、一般定期借地権・建物譲渡特約付借地権・事業用借地権の3種類があるんだけど、そのうち、一般定期借地権の第一条件は、存続期間が50年以上 ❽ なんだ。契約内容を、**公正証書**等の書面に残しさえすれば、少なくとも50年間は安心して住めるよ。

それはいいね。もし50年経ってまだ僕が生きてたら、また更新すればいいんでしょ？

それはダメ。定期借地権は、借地権設定者に不利なことが多い借地契約を是正するために新設された制度なんだ。だから、契約終了時には、正当な事由がなくても更新なし・建物再築にかかわる存続期間延長なし・建物買取請求なしの3拍子揃った借地権なんだよ。

うわぁ、じゃあ、建物も買い取ってもらえないのかあ。

▶ シーン9　建物譲渡特約付借地権

業者さん

借地権設定者に建物を買い取って欲しいなら、建物譲渡特約付借地権がいいね。存続期間は30年以上で、通常の借地権と同じだけどね。**建物譲渡特約付借地権の第一条件は『借地権設定後30年以上経過後に、建物を借地権設定者へ譲渡する』という特約をすること❾** ◀重要な項目 なんだ。譲渡といっても、相当の対価が必要で、要は買い取るということさ。

お客さん

建物の価値が十分残っているうちに買い取ってもらえるわけか。

業者さん

そう、そして、建物を買い取ったときに、正当な事由がなくても、借地権は消滅するのさ。

お客さん

それならば、通常の借地権のほうがいいや。だって、建物を買い取られてしまったら、住む家がなくなってしまうじゃないか。

業者さん

心配ないよ。譲渡後は、建物の貸借人として再契約できるからね。

お客さん

それは安心だね。建物を買い取ってもらえるなら、いっそカフェでも始めようかな。

▶ シーン10　事業用借地権

業者さん
そうなると、事業用借地権もあるよ。他の定期借地権と違って『公正証書』で契約することが必須だけど、**事業用借地権の第一条件は、存続期間が10年以上50年未満であること** ⑩ 重要な項目 なんだ。設定される年数によって2つのタイプにわかれているぞ。

事業用定期借地権の2つの種類

類型（俗称）	長期タイプ	短期タイプ
条文（借地借家法）	23条1項、3項	23条2項、3項
存続期間	30年以上50年未満	10年以上30年未満
更新	『なし』と言う特約可能	更新なし
建物買取請求	『なし』と言う特約可能	なし
公正証書による契約	必須	必須

お客さん
事業用っていうと、事業として管理する賃貸マンションもいいの？

業者さん
ダメ、賃貸マンションの住人にとっては、事業用でなく居住用だからね。それに、借地権設定者は、正当な事由がなくても借地権を消滅させられるから、事業用借地権は、居住用には向かないのさ。あと事業用定期借地権は公正証書ですることになってる点も注意だな。

お客さん
いろいろな借地権があって悩むなあ…。どこかにぴったりの条件の土地があればいいけど。

業者さん
なんなら、うちの土地空いてるけど、どう？

語句の意味をチェック

借地権設定者、借地権者	借地権設定者は地主、借地権者は借地人のこと
存続期間	当初の契約において、その権利内容が続く期間
正当な事由	正しく、道理にかなった理由・原因となる事実のこと
保存登記	未登記の不動産の、権利部の甲区に初めて所有権の登記を行うこと。詳細は［ステージ19参照］
法定更新	契約関係の終了の際に、当事者の意思に関係なく、一定の事実があれば当然に前の契約と同一条件で新契約が締結されたものとすること
時　価	その時々の商品（この場合は建物）の値段
転　貸	人から借りた物をさらに他人に貸すこと。又貸し
公正証書	公証人法に基づき、公証人が権利義務に関する事実について作成した証書
対　価	財産、労力等を人に与え、または利用させる報酬として受け取るもの

試験問題セレクション

> **問16** 借地権の存続期間は、契約で25年と定めようと、35年と定めようと、いずれの場合も30年となる。（平成5年）

★解答・解説は192ページ左下

「再契約可能型定期借家契約」
賃貸借契約のニュータイプ

分譲、賃貸どちらも定期借地権の上に立っているマンションが最近ちらほらあります。定期借地権ということは50年以上経つと更地にして返さないといけません。

分譲マンションは将来的に取り壊しになるということから相場よりかなりリーズナブルな価格が設定されるので、分譲時は抽選になる程の人気！

一方、賃貸マンションも通常よりやや抑えた家賃設定となっているところが多く、人気も高いですが、一点注意すべきポイントが。
定期借地権上の賃貸のほとんどが定期借家契約になっているんです。といいますのも、普通賃貸借契約ですと賃借人を保護していますから、出ていってとなかなか言いづらい…そこで2年ないしは3年の定期借家契約にしておくと、期間満了のタイミングで出ていってもらうことができるんです。このタイプのマンションは図面に「再契約型定期借家契約」とか「定期借家契約（再契約相談可）」などと書いてあります。

賃貸住宅も多様化、増える楽器可物件

私の父親はコントラバスの演奏者です。リビングにはいつも楽器が…ちょっと邪魔（笑）。

幼少期は全く興味がなかったのですが、大人になってからふと思い立って楽器を習い始めました。せっかくならとコントラバスを d(￣ ￣)
安い中古の楽器を購入したはいいものの、私の部屋は楽器可じゃないので…練習したいときはレンタルスタジオを利用しますが、自宅でできたらなあ〜。

私のようなニーズに応えるため、最近は楽器可の物件が増えてきています。壁や床はもちろん、玄関のドアも特別仕様。かなりしっかりとした作りになっているのと、楽器可という希少価値があるため、お家賃もちょー「しっかり」（笑）。
それでも一定のニーズはあるので、都心部の楽器可マンションは満室のところばかり。幹線道路沿いの物件のように騒音問題があるマンションを、楽器可にリフォームすることで空室率を減らすという取り組みも行われているそうですよ。

ステージ 17 建物賃貸借

第1章 権利関係

● 攻略のガイドライン

民法の賃貸借契約と借地借家法が入り交じって、かなり複雑な印象になりがちですが、建物を借りるときの規定と割り切って進めましょう。学問的になってはいけません！実際に賃貸でお部屋を借りるときのことをイメージしながら現実に即して考えていきましょう。

● 学習のガイドライン

本試験重要度	★★★★★
本試験出題頻度	★★★★★
本試験出題難易度	★★★
攻略に必要な実力	B（普通）
学習効率	B（良）
覚えるべき事項	8項目

攻略のひとことテーマ

建物賃貸借は、あらゆる賃貸借契約の集大成である

理解と暗記の重要ポイント

重要な項目

❶ 建物賃貸借契約で、存続期間を定めるときには、1年以上とする

❷ 期間を定めた建物賃貸借契約の場合、存続期間満了「1年前から6カ月前」までに、更新拒絶を申し入れる

❸ 期間を定めない建物賃貸借契約の場合、賃貸人は「6カ月前」、賃借人は「3カ月前」に、解約を申し入れる

❹ 建物賃貸借の第三者対抗要件は、賃借権の登記、もしくは、建物の引渡し

❺ 賃貸人は、建物賃貸借契約終了時に、造作を買い取らない特約を付けられる

造作 → 取り外し可能な物で、それがあると建物の価値が上がるが、建物から外すとそれ単体では価値がないもののこと。

例えば → ドア、照明器具等。照明だけあっても建物のソケットに繋がないと使えない…ドアだけ庭にあってもどこでもドア状態…。

〔問16の解答・解説〕× 30年より短い存続期間が設定されれば、存続期間は、30年になるが、30年以上の存続期間が設定されれば、その存続期間が有効。

❻ 賃借人が、転借人に対して、建物の賃借権を譲渡・転貸する場合は、賃貸人の承諾が必要 □□□

❼ 定期建物賃貸借を締結するときの第一条件は、公正証書による等書面で契約を交わし、更新しない旨を賃借人に説明すること □□□

❽ 取壊し予定の建物を賃貸借するときの第一条件は、法令や契約で取壊しが明らかであること □□□

義務を果たさぬ者は去れ

さて今回のお話は…

民法では賃料を払って人から物を借りる契約のことを賃貸借契約といい、この賃貸借契約には様々な規定が設けられていました。しかし民法が制定された明治時代はともかく、物が豊かな現代においては、すべての物の貸し借りを賃貸借契約だけで管理するのには無理があります。

とくに建物を目的物とした場合は、解約時に「やれクリーニング費用だ」「この損傷はお前が負担しろ」等とまぁ揉めに揉めました…そこで建物の賃貸借契約についてしっかりとした決まりごとを作りましょうという経緯で生まれたのが「借地借家法」という法律です。

建物賃貸借契約とは読んで字の通り、建物を目的物とした賃貸借契約のことを指します。ただし、賃貸借契約とある以上、民法を基礎としており、民法の規定が適用される場合が多いことをあらかじめ頭の片隅に置いておいてもらえればと思います。今回はこの建物を目的物とした賃貸借契約のイロハをお勉強していきますが、民法の賃貸借契約と借地借家法による建物賃貸借契約の違いに着目してみてください。

さて、先ほどの某宅建業者さんにまたお客さんがきたようです。

▶ シーン1　建物賃貸借契約の存続期間

業者さん　いらっしゃい、やあ、お久しぶり、あれからお家を建てるための土地は見つかったのかい？

お客さん　どうも。実は、あれから地主さんが空き家を貸してくれるといってくれたんですよ。それで、建物を借りる場合、どれくらいの期間貸してもらえるのかなと思って…。

業者さん　それは建物賃貸借契約だな。建物賃貸借契約で、存続期間を定めるときには、1年以上とする ❶ と決まっているよ。

お客さん　存続期間を定めないことも可能なんですか？

業者さん　もちろん可能だよ。それに、もしも1年未満で定めたときにも、存続期間を定めない建物賃貸借契約として取り扱われるんだよ。でもどれくらいの期間借りるつもりなの？

お客さん　いや、できれば今から6カ月後くらいまで、次のお家が決まるまで仮の住まいとして借りたいと思ってまして。

▶ シーン2　賃貸借契約との相違点

そんなに短く？　そうなると一時使用だから建物賃貸借ではなく、賃貸借契約が適用されることになるな。

賃貸借契約？　さっきの建物賃貸借契約とは違うんですか？

一時使用の場合に借地借家法の建物賃貸借契約を適用すると、貸主さんに不利な点が多くなるので、一般法の民法の賃貸借契約が適用されるんだ。

不利な点？　借地借家法に基づく建物賃貸借契約のどこが貸主さんにとって不利なんですか？

たとえば、賃貸人が賃借人に解約を申し込む場合、借地借家法の建物賃貸借契約では、必ず、正当な事由が必要なんだ。でも一時使用なんて、賃貸人からすれば、用事が終わったらさっさと返してもらいたい契約だよね。それに引き替え、民法の賃貸借契約ならば、正当な事由は必要ないんだ。もしも、存続期間が定められていなければ、解約を申し込んでから3カ月で契約は終了するよ。そうすりゃ、貸した物がさっさと返ってくるって寸法さ。

なるほどね。賃貸人にしてみれば好都合だね。

そうそう。また、存続期間についても、民法の賃貸借契約では、20年を超えて定めてはいけないという上限はあっても、下限がないんだよ。これも、借地借家法の建物賃貸借契約との大きな違いだね。

そうなると、賃貸人は、たとえ建物を賃貸する場合であっても、民法の賃貸借契約を用いるんじゃない?

ところがどっこい、そううまくはいかないんだ。建物を賃貸する場合、一時使用以外は、借地借家法の建物賃貸借に基づいて契約を締結しなければならないんだよ。なんてったって、借地借家法は立場の弱い賃借人を守るための法律だからねえ。

それなら安心だね。だって、なかなかお家を建てるための土地が見つからなかったら借りることになるもの…。

▶ シーン3 期間を定めない建物賃貸借契約が終了するとき

だったら、借地借家法の、期間を定めない建物賃貸借契約にしておけばいいのさ。

でも期間を定めない建物賃貸借契約を結んだ後、もしも、すぐに解除したくなったときはどうなるの?

そのときは、いつでも解約の申し入れを行えるよ。期間を定めない建物賃貸借契約の場合、賃貸人からの申し入れのときは申し入れから6カ月後に、賃借人のときは3カ月後に契約が終了することになっているんだ。

期間を定めないということは、期間満了時が存在しないわけだから、一方から他方へ申し入れるしかないわけね。

そういうこと。ちなみに、賃借人の3カ月という数字は、民法における賃貸借契約の規定が適用されてるわけだね。

建物賃貸借契約には、民法の規定が適用されている場合があるのか。

そう、借地借家法の規定は、初めにあった民法の賃貸借契約を補うという目的でつくられたんだけど、それは、民法の規定では賃借人にとって不利な点が多かったからなんだよ。

だからといって、賃借人にしてみると、賃貸人から6カ月前に解約を申し入れられた場合に、立ち退くしかないなんて大変だよね。

まあね、でも先ほどもいったように、賃借人からは必要ないけど、賃貸人から解約を申し入れる場合は、『正当な事由』が必要だよ。

ふ〜ん、そこで正当な事由があれば、結局、建物賃貸借は6カ月後に終了するわけだね。要するに、突然いわれた場合は6カ月、自らいう場合は、前もって準備できるから3カ月で、賃借人が次なる建物を探せというわけだね。う〜ん、そうなると、賃借人に有利な借地借家法とはいっても、やっぱり期間を定めた建物賃貸借契約にしておいたほうが無難かもね。

▶ シーン4　期間を定めた建物賃貸借契約が終了するとき

うん、でも期間を定めるということは、期間満了時、すなわち、契約終了時が存在するということで、今度は更新という問題が生じてくるんだよ。そこで、賃貸人も賃借人も『更新したくない』と思ったとき、期間を定めた建物賃貸借契約の場合、存続期間満了『1年前から6カ

月前』までに、更新拒絶を申し入れる ❷ ことになっているんだ。

じゃあ、やっぱり遅くて1年後、早ければ6カ月後には立ち退くしかないんじゃないの？

でも期間を定めない場合同様、賃貸人から解約を申し入れるときには、正当な事由が必要なんだ。もともと建物賃貸借の目的となる建物のほとんどは賃貸用に建てられているからね。賃貸人に特別な理由がない限り、賃借人に貸すのは当然の義務といえるよ。

そうだよね、家賃だって取ってるんだしね。

▶ シーン5　賃料の増減請求

家賃といえば…もしも、賃貸人が家賃等の条件変更を希望するときは、それも一緒に申し入れなければならないんだよ。

家賃の値上げだね…賃借人はそれに反論できるのかな？

当然さ、賃貸人は賃料増額について正当な事由を示す必要があるし、そのうえで、双方で協議しても結論が出ないときは、裁判になるな。賃借人は、裁判が確定するまでは、自ら認める相当額だけを払っていればいいんだ。で、確定の結果、支払い額に不足分があれば、年1割の利息を足して返還することになるのさ（借地借家法第32条2項）。

更新の度に家賃が上がるんじゃたまらないよね。賃借人には賃借人の意地があるのよ。賃貸人もそこを汲んで、申し入れを遠慮してくれればいいのに…。

業者さん　これは手厳しい。でも賃料の値下げも要求できるよ。ただし双方で協議しても結論が出なければ、先ほどとは逆に、賃貸人は裁判が確定するまで自ら認める相当額を請求できるんです。そして、裁判が確定した結果、請求額に過剰があれば、年１割の利息を足して返還することになります。

お客さん　多く支払おうが賃料が安くなるのなら、多少はがまんできるでしょ！

業者さん　それは言えてるね。期間満了前に賃貸人と賃借人のどちらも更新拒絶を申し入れない場合は、法定更新されてしまうよ。条件は以前の契約と同一で、更新後の存続期間の定めはなしとなるわけ。要するに、同一条件で更新したいときには、そのまま放っておけばいいのさ。

▶ シーン6　造作買取請求

お客さん　なるほどなあ…、そういえばそのお家、エアコンが付いてないのがちょっと気がかりで…自分で付けようと思ってるんだけど、出てくときにどうなるのかと。

業者さん　エアコンかあ。賃貸人の同意を得て建物に付加した物等（造作）は、契約終了時に、賃貸人に対して、時価で買い取るよう請求できるんだ。でもエアコンとかは、最近ではずいぶんと安価になったでしょ。まだ使えるからといって、経済的価値の低い物を賃貸人に買い取らせるのは酷だということで賃貸人は、建物賃貸借契約終了時に、造作を買い取らない特約を付けられる❺のさ。

重要な項目

199

へえ、じゃあ、たとえば雨漏りする天井を修繕した場合はどうなるのかな？修繕前より建物の価値は上がるじゃないか。

▶ シーン7　賃貸人の義務、賃借人の義務

賃貸物の**修繕等にかかる費用は必要費**といい、それを賃借人が支払った場合は、賃貸人に対して、直ちに返してね（償還）と請求できる。なぜなら、賃貸物の修繕・保存は賃貸人の義務だからね。他には、造作ではなく改良を余儀なくされる場合もあるな。賃貸人の了承を経た**改良等にかかる費用は有益費**といって、それを賃借人が支払った場合は、契約終了時に残っている価値の分だけ償還を請求できるのさ。なぜなら、改良によってお家やお部屋の価値が上がるわけだからね。

造作と改良とではどこが違うの？

う～ん、あまり難しく考えないほうがいいけど。平たくいえば、取り外し可能な物が造作、取り外し不可能な物が改良だね。

なるほど。じゃあ、畳とかふすまなどは造作で、水洗式に替えたトイレは改良ってことかな。

まあ、そうだね。造作については、借地借家法の規定で、必要費や有益費については、民法における賃貸借契約の規定なんだ。そのうえ民法では、賃貸人本来の義務である賃貸物の修繕・保存に加えて、賃借人の義務も規定しているんだよ。その主なものは、**善管注意**と**原状回復**だね。

1 権利関係 >> 17 建物賃貸借

もしも、貸主さんと借主さんの双方が義務を怠ったら？

賃貸人が義務を怠った、すなわち賃貸物の毀損等による債務不履行の場合は、賃借人が契約を解除できるんだ。逆に賃借人が義務を怠った場合は、賃貸人が契約を解除できるんだ。

わかりました。義務はしっかり守りますよ。造作を買い取らない特約付きだったら、エアコンも自費で外した方がいいね。

▶ シーン8 　**賃借権を譲渡・転貸するとき**

エアコンにこだわるねえ…、どうしてもエアコンを自費で外したくないなら、エアコン付というふれこみで、建物賃貸借に関する賃借権を第三者に転貸するのはどう？

転貸？　借地権と同じく第三者に建物の転貸ができるの？

重要な項目

建物の賃借権を譲渡するのも、転貸するのも可能だよ。ただし**賃借人が、転借人に対して、建物の賃借権を譲渡・転貸する場合は、賃貸人の承諾が必要**❻なんだ。だから、無断で行った場合は、賃借人の債務不履行となり、賃貸人が契約を解除できるんだよ。

転貸した場合、転借人は誰から建物を借りていることになるの？

たとえば、あなたが大家さんから借りた建物を親戚に転貸したとすると、親戚から見ればあなたが貸主（**転貸人**）だから、親戚はあなたに対して、賃借人としての義務を果たすことになるよね。しかしその一方で、親戚は本来の賃貸人である大家さんに対しても、賃借人と

201

しての義務を果たさなければならないんだ。つまり大家さんとあなたの賃貸借契約の他に、大家さんと親戚の賃貸借契約が発生したようなものなんだ。

それなら、逆に大家さんは転借人である親戚に対して、賃貸人としての義務を果たさないといけないってこと？

それが違うんだ。大家さんは実際には親戚と賃貸借契約を締結したわけじゃないから、親戚に対しては賃貸人としての義務を果たす必要はないんだ。例をあげると親戚が必要費を支払っても、大家さんには償還の義務がないのさ。

だったらその場合、誰が転借人に対して賃貸人としての義務を果たすわけ？

親戚に対して賃貸人としての義務を果たすのは、実際に賃貸借契約を結んだあなたになります。

ということは、転借人が必要費を支払った場合まず転貸人（賃貸人から見たら賃借人）が転借人に償還し、そのうえで転貸人が賃貸人に請求するわけか。それにしてもややこしいなあ…。

その通り。それがややこしくて嫌なら、あなたが親戚に建物の賃借権を譲渡したらいい。もちろん大家さんの承諾はもらわないとダメだけど、大家さんとあなたの契約は消滅し、大家さんと親戚の賃貸借契約が成立するんだよ。

なるほど、そうすれば必要費も私を通さず直接大家さんに請求してもらえばいいわけだよね。う〜ん、譲渡のほうが楽だなぁ。
でもちょっと待って。もっと厄介なことがあるじゃないか。僕が親戚じゃなくて、賃貸人の大家さんがだれかに建物を譲渡する場合、つまり賃貸人が代わるケースもあるわけでしょ？

▶ シーン9　建物賃貸借の第三者対抗要件

そう、そこで注意が必要なんだ。賃貸人が第三者に建物を譲渡した場合、賃借人が新しい賃貸人に対して自らの権利を主張するには、登記が必要なんだよ。これは、借地権の場合と同じさ。

でも建物賃貸借契約できちんと登記を行う人っているの？

いや、滅多にいないんだ。それならばということで登記がなくても、元の賃貸人から建物の引渡しを受ければ、第三者に対抗できることになっているんだ。**建物賃貸借の第三者対抗要件は、賃借権の登記、もしくは、建物の引渡し** ❹ 重要な項目 というわけさ。そういえば、仮住まいということでお家を探してるんなら、今、この場で僕の家を君に引き渡そうか？

ええ？ どういうこと？ あなたの家を貸してくれるの？

▶ シーン10　定期建物賃貸借と期限付建物賃貸借

業者さん

実は当分の間、実家に住むことになってね、留守にする間だったら貸してあげるよ。でも更新されたらまずいから定期建物賃貸借を締結することになるけど。存続期間は1年未満でもOKなんだけど、○月○日までという期限付のうえ、更新もできないんだ。どう？

お客さん

ふ〜ん、いろいろな理由で空き家になっている自宅を賃貸して賃料を得たい、期間満了時には、正当な事由がなくてもその契約を終了させたいと当然思うよなぁって人は多いだろうね。それを実現するのが、定期建物賃貸借ってわけだ。でも賃借人自身が"期限が来たらハイおしまい"ってことをしっかり承知しておかなくちゃトラブルになりそうだけど。

業者さん

そうなんだ。それでね、**定期建物賃貸借を締結するときの第一条件は、公正証書による等書面で契約を交わし、更新しない旨を賃借人に説明すること** ❼ なんだ。公正証書じゃないとダメなんじゃなくて、『公正証書による**等書面**』ね（笑）。要は何らかの書面としてしっかり形にしてねってこと。もちろん、契約終了時には当然申し入れが必要だけど、方法は契約期間が1年以上の場合は期限を定めた建物賃貸借といっしょだよ。

お客さん

ところで、定期建物賃貸借以外にも変わり種はあるの？

業者さん

期限付建物賃貸借という取壊し予定の建物を賃貸借する契約があるよ。ただし**取壊し予定の建物を賃貸借するときの第一条件は、法令や契約で取壊しが明らかであること** ❽ なんだ。

1 権利関係 >> 17 建物賃貸借

家の建て替えとか？

それじゃダメ。具体的には、定期借地権満了で建物が取り壊される場合等が該当するね。とにかくこの条件をクリアしていれば、特別期限を定めなくても、更新はできないことになるんだ。ただし取り壊すべき事由を記載した書面が必要なんだ。

ふ〜ん、地主さんが貸してくれるところはとにかく古いのがなぁ…あなたのおうちを借りようと思います！エアコンついてるし。

よし！ 善は急げ、気が変わっちゃうまえに早速、契約書の作成といきましょう！

語句の意味をチェック

善管注意	「善良な管理者の注意」の略で、物を保管するのに、その物を取り扱うプロが払う程度の注意のこと
原状回復	［ステージ11参照］
転借人	人が借りた物をさらに借りた者
転貸人	借りた物をさらに他人に貸した者

試験問題セレクション

問17 Aを賃貸人、Bを賃借人とするA所有の居住用住宅の賃貸借契約において、AB間で「Bが自己の費用で造作をすることは自由であるが、賃貸借が終了する場合、Bはその造作の買い取り請求をすることはできない」と定める特約は、有効である。（平成7年）

★解答・解説は次ページ左下

205

ステージ18 区分所有法

第1章 権利関係

●攻略のガイドライン

数字ばっかり…分数とかよくわからない…そんな苦手意識を持ってしまいがちな区分所有法ですが、出てくる数字は以外と少ない‼『大事なことは皆の意見をもとに決める』というルールを頭に入れて、ていねいに読み進めていきましょう。特に3／4以上の賛成が必要な議決権については必ずマスターすること。

●学習のガイドライン
本試験重要度 ★★★★★
本試験出題頻度 ★★★★★
本試験出題難易度 ★★
攻略に必要な実力 A（優しい）
学習効率 A（最良）
覚えるべき事項 4項目

攻略のひとことテーマ

3/4、1/5、4/5、
登場する数字は意外に少ない

理解と暗記の重要ポイント

チェック欄

重要な項目

❶ 単独でできる事項は、共用部分の保存

共用部分 →マンションのエントランス、エレベーター、廊下などの皆で使用するスペースのこと。

共用部分の保存 →マンションの廊下の掃除、廊下の電気が切れたので付け替える等の行為のこと。

❷ 過半数で決する事項は、

①共用部分の利用・改良
②共用部分の軽微な変更
③建物価格の1/2以下が滅失した場合の共用部分の復旧

共用部分の利用 →共用部分の車庫を貸して賃料をとる等が代表例。
共用部分の改良 →廊下や階段に夜間灯をつける等。
軽微な変更 →防犯カメラをつける、てすりやスロープの追加工事等。

〔問17の解答・解説〕○ 造作買い取りは、賃貸人と賃借人の間で自由に取り決めることができる。「買い取りしない」もOK。

1 権利関係 >> 18 区分所有法

❸ 各3/4以上で決する事項は、
　① 規約の設定・変更・廃止
　② 共用部分の重大な変更
　　　重大な変更 →エレベーターを新たに設置する、集会室の増築等。
　③ 建物価格の1/2超が滅失した場合の共用部分の復旧
　④ 違反者へ対する訴訟関係
❹ 各4/5以上で決する事項は、建替え

区分所有の世界は、分数でできていた

さて今回のお話は…

マンションには個人のみが独占して使える部分（専有部分）と、マンションの住人全員で仲良く使う部分（共用部分）があります。エントランスや廊下、エレベーターと言った共用部分は、皆で使うものですし、誰かひとりが勝手に管理するわけにはいかないですね。かといって先にあげたようなマンションの共用部分は所有している人が沢山（タワーマンションなんかですと1000世帯以上あることも…！）いますから、民法における「共有」で処理をするにはあまりに複雑すぎます。そこで登場したのが「区分所有法」です。

区分所有法では、マンションを「区分所有建物」といい、そのマンションの一室を所有している人のことを「区分所有者」というふうに呼びます。共用部分は区分所有者全員で共有することとしたうえで、共用部分を上手に共有するためのルールをまとめたのがこの法律です。その基本は「（特別な決め事が無い限り）共用部分の持ち分は、専有部分の床面積の割合でいこうネ！」という考え方です。

この基本ルールからいくと、共用部分の管理に必要なお金（管理費など）の徴収も、でっかい部屋に住んでるお金持ちは多めに、コンパクトな部屋に住んでる人からはほどほどに…と、一見、円満に進むことになるのです。
ただ、基本ルールでいきましょう！とはいえ、いろんな人がごちゃごちゃとそれぞれのカタチで暮らしていくのがマンションです。ルールだけじゃどうにもならないことって沢山ありますよね。それをある一定数以上の多数決で決めていく点も、区分所有法の特徴のひとつです。
今回は「過半数くん」と「3/4くん」に区分所有法の多数決＝「決議」と、区分所有法について詳しく教えてもらいましょう。

▶ シーン1　決議の仕組みと原則

過半数くん：我が国は民主主義国家。すべては集会において多数決で決めるのが基本さ。つまり区分所有建物に関する取り決めは、原則的として、区分所有者及び議決権の各過半数で決するのだ。

3/4くん：区分所有者はそのマンションを持ってる人のことでしょ？議決権は何なんだろう…。

過半数くん：議決権は簡単にいってしまえば、専有部分の持ち分の数のことさ。

3/4くん：ちょっと待って、区分所有者の数＝区分所有権を購入した人数でしょ。各購入者には、それぞれ専有部分が与えられるわけだから、専有部分の持ち分の数というのは区分所有者の数ってこと？

いや、そうじゃないんだ。議決権は専有部分の持ち分、つまり床面積の割合によって数が決まるんだよ。たとえば、同じ床面積の独立した専有部分が101号室、102号室、103号室と3つあるとしよう。これを3人それぞれが所有していたら、議決権はそれぞれ1で平等。だけど、ひとりが101号室と102号室の2部屋を所有していて、残るひとりが103号室の1部屋を所有している場合のようにふたりで3部屋を分けていると、持ち分の割合は2：1となって、議決権も2：1となるよ。専有部分の床面積が異なる場合も同じこと。同じ一世帯でも100平米の広いお部屋の購入者は50平米そこらのちっぽけなお部屋の購入者の倍の議決権を有することになるんだ。

そうか、各々の専有部分の持ち分が、同じであっても倍であっても、区分所有者の数はそれぞれ『1』で変わらないけれど、議決数は、持ち分によって変わるわけね。

その通り。つまり人数に物をいわせて物事を決めるという手段を封じる役割が、議決権にはあるんだよ。

そうすると、逆に、議決権に物をいわせて物事を決めるという手段を封じているのが、区分所有者の数なのね。

つまり、区分所有者及び議決権の過半数が賛成する程度が、マンション管理の諸問題を解決するにはちょうどいいのさ。

3/4 以上の決議事項

いやあ、そう安易には決められないことだってあるんじゃないかな。マンションでの暮らしのルールを決めている「規約」を変更するとき

なんかは、もっと多くの人の意見を反映させた方がいいということで、以下の5つの事項は所有者および議決権の3/4以上の同意が必要になるよ。

> **区分所有者及び議決権の各3/4以上で決する事項 ❸**　重要な項目
> ①規約の設定・変更・廃止 ❸-①
> ②共用部分の重大な変更 ❸-②
> ③管理組合の法人の設立・解散
> ④建物価格の1/2超が滅失した場合の、共用部分の復旧 ❸-③
> ⑤違反者に対する訴訟関係 ❸-④
> 　義務違反者である区分所有者に対する、専有部分の使用禁止の請求
> 　義務違反者である区分所有者に対する、区分所有権の競売の請求
> 　義務違反者である占有者に対する、賃貸借の解除・引渡しの請求

ただし②に限っては、区分所有者の数について、規約で過半数まで減らせることに注意してね。

減らせるということは、つまり区分所有者の過半数及び議決権の3／4以上で決する、ということだね。

うん、変更には急を要するケースもあるうえ、マンションの総会等で多くの欠席者があるようでは、決議が思うように進まないからね。

なるほどね。つまりは、すべての決議は過半数が原則だけど大切なことの決議は3/4に増えるというわけか。

▶ シーン3　単独、1/5以上、4/5以上

そうなんだけど、それ以外にも1/5以上という少数で決議できる場合もあるし、なかには単独、つまり決議が必要ない場合もあるよ。

> 重要な項目

単独でできる事項 ❶
　⑥共用部分の保存 ❶
　　区分所有者及び議決権の各 1/5 以上で決する事項
　⑦集会の招集

ふ〜ん、ということは、廊下や階段の清掃、共用部分の損傷・滅失の防止等を行う際には、誰の同意も必要ないんだね。

そういうこと。いちいち『そろそろ廊下を掃き掃除でもしてキレイにしようと思うんですが賛成の人〜？』とかきかないでしょ。
また、それとは反対に本当に重大な住む人みんなの、生活に大きく関わることは 4/5 と言う多数で決議しなければならない場合もあるのよ。

> 区分所有者及び議決権の各 4/5 以上で決する事項 ❹
> ⑧建物の建替え ❹　　　　　　

災害等で建物が全壊してしまったときとか？

いいえ、全壊した場合は建て替えでなく新築になるから『全員』の同意が必要となるの。建て替えとは、建物を取り壊して再築することだから、建て替え時点で建物が存在している必要があるんだよ。

議決事項がどれだけ重大で、どれだけ大きな影響があるかで議決権が定められているんだね。

規約の設定・改廃と、占有者の権利・義務

規約は、マンションの管理や使用に関する、いってみればルールね。最高規範だから、その設定・改廃にはしっかりとした手続きが必要な

んだよ。

知らなかったなあ。よく『ペット不可』とかいう規約があるけど、あれも、区分所有者及び議決権の各3/4以上の賛成で決めたんだね。

そうだよ。規約は書面や電子メール等電磁的記録で作成し、それを見たいときには管理者、管理者がいない場合には保管者に請求すること。これについては、区分所有者はもちろん、区分所有者の特定承継人や、専有部分を賃借等しているだけの占有者も、規約に従わなくてはならないから、しっかり見ておくように。

占有者？ じゃあ、占有者も議決権を持っているわけ？

議決権は持たないけれど、みんなで仲良く暮らすためのルールなんだからそこに住む以上は守らないと。また、区分所有建物の占有者は、利害関係のある集会に出席して、意見を述べることはできるんだよ。もちろん規約に反するような行為を行えば、逆に、決議の対象になる。ときには、管理組合に訴えられることもあるよね。

⑤の『義務違反者である占有者に対する賃貸借の解除・引渡しの請求』という決議だね。ところで、その管理組合ってなに？

▶ シーン5　管理組合と管理組合法人

すべてのマンションは、共用部分を管理するために、必ず団体を作り、すべての区分所有者は、必ずその団体、つまり管理組合に属さなければならないんだよ。

1つの建物における共同生活だから、共用部分について『私の知った事じゃありません』というわけにはいかないってことだね。

その通り。さらに、区分所有者および議決権の各3/4以上の賛成があれば、その管理組合は法人として登記できるんだよ。管理組合法人として、**理事**長や**監事**も置けるわけ。

まるで会社組織だね。いっそ理事長には退職金を支給しようか。

総会で提案したら？ きっと理事長以外の残り全員の反対で却下されると思うけど…。

語句の意味をチェック

区分所有者	専有部分を所有する者
議決権	合議体の意思表示に参加する権利
共用部分の軽微な変更	形状や効用の著しい変更を伴わない変更
共用部分の重大な変更	形状や効用の著しい変更を伴う変更
理事	法人を代表し法人の事務を執行する。任期2年
監事	法人の財産状況を監査し、理事の業務執行と監視する機関で、理事や管理組合の使用人と兼任できない
総会	団体（この場合は管理組合）の構成員全体の会合

試験問題セレクション

問18 共用部分の保存行為を行うためには、規約で別段の定めのない場合は、区分所有者及び議決権の過半数による集会の決議が必要である。
（平成7年）

★解答・解説は次ページ左下

213

ステージ 19

第1章 権利関係

不動産登記法（ふどうさんとうきほう）

●攻略のガイドライン

まず、不動産を所有していることの「あかし」として登記という制度があります。不動産登記簿にはどのような内容が登録されているのかをふまえて落としこんでいきましょう。問題を解く際のポイントは表示登記に関することを問われているのか、権利に関する問題なのかを見分けられるようにすることです。

●学習のガイドライン
本試験重要度 ★★★
本試験出題頻度 ★★★★★
本試験出題難易度 ★★★★
攻略に必要な実力 C（難しい）
学習効率 C（普通）
覚えるべき事項 6項目

攻略のひとことテーマ

権利部は、泣く子も黙る「損得」の記録。
だから「得」を書くには証拠が必要

イメージする！

理解と暗記の重要ポイント

チェック欄

❶ 登記簿は2部構成
〔表題部〕所在等
〔権利部〕甲区…所有権に関する事項
〔権利部〕乙区…所有権以外の権利に関する事項

❷ 表示に関する登記（表題部）の申請は、単独で、1カ月以内に行う
新築を建てると1カ月以内に、まず所有者がどんな建物なのか申請する。

❸ 権利に関する登記（甲区・乙区）の申請は、共同で行う

❹ 所有権の保存登記は、単独で行える
所有権の保存登記 → 所有者が誰なのかを示すこと。

❺ 登記の申請情報に提供する2情報
①登記原因証明情報
②登記識別情報

❻ 区分所有建物の表題登記は、一括申請する

〔問18の解答・解説〕× ❶参照。共用部分の保存は、単独でできる。決議は不要。

> まさに、備えあれば憂いなし

さて今回のお話は…

不動産の物権についての第三者への対抗要件に「登記」があります。登記は対象となる不動産を管轄している登記所に申請して、その情報を記録してもらうことで行います。この記録のことを登記記録といい、登記記録はさらに不動産登記簿に記録されます。つまり登記簿というのはいわば建物や土地の履歴書のようなものであり、それを見れば「あれ？この建物ころころ所有者が変わってるな？ 何かまずいのかな？」（人の履歴書で言えば「あれ？こいつ何回も転職してるな。しかも1カ所に1年もいないや…何かある奴なのかな？」）というように、その対象不動産の所有者、所在、規模、権利関係はもちろんですが、これまでの権利の移転状況まで一目でわかってしまうのです。

登記簿はどのように構成されているのか、また登記の申請というのは実際にどのように行われているのかを、「登記官さん」と「申請者くん」のやり取りからお勉強してみましょう。

▶ シーン1　**登記簿の構成**

　　リーン、リーン、ガチャ…

 もしもし、こちら登記所です。

すいません。登記が必要だよっていわれたんですが、そもそも登記についてさっぱりなので、なにをどうしてよいかわからないんですが…。

登記簿ってご存じですか？

よくドラ息子が親の目を盗んでタンスから持ち出すやつですか？

それは昔でいう権利書です。登記簿というのは登記記録を記録する帳簿のことで、1筆の土地、または1個の建物ごとに表題部、権利部に区分して作成するんですよ。たとえば家を新築された方は、新しい家の登記記録を記録する登記簿を作成するために、申請する義務があるんです。

へえ、じゃあたとえば土地を買って家を建てたら、土地と建物両方の登記が必要なんですね。

そうなりますね。さらに登記記録が2部構成のため、登記簿も2部構成になっています。

> **重要な項目**
> **登記簿は2部構成 ❶**
> 〔表題部〕所在等
> 〔権利部〕甲区…所有権に関する事項
> 〔権利部〕乙区…所有権以外の権利に関する事項

申請ってそちらへ行くんですか？

申請情報を提供することを申請といいますが、申請の方法は書面による申請（郵送可）とオンラインによる申請があります。

へえ、パソコンでできるんですか。でもそれで問題ないの？

もしも申請人となるべき者以外の者が申請していると認めるときは、申請人等に出頭、質問、必要な情報の提供を求めて、本当に申請の意思があるか調査しますからご安心ください。

それ大事ですね。だって登記って順番がものをいうんですよね。

オンライン申請、郵送や出頭での書面による申請を管理するため、登記申請の受付時に受付日・時間・受付番号を付けて順番を特定します。

同じ建物や土地にたくさん登記が申請されることもあるだろうし。

同一の不動産に関し2つ以上の申請が行われたときで、その前後が明らかでないときはこれらの申請は同時に行われたものとみなし、同一の受付番号を付し管理します。体制は万全です。

▶ シーン2　表示に関する登記を申請するとき

じゃあパソコンで申請しようかなあ。でもパソコン苦手だし…。

もしも建物を建てられたのでしたら、まずは表示登記の申請ですね。

表示登記って必ず行わなければいけないんですか？

はい、**初めて表題部(ひょうだいぶ)を作成するために申請する登記を表題登記**と呼ぶんですが、新築したことで誕生した建物は、その時点では登記簿が存在していませんから、新たに登記簿を作成して、建物についての登記記録、つまり情報を表題部に載せる必要があるわけです。

> **表題部の登記事項**
> 〔土地の場合〕所在、地番、地目、地積　等
> 〔建物の場合〕所在、家屋番号、種類、構造、床面積　等

新築工事の前に、役所から建築確認をもらいましたよね？ 登記所もその報告を受けて、あなたの申請を待っているんです。

そんなものもらったかな？ で、表示登記の申請はいつ行えば？

重要な項目

期限があるんです。表示に関する登記（表題部）の申請は、単独で、1カ月以内に行う ❷ 決まりで、それを怠ると過料(かりょう)に処せられます。

過料って罰金を取られるってことか… じゃあ申請を怠った建物は登記簿なしになるわけ？ 建物があって登記簿なしって変じゃないですか？

そう。だから1カ月の申請期間が終了しても申請がない場合は、申請を待たずに、登記官が職権で表題部に記録しちゃうことになってる。要するに1カ月後には申請のあるなしにかかわらず、すべての土地・建物の表題部が揃っているわけです。

土地も？ 土地は表示登記の申請が必要ないんですか？

考えてみてください。建物と違って埋め立てでもしない限り新しい土地はできないでしょ。国土のすべてに誰かしら所有者がいて、すでに登記簿も存在しているわけです。あなたの家の土地にももちろん登記簿がありますよ。

たしかにそうですね。私の家の土地も、私が購入する前に何人もの所有者がいたはずですよね。

1 権利関係 >> 19 不動産登記法

▶ シーン3　権利に関する登記を申請するとき

登記官さん

ですからあなたの場合、すでに表題部のある土地の登記簿の甲区に、自分の氏名等を記録するよう申請できます。権利登記は権利部の甲区・乙区に登記記録して、あなたが土地の所有者等であると証明するのです。

> **権利部の登記事項**
> 〔甲区〕所有権に関する事項
> 〔乙区〕所有権以外の権利（賃貸借・地上権・抵当権等）に関する事項

なお甲区・乙区は、権利登記の申請があってはじめて記録されます。

申請者くん

証明するって、誰に対してですか？

登記官さん

第三者です。権利登記はあくまでも第三者対抗要件を備える目的で行うため、申請するか否かは自由で、申請に期限もありません。ただし**権利に関する登記（甲区・乙区）の申請は、共同で行う** ❸ 決まりです。
　　　　　　　　　　　　　　　　　　　　　　　　重要な項目

申請者くん

これもオンライン申請OKですよね。ちなみに電話じゃダメ？

登記官さん

郵送、オンライン申請のいずれかでできますが、電話はダメです。電話だと言った言わないになるでしょ（笑）。必ず**登記権利者**と**登記義務者**が共同で申請しなきゃいけません。たとえば土地を買った登記権利者・土地を売った登記義務者、または抵当権を設定するときは抵当権者が登記権利者・抵当権設定者が登記義務者になります。

219

そうか。買主が土地の所有権を取得したという事実を主張しても、事実関係を知らない第三者であるあなた方登記官は、それを鵜呑みにするわけにもいかないと。だから共同なんですね。

そうなんです。その場合は売主がそれを証明する必要があるんです。

でも、建物はどうなの？ 新築だったら登記義務者がいないから、共同で出頭したくてもできないでしょ。

▶シーン4　所有権の保存登記

その通りですね。あなたのように新築の建物について行う登記は、甲区に初めて登録する登記となります。このように、**初めての所有権の登記を保存登記**（または「所有権の保存登記」）といいます。

1人でできるのかな？

はい。所有権の保存登記は、単独で行える ❹ のですが、申請できる者は一定の者となります。

> **保存登記が申請できる者**
> ①登記簿の表題部に、自己または被相続人が所有者として記載されている者
> ②確定判決により、自己の所有権を証する者
> ③収用により、所有権を取得した者
> ④区分所有建物の表題部に記載されている者から、所有権を取得したことを証する者

なるほどなぁ。でも、申請が完了したかはどうやってわかるの？

申請の結果、登記が完了すると、こちらから速やかに登記識別情報と登記完了を登記名義人に対して通知しますから、それで確認できます。

ありがとう。おかげでわかりました。パソコンとかそういったものはどうも苦手で、オンライン申請はちょっと自信がないので、明日申請書を取りに行きます。

▶ シーン5　区分所有建物を登記するとき

こんにちは、昨日電話した者ですが、申請書を取りに来ました。

ああ、新築された方ですね。ところで新築された建物はマンションじゃありませんよね？

えっ？ どうしてですか？

いや。表示登記は新築したときや、建物の滅失に伴って表示登記を滅失させるとき、地番が変更されたとき等に、建物や土地の所有者やその相続人、その代理人が単独（1人）で申請できますが、専有部分を含め**区分所有建物の表題登記は、一括申請する** ❻ ことになっているんですよ。

重要な項目

つまり個々のおへやを購入した人だとできないってこと？

通常は分譲業者等が、マンション完成当初に一括して申請しますね。

でもどうして一括なんですか？

1000戸もあるような大きなタワーマンションなんかで、専有部分ごとにバラバラに申請されたら、私たち登記官もてんてこまいになっちゃいます（笑）。私たちも人だからミスしちゃうだろうし、売れ残った専有部分は、そこだけ登記漏れになりやすいからです。

なるほどね。でも一戸建てなのでご安心くださいな。

かしこまりました。申請時にはその他の情報を提供するために必要情報もお忘れなく。

▶シーン6　登記の申請に提供する情報

具体的には、どんな情報が必要なんですか？

主に権利登記の申請時に必要なんですが、次の通り様々あります。

登記の申請に提供する 2 情報 ❺ ◀ 重要な項目

①登記原因証明情報 ❺-①
　売買による所有権移転の場合は売買契約書または売渡証書、抵当権設定の場合はローンの抵当権設定契約書等権利移動等の成立を証明する書面を指し、権利登記の申請には別段の定めがある場合を除き提供する

②登記識別情報 ❺-②
　登記義務者の権利に関する証書を指し、権利登記の申請では登記義務者の登記識別情報を提供する
---

③第三者の許可、同意、承諾を証する書面
　農地法の許可、登記上利害関係のある第三者の承諾書、登記の原因について第三者の許可、同意、承諾を要するときにはその証明書が該当する
④代理権限証書
　早くいえば委任状のこと

以上の他にも、相続証明書、所有権の登記名義人が登記義務者のときには印鑑証明書（オンライン申請の場合は電子署名と電子証明書）等が添付書類として必要です。

いろいろあるんですね。でも②登記識別情報なんてあったっけ？

喪失等している場合は、次のいずれかの方法で本人の確認手続きを行いますから。

本人の確認手続き
　⑤登記官が登記義務者に対し申請があった旨及び申請の内容が真実であると思料するときは一定の期間内にその旨の申し出をすべき旨を事前に通知する
　⑥司法書士等の作成する「本人（登記義務者）確認証明書」の提供を受ける
　⑦公証人による登記義務者であることの認証

ちなみに写真は添付しなくていいの？　わざわざ持ってきたんだけど。

いえ、写真は結構です。…これ…犬小屋ですね…？

いいえ、犬舎です。だいぶ古くなっていたから立派な犬舎を新築したんです。この写真を見て！ これがうちの子。かわいいでしょ…あれ、登記できないの？

こ…甲乙付けがたいですねぇ。

 語句の意味をチェック

登記官	登記所内の登記事務を取り扱う者。法務局等に勤務する法務次官で法務局・地方法務局の長が指定する
管轄	国または公共団体が取り扱う事務について地域・事項・人件上限定された範囲
登記事項	登記記録として登記すべき事項
職権	職務権限のことで職務の遂行上与えられた権限
登記権利者	登記をすることによって権利を得たりして得をする人
登記義務者	登記をすることによって、権利を失ったり、義務を負うことになって損をする人
確定判決	通常の不服申立方法によっては取消しや変更等ができない状態に達した判決
収用	公共事業のために、本人の意思にかかわりなく、財産権を取得させる行為。取得する者は、国や公共団体
登記義務者の権利に関する証書	旧法では俗称「権利証」

 試験問題セレクション

問19 抵当権の設定の登記の申請は、被担保債権の債権者が登記権利者、債務者が登記義務者となって行わなければならない。（平成4年）

★解答・解説は230ページ左下

第2章

Chapter.2

法令上の制限

チェック欄

20	国土利用計画法	☐☐☐
21	都市計画法》都市計画	☐☐☐
22	都市計画法》開発行為	☐☐☐
23	都市計画法》都市計画にかかわる制限	☐☐☐
24	土地区画整理法	☐☐☐
25	宅地造成等規制法	☐☐☐
26	建築基準法》建築確認と用途制限	☐☐☐
27	建築基準法》建築物にかかわる制限	☐☐☐
28	農地法	☐☐☐
29	不動産の鑑定評価、地価公示法	☐☐☐
30	税金》地方税	☐☐☐
31	税金》国税	☐☐☐
32	その他の法令	☐☐☐

　土地・建物にかかわる法律は数多くあり、法令上の制限とはこれらの法律群の総称です。どの法律も土地・建物を安全かつ効果的に利用するためにつくられています。

　問題演習では「わからなくなったら原点に戻る」つまり一般常識に立ち返ることが大切です。「自分が建築主だったら」「分譲住宅の購入者だったら」どこに注意するか想像してみましょう。日常のトラブルに対する解決策が四肢択一の設問に形を変えているだけなのです。

ステージ

00

第2章　法令上の制限

学習のポイント
ABC

●学習のガイドライン

近年の出題難易度	★★★☆☆
出題の長文化傾向	★★☆☆☆
過去問類似出題度	★★★☆☆
攻略に必要な実力	B（普通）
学 習 効 率	B（良）
本試験目標正解率	60%

●攻略のガイドライン

基礎的な知識さえしっかり頭に入っていれば容易に解ける問題が多いです。出題範囲が膨大なため、知らない項目にも出会うと思います。それだけに、一度インプットした知識は確実に武器にしておくことが大切です。

ABCの

A 法律の必要性を意識する

　法令上の制限に関する法律のあれこれは日本の戦後の発展に伴って発達してきました。「いかに国民生活を豊かにするか、いかに国土を整備するか」をテーマに、時代のニーズが法律そのものを変化・発展させ、国民は法令上の制限というレールの上を走ってきたともいえます。

　しかしレールに乗ってはいても、レール造りにほとんど携わっていない私たちにとっては、法律はあまり身近に感じられないものでもあります。

　自分の生活に関係しないものほど、ありがたみも薄いものですが、だからといって無視するわけにもいきません。と申しますのも、宅建士が宅地・建物という『商品』を説明するうえでは、非常に重要な事柄だからです。

　そこで、まずは「この法律はなぜ必要なんだろう」と考えながら読み進めていきましょう。法律が身近に感じられれば、おのずと道が開けてくるでしょう。

ABCの

B 法律は1つにつながっている

　法令上の制限の各法律は、時代の要請に応えて必然的に作られ、その大き

226

な影響力から、関係する別の法律をも連鎖的に誕生させてきました。

このように、法令上の制限を次々と増やしてきた歴史が日本の戦後史であり、法令上の制限の学習は戦後の追体験ともいえます。

例えば敗戦後に、小作農を地主から解放することを目的として『農地法』が作られました。また、都市部では狭い道路の両脇にぎゅうぎゅうに家々が建ち並ぶスラム街に住む多くの人々の健康と生命、財産を守るため『建築基準法』が急きょ作られました。

産業の発達を契機に、健全な市街地の造成を図り、公共の福祉に役立てることを目的とした『土地区画整理法』が作られ、次に『宅地造成等規制法』が作られました。

更に都市が大規模になるにつれ、区画整理だけではお上が考える『街づくりプラン』を実現できなくなり、集大成的な法律である『都市計画法』が作られたのです。

このように一見バラバラに見える「法令上の制限」は、戦後を生きた人々とともに"健康で文化的な生活"へ一歩ずつ近づこうとした法律の集合体です。決まり事が沢山あってごちゃごちゃになってしまうと思いますが、全ての制限は人々のよりよい生活のために作られたことをまずは理解してください。

ABCの
C 法律の理念や目的を知る

よく出るポイントでとりあげる項目は合格に必要な最低限の知識ですが、効率よく知識を吸収するために、各法律の理念や目的を知っておきましょう。

〔国土利用計画法〕限られた資源である国土の均衡ある発展を図る、
つまり誰もが手に入れられるようにする

〔都市計画法〕公共の福祉の増進を図りつつ、都市を整備する

〔土地区画整理法〕健全な市街地の造成を図る

〔宅地造成等規制法〕宅地造成にかかわる災害防止のための規制を行い、
国民の生命・健康・財産を守る

〔建築基準法〕建築物の最低限の基準を定め、
国民の生命・健康・財産を守る
〔農　　　地　　　法〕農地を所有するもの自らが耕作者となることを促進
することで、耕作者の地位を守り、
農業生産力の増進を図る

　そして、これらの目的に合致しない場合にのみ制限が設けられるとイメージしましょう。たとえば『都市計画法−開発行為』の出題に臨んだら「図書館等、公民館なんかは公共の福祉に必要な建物だから、その開発行為に許可は不要だろう」と想像できます。こうした学習方法は時間と労力を節約でき、そのうえ忘れにくいため本試験で実力を発揮できるでしょう。

ABCの
D 知らないことは切り捨てる

　法令上の制限ではテキストにない項目がよく出題されますが、それでも4肢全部見たことも聞いたこともないということはなかなかありません。どうしてもさっぱりというときは、戦術として思いきって、知っている項目・数字を選び、知らない項目はバッサリ切り捨てましょう。

　逆にいえばテキストにある項目こそが重要であり、正解肢である確率が極めて高いのです。膨大な出題範囲すべてをテキストに載せることは不可能ですが、その点を納得したうえで知らない項目が出題されたら切り捨てる勇気を持ちましょう。あわてないことが肝心です。

　法令上の制限の学習は宅建業法同様、夏以降にとりかかるのが好ましいといえます。たとえば8月初旬から開始した場合、たとえ一日の学習時間が短くても、ちょうど本試験の1週間前ごろには終了するはずです。

00 学習のポイント ABC

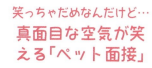

「都市計画図」から考える法令上の制限攻略法

法令上の制限、内容も小難しいうえに覚えないといけないことも多そう…とちょっととっつきにくいイメージをもたれる方もいると思います。とくに女性で苦手意識を持つ人が多いようで……。

そんなときは自分の町に置き換えて考えてみる。自分の身の回りのことに置き換えて考えてみると意外とすんなり頭に入ってきます。

法令上の制限をどうやって自分のことに置き換えるかというと…自分が住んでいる町の都市計画図をゲットしてください。

世田谷にお住まいの方なら世田谷区役所に行けば買えます。大抵は市役所の中にある都市政策課の窓口や資料コーナー等で購入することができるんだけど、私が以前暮らしていた横浜の保土ヶ谷区という小さな町ではなんと購買での取扱い。おにぎりとパンと一緒に売られていました（笑）。自分の街の都市計画図を見ながら勉強すると「あ、ここが商業地域か～うちは低層住居専用地域の中だな～」と馴染みのない名称も簡単に入ってきますよ！

笑っちゃだめなんだけど…真面目な空気が笑える「ペット面接」

近年、ペット人気によりペット飼育可能な賃貸物件も増えてきました。

柴犬を飼ってるお客様のお引越しをお手伝いしたときのこと。中央区の2LDKに申込となりましたが、このお部屋は分譲マンションの一室をオーナーさんが賃貸に出している、俗に言う「分譲賃貸タイプ」です。審査を進めている過程で、お部屋の管理会社さんからこんな電話が。
「有山さん…オーナーがペット面接したいって言ってます…」

後日、管理会社のお兄さんと私立会いのもと、オーナーさんによるペット面接が行われました。
お手！おかわり！待て！と一通りの芸を見せて、大人しくいい子だということをアピールする飼い主さん。この面接の結果で住めるかどうか決まるのですから必死です。
でも緊張しているのかなかなか言うことを聞かないワンちゃん…笑っちゃだめなんだけど、ふつうに面白い。入居者だけでなく、まさかのペットのわんちゃんにも審査がかけられた貴重な経験でした(>_<)

229

ステージ 20

第2章 法令上の制限
国土利用計画法

●攻略のガイドライン

届出の有無を問う問題がよく出題されます。届出が必要な契約の種類・面積をしっかり把握しておくこと。国土利用計画法はやればやった分だけ得点につながります。

●学習のガイドライン

本試験重要度	★★★★★
本試験出題頻度	★★★★★
本試験出題難易度	★★
攻略に必要な実力	A（やさしい）
学習効果	A（最良）
覚えるべき事項	4項目

攻略のひとことテーマ

『土地ころがしを撲滅せよ』の名のもとに、
土地取引は知事がしっかりチェックする

国土利用計画法 → 国土の計画的な利用を図る。土地の価格が上がりすぎると誰も買えなくなって計画的な利用は図れないので土地取引を国が把握して許可制、届出制にすることで価格と土地の利用目的をチェックする。

理解と暗記の重要ポイント

チェック欄

重要な項目

❶ 土地の売買等で届出が必要な土地の規模
〔市街化区域内〕2,000㎡以上
〔市街化区域外〕5,000㎡以上
〔都市計画区域外〕10,000㎡以上

❷ 土地の売買等で届出が必要な場合は、所有権・地上権・賃借権について移転・設定を行う契約で、必ず対価を伴うとき
相続などで対価が伴わない場合は届出不要。

❸ 土地の売買等の届出は、契約締結の日から2週間以内に行う

❹ 注視区域・監視区域内の土地の売買等の届出は、契約締結前に行う

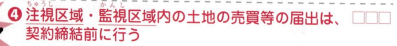

230　〔問19の解答・解説〕× 抵当権は権利に関する登記。だから、共同で行う。では、誰と誰が共同で申請するのか？ 抵当権者（債権者）と、抵当権設定者（不動産の所有者）である。

注視区域 → 地価が1年間で相当程度、上昇するもしくは上昇するおそれのある区域を都道府県知事が指定する。

監視区域 → 地価が急激に上昇、またはおそれのある区域。注視区域＜監視区域。

なにはなくとも、知事のチェック

さて今回のお話は…

高度経済成長を遂げたあと、豊かになった日本人が求めたのは「マイホームを持つこと」でした。しかし、マイホームを建てられるような土地を持つのは一部の大地主さんに限られており、土地を売る側の「せっかく皆が土地を欲しがっているんだったら出来るだけ高く売りたいなあ」という要求が優先されることになってしまいました。そうなると当然、土地を買おうとしているサラリーマンなどの一般の人から「こんなに高くなっちゃ困る…できるだけ安く買いたいのになあ」という不満が出てくることに。

そこで大地主さんの気持ちと、土地を購入しようとしている人の双方の希望を調整するために登場したのが「国土利用計画法」です。国土利用計画法は投機的な土地の取引や、それによって引き起こされる地価高騰が国民の生活に悪影響を及ぼさないように、乱開発の未然防止や遊休土地の有効活用の推進を通して、総合的な国土利用を図る事を目的とした法律です。つまり、整然と無駄なく、みんなが有効に利用できるような国土にするために作られた法律ということです。

そして、その国土利用計画法に基づいて、有効な土地利用状況を監視するお目付役ともいえるのが都道府県知事です！

なにやら悪巧みをしてそうな「地主さん」と「知事」が話していますね。ちょっと話を聞いてみましょう！

 〔配役〕 地主 知事

▶ シーン1　届出の手続き

 知事：土地は、誰もが安く買えるうえ、無駄なく使用されてこそ意味があるんだ。土地を投機の対象にするのはけしからん。

 地主：へへ、私は違いますが、土地ころがしのような奴もいますからね。

 知事：よって、届出を義務づける。**土地の売買等で届出が必要な場合は、所有権・地上権・賃借権について移転・設定を行う契約で、必ず対価を伴うとき❷** だ、覚えておくように。 （重要な項目）

 地主：ちょっと、対価を伴うってどういうことですか？

 知事：お金などの対価をもらって所有権や地上権・賃借権の移転・設定を行う契約を締結する、ということだ。そのうえ届出期間も限定する。**土地の売買等の届出は、契約締結の日から2週間以内に行う❸** べし。以上。（重要な項目）

 地主：ちょ、ちょっと待ってくださいよ、知事さん。そんなやみくもに……じゃあ、なにを届け出ればいいんですか？

 知事：一定の事項を記入した申請書を、契約締結後に届け出ることにしてるぞ。

> **申請書への記載事項**
> ①当事者双方の氏名と住所（法人の場合は、代表者の氏名も）
> ②契約を締結した年月日
> ③取引の対象である土地の所在と面積
> ④移転する権利（所有権・地上権・賃借権）の種別と内容
> ⑤対価（売買代金の額等）金額
> ⑥土地の利用目的　等

▶ シーン2　売買等の届出が必要なとき

地主：で、誰がその届出を行えばいいんですか？

知事：届出は、契約によって権利を取得した者（「権利取得者」とも略す）が行うこと。それと、届出が必要な土地の規模も決めてあるぞ。

> **土地の売買等で届出が必要な土地の規模❶** 〈重要な項目〉
> ①市街化区域内の土地で、2,000㎡以上の土地の売買等
> ②都市計画区域内の市街化区域以外の土地で、5,000㎡以上の土地の売買等
> ③都市計画区域外の土地で、10,000㎡以上の土地の売買等

地主：こりゃ、デベロッパーさんたちなどの、土地の開発を行う者と交わす大規模な土地取引を監視しようというわけですね。

知事：そう、大規模な土地取引は、確かに大きな利益を生むよ。しかし、なにも手を打たなければ、開発どころか土地が投機の対象にされ、地価がますます高騰してしまうんだよ。だから、厳しくチェックするのさ。

地主：う〜ん、でも、対価を伴わない場合は届け出なくていいんでしょ？

知事が取引をチェックする目的は、あくまでも土地の高騰を押さえるためだ。だから、価格が生じない相続等や、価格が生じても競売等で国が関与している場合、それに加えて、契約の当事者のどちらかが国である場合は、届け出なくてもよろしい。

じゃあ、今度私が手に入れた土地の場合はどうなるのですか。その土地自体は届出規模以上なんですが、実は、届出規模未満の土地を持つ複数の所有者と売買契約を結んで得た土地の集合体なんですよ。この場合、届出は必要ですか？

それは、現実の取引だとかなりよくある話だな。権利取得者が取得する土地の合計が、届出規模以上になるのであれば、権利取得者、要するに、君が届け出ること。

じゃあ、私がこの先、その土地を分譲して、複数の買主と届出規模未満の土地の売買等を行った場合も、同様ですか？

その場合は、取得した土地が届出規模以上の権利取得者だけが、届け出ればいいんだ。届出規模未満の権利取得者は届出不要だよ。

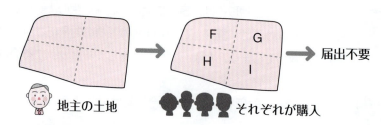

なるほど。ということは、売っぱらうときは細かくすればいいわけだな…。

▶ シーン3　注視区域、監視区域

おい、なにやら悪巧みを考えているんじゃないか？

いや別に。ただ、権利取得者の立場で考えれば、土地を買うに際して、届け出たくないときには、最初に土地を分割して届出規模以下にし、その土地をひとつずつ、時間をかけて取得すればいいってことですよね。

ダメダメ。たとえばもともと人気の高い地域を、細分化して別々に売れば、まとめて売るより割高になる分、多くの利益が上がるだろうね。しかし、割高な取引は、平均的な物価の変動以上に地価を上昇させてしまい、やがては、合理的な土地利用を困難にさせるだろう。
だから、そういうおそれのある土地について、知事は**注視区域**に指定し、地価が高くなるのを予防するんだ。そのため、**注視区域内の土地の売買等の届出は、契約締結前に行う**❹こととする。

重要な項目

面積に関係なく届け出るんですか？

先ほどの『土地の売買等で届出が必要な土地の規模 2,000㎡・5,000㎡・10,000㎡』の届出を、契約締結前に行わせるんだよ。

でも、届出は権利取得者の義務でしょ。私には関係ありませんよ。

そうはいかないよ。注視区域内で、届出規模以上の土地の売買等を行った場合は、契約の両当事者に届け出てもらうんだ。だから、先ほどの逆のケース、つまり売主が、届出規模以上の土地を分割して複数の買主に土地を売却する場合、売主、買主ともに届け出る必要があるんだ。

ええ、そんなあ…、こうなったら、届出規模に引っかからないくらい小さな土地を狙って、1つずつ売りますよ。

許さん！ そんなことをしたら、ますます地価が高騰して、土地購入者は減少し、合理的な土地利用が、さらに困難になるじゃないか。したがって、そういうおそれのある土地については、注視区域とは別に、**監視区域**に指定し、先ほどの2,000㎡・5,000㎡・10,000㎡ではなく、もっと小さい面積の土地取引についても届出を義務付けるんだよ。**監視区域内の土地の売買等の届出は、契約締結前に行う❹** こととする。君の思い通りにはならないんだなあ。　重要な項目

そんな…さっきのはたとえばの話ですよ。ちなみに、注視区域や監視区域でも、先ほどと同様の申請書を届け出るんですか？

その通りだよ。ところで君には全く関係ないがね、この監視区域と注視区域というのは指定するにしても区域内でのあれこれに勧告するにしても『土地利用審査会』とかいう有識者の人たちが口をはさんでくるんだよなぁ…わし一人の勝手にさせてくれないのがなんとも…。

ふ〜ん。土地利用審査会というのは要するに土地利用に関する専門家ってことですか？

そうそう、土地利用に関して詳しいひとを5人以上で構成するという規定になっている。わしの仕事も意外と大変なんだよ、君。

> ▶ シーン4 **勧告の通知**

しかし、申請書を届け出るようにとのことですが、なにをチェックしようっていうんですか？

土地が投機的短期的な価格の動きから利益を得ようとすること、取引の対象になっていないか、土地の利用目的をチェックするのが原則だな。また契約締結前の届出については、適正な価格で取引が行われているか等もチェックする。逆に、契約締結後の届出については、なにか問題があった場合にのみ、3週間以内に勧告する旨を通知することになっている

契約締結前の届出については？

なにも問題がなければ、遅滞なく勧告しない旨の通知をするので、その後には契約を締結できるわけだ。しかし、取引価格が高すぎる等、問題があるときには、勧告するので改めるように。

もしも、取引価格が高すぎると勧告されたら、我々はどうすればいんですか？

簡単。適正な価格を再度設定し、改めて届け出ることさ。

その間、つまり幸運にも勧告しない旨を通知されたときに、すでに契約者が代わっていることも考えられますが、その場合は？

知事：もう1度、最初から届け出ること。

地主：厄介(やっかい)だなあ。どうせ、いろいろと調べるのに時間がかかるんでしょ。契約締結前に届出が必要な取引って、いつ調べが完了するんですかね？

知事：う～ん、勧告は届出後6週間ぐらいで通知できると思うが、万一、6週間経過しても通知がないときは、勧告がなかったと解釈して、契約を締結して構わないさ。

地主：勧告されて再度届け出るとなると、すごい日数がかかりそう…、知事も怖そうな人だし、ここはひとつ、勧告されないような取引内容にしておこう。さわらぬ神にたたりなし、だな。

確認する！ 語句の意味をチェック

対　　　価	物に対する価格
遊　休　土　地	使わずに、遊ばせてある土地のこと
都　市　計　画 区　　域　　内	都市計画法［ステージ21 参照］
市　街　化　区　域	都市計画法［ステージ21 参照］
市　街　化　調 整　　区　　域	都市計画法［ステージ21 参照］
注　視　区　域	一定期間内に平均的な物価の変動以上に地価が上昇し、または上昇するおそれがあり、やがては適正で合理的な土地利用を困難にさせるおそれのある区域で知事が指定する
監　視　区　域	地価が急激に上昇し、または上昇するおそれがあり、適正で合理的な土地利用ができなくなるおそれのある区域で知事が指定する

2 法令上の制限　≫ 20 国土利用計画法

挑戦する! 試験問題セレクション

問 20 土地に関する賃借権の移転または設定をする契約については、対価
として権利金その他の一時金の授受がある場合以外は、届出をする
必要はない。(平成 10 年)

★解答・解説は次ページ左下

はじめに

ステージ
01~19
1
権利関係

ステージ
20~32
2
法令上の制限

ステージ
33~43
3
宅建業法

239

ステージ21

第2章 法令上の制限

都市計画

●攻略のガイドライン

都市作りの第1歩は、机上での作業から始まります。様々な計画を考えておいて、その都市に適当な計画を選択するのです。それを念頭に置き、計画の種類を覚えるのが攻略のコツ。

●学習のガイドライン

本試験重要度	★★★★★
本試験出題頻度	★★★★★
本試験出題難易度	★★★★
攻略に必要な実力	C (難しい)
学習効率	B (良)
覚えるべき事項	5項目

攻略のひとことテーマ

机上の空論!? 都市計画で整理整頓

- 都市計画 → まちづくりをどうやっていくかの計画。
- 都市計画区域 → まちづくりをしていく場所。どこにまちづくりをするか。
- 用途地域 → 住居として使う、工場として使うなど、建物の使い道よって地域を分けること。用途地域に分けないと、小学校の横に風俗店ができたり、工場と工場の間に住宅が建ってしまったりする。

理解と暗記の重要ポイント

チェック欄

❶ 都市計画区域の指定
〔原則〕都道府県
〔2以上の都府県に区域がわたるとき〕国土交通大臣

❷ 土地利用に関する都市計画の種類
都市計画区域の区域区分に関するもの2種類
用途地域のうち、住居系8種類、商業系2種類、工業系3種類

❸ 用途地域が定められる区域
〔市街化区域〕必ず定める
〔市街化調整区域〕原則として定めない

〔問20の解答・解説〕○ 対価（権利金・一時金等）なし、とくれば、土地売買等の契約ではない。届出不要。

240

❹ **都市施設のうち、必ず定める施設**
〔市街化区域・非線引区域〕道路・公園・下水道
〔住居系用途地域〕義務教育施設（小・中学校）

❺ **市街地開発事業が定められる区域は、市街化区域と非線引区域**

何事も、計画なければ、成功なし

さて今回のお話は…

ご存知のように我が国日本は海に囲まれた島国です。大昔から港を中心に街が発展してきましたから、港の周りには都市が広がり、港から離れるにしたがって農業地帯が形成されてきたのです。しかし人口の増加に伴って、これまで自然の成り行きに任せて発展してきた都市づくりを改めて、みんなが穏やかに心地よく暮らせるような計画的な街づくりを進める必要性がでてきました。そこで登場したのが都市と農林漁業地帯を分けてバランスのよい都市づくりを目指す「都市計画法」です。ここからは私と一緒に日本というカンバスにアートを作る芸術家の「平面さん」と「立体くん」から都市計画法とは何か学ばせてもらいましょう！

▶ シーン1　都市計画の役割

平面

いやー、日本というカンバスはほんとに大きくて骨が折れるわ。わしが使うのは「区域区分」と「用途地域」という絵の具なんじゃが、これでどの地域をどんなふうに活用していくのかきっちり分けなきゃいかん。

あり

きっちり分けるっていうのは、たとえば、このエリアにはお家をいっぱい建てよう…とかこの地域は自然を残すために建築物は建てないようにしよう…ということ？

平面

そうそう。だから、建築物の種類の数だけ「区域区分」と「用途地域」という絵の具の色も用意しないといかん。

あり

ふーん。小学校の頃なんかにやる真っ白な日本地図に自分で色を塗るようなイメージかな？…ところであなたは何をしてるの？

立体

ボク？ボクは平面さんが色分けした平面的な区域区分と用途地域のうえに実際にどんな施設を置くか考えているんだ。都市施設は実際に皆が使うものだからもちろん立体的でしょ。区域区分を絵に例えると、都市施設の計画と開発はいわばインスタレーションアートかなあ…。

都市施設？？？あんまり聞いたことがないなあ。私たちの日常生活にはあんまり関わりがなさそうだね？

▶シーン2　都市計画区域の指定

そんなことはないよ。気が付かないだけであなたも道路や橋といった施設を日常的に使用してるでしょ？

うん。それらの施設が都市施設ってわけ？

そのとおり。そして、その施設を作るための地ならしが市街地開発事業ってわけさ。

その点、区域区分＆用途地域の役割を実際に目で見るのは難しいなあ。土地の色分けといっても土地そのものに色を塗るわけじゃないから…でも、区域区分＆用途地域の行程があってはじめて施設の配置場所が決まるんじゃから、都市施設や市街地開発事業にとって区域区分＆用途地域は不可欠な存在なんだぞ。

区域区分＆用途地域は、都市施設や市街地開発事業の親みたいなものだよね。

そういってくれるとなんだか嬉しいのう。わしらは協力しあって一つの大きな作品を作っているとも言えるな。そうすると、わしら芸術家の活動の場が都市計画区域ってことになるなあ。

今、活動の場が都市計画区域と言ってたけど、都市計画区域ってなあに？

都市計画区域とは、都市と自然をきっちり分けて整理された都市作りを行う必要のある区域のことじゃ。

都市計画区域はいったいだれが指定するの？

重要な項目

都市計画区域の指定は、原則として都道府県 ❶（※知事ではなく都道府県）が行うことになっているが、2以上の都府県に区域がわたるときには国土交通大臣が指定 ❶ する。2つの県にまたがってるのに知事にまかせちゃうと、都道府県同士でケンカしちゃうでしょ（笑）。もうひとつ、**準都市計画**区域というのもあるが、これは都市計画区域外で将来の都市としての開発や整備等を見通して都道府県が指定することになっとるぞ。

▶ シーン3　都市計画区域の区域区分、用途地域（ようとちいき）

なるほどね。実際にはどのように国土を色分けしているの？

えー、『区域区分』は都市計画区域内の土地を大きく3つに色分けし、余計な建築物が建てられないよう整理している。区域区分では3つに分けられた土地にさらに細かく条件をつけているのが『用途地域』じゃ。

土地利用に関する都市計画の種類 ❷　重要な項目

〔区域区分：都市計画区域を都市と自然に分ける〕

　　市街化区域…すでに市街地を形成している区域、及び、おおむね10年以内に優先的かつ計画的に市街化を図るべき区域（どんどん建築物を建てなさいという区域）

　　市街化調整区域…市街化を抑制すべき区域（建築物は建てちゃダメという区域）

　　非線引き（ひせんびき）区域…どっちの区域も指定しない、区分されていな

い区域

〔用途地域：建築物の種類別に建てられる区域に分ける〕

住居系

①第一種低層住居専用地域…低層住宅に係る良好な住居の環境を保護するための地域

②第二種低層住居専用地域…主として低層住宅に係る良好な住居の環境を保護するための地域

③第一種中高層住居専用地域…中高層住宅に係る良好な住居の環境を保護するための地域

④第二種中高層住居専用地域…主として中高層住宅に係る良好な住居の環境を保護するための地域

⑤第一種住居地域…住居の環境を保護するための地域

⑥第二種住居地域…主として住居の環境を保護するための地域

⑦準住居地域…道路の沿道地域の特性にふさわしい業務の利便を図りつつ、これと調和した住居環境を保護する地域

⑧田園住居地域…農地と調和した低層住居に係る良好な住居環境を保護する地域

商業系

⑨近隣商業地域…近隣の住居地の住民に対する日用品の供給を行うことを主たる内容とする、商業その他の業務の利便を増進するための地域

⑩商業地域…主として商業その他の業務の利便を増進するための地域

工業系

⑪準工業地域…主として環境の悪化をもたらすおそれのない工業の利便を増進するための地域

⑫工業地域…主として工業の利便を増進するための地域

⑬工業専用地域…工業の利便を増進するための地域

⑧田園住居地域は新設された新しい地域だから要チェックだね。実際の区域区分や用途地域の指定はだれがするの？

都道府県と小さな都市計画だと市町村のこともあるな。そして、**用途地域は、市街化区域には必ず定める** ❸ ことになっておる。なぜなら、市街化区域では、様々な建築物がごちゃごちゃに建ち並ぶことによる生活環境の悪化が予想されるからじゃ。もちろん、必要であれば区域区分が定められていない都市計画区域（非線引き区域）や準都市計画区域にも定められるぞ。逆に**市街化調整区域は市街化を抑制するための区域なので、原則として定めない** ❸ ことになってるぞ。

重要な項目

重要な項目

なるほど。でも、用途地域はずいぶんたくさんあるね。

でも、住居系の第二種には『主として』が付く、と覚えればいいし、工業系でも準工業地域さえ覚えてしまえば残りは覚えやすいじゃろ。

▶ シーン4　都市施設

都市施設って具体的にどんなものなの？

都市施設は、都市を形成するための骨格となる道路、公園、下水道、学校、病院といった施設のことさ。これらの施設は生活に不可欠なものばかりなので人々が生活する場所には、必ずなんらかの施設を置くことになってるんだ。だから、都市施設は、市街化区域・市街化調整区域の区別なく、ときには非線引区域や都市計画区域外にも定めるんだよ。

なるほど。そう言われてみれば、なんでこんな場所に公道があるんだろうって不思議に思う場合もあるよね。

そうでしょ。でも、だからといって無節操に配置しているわけではなく、次の2点を厳守し知事が定めているんだ。つまり次の2点は生活にとって必要最小限の施設ということ。

> **都市施設のうち、必ず定める施設** ❹ ◀重要な項目
> ①市街化区域・非線引区域には、必ず道路・公園・下水道を定める
> ②住居系用途地域には、必ず義務教育施設（小・中学校）を定める

▶ シーン5　市街地開発事業

じゃあ、市街地開発事業の具体的な内容を教えてよ。

しょうがないな。都市施設は、市街化区域・市街化調整区域だけでなく、都市計画区域外でも定められたけど、**市街地開発事業が定められる区域は、市街化区域や非線引き区域**❺ ◀重要な項目 だけ。なぜなら、市街地開発事業の目的が施設＋宅地の開発だから。施設の建設だけでもダメだし、宅地の造成だけでもダメ、施設を置くために宅地を造るのが市街地開発事業なんだよ。そうすると、宅地の開発が認められている区域しか対象にならないわけ。

へぇ、そうすると、市街地開発事業は、施設だけを設置し宅地の開発を伴わない事業には無関係ってこと？

うん。たとえば高速道路の建設のように宅地の開発を伴わないケースは市街地開発事業にはあてはまらないんだ（具体的には、別の法律に基づく事業になる）。そうしてみると、市街地開発事業の種類は次の7つになるよ。

> **市街地開発事業の種類**
> ①新住宅市街地開発事業
> ②工業団地造成事業
> ③新都市基盤整備事業
> ④土地区画整理事業
> ⑤市街地再開発事業
> ⑥住宅街区整備事業
> ⑦防災街区整備事業

市街地開発事業は誰が定めるの？

原則として都道府県が定めますが、このうち④〜⑦で規模が小さい事業は市町村が定めるんだよ。

なんとなくわかった。でも、事業の規模が大きいとそれに見合った大きさの土地を見つけるのもすごく難しいんじゃない？

▶ シーン6　**都市計画区域の指定**

その通り。だから、土地買収が必要な市街地開発事業の①〜③の事業についてはあらかじめ予定区域を定めておくことができることになってる。この辺に近いうちに都市計画が定められるかもしれないから心づもりをよろしくね。と言うような感じでね。これを市街地開発事業等予定区域といいますが、その場合はまず最初に事業の施行予定者を定めておく必要があるんだ。

```
予定区域を定められる市街地開発事業
    ①新住宅市街地開発事業
    ②工業団地造成事業
    ③新都市基盤整備事業
```

そして都市施設では、上の①～③の『予定区域を定められる市街地開発事業』と組み合わせるかたちで、次の３つについて予定区域を定められるんだ。

```
予定区域を定められる都市施設
    ④20ha以上の一団地の住宅施設
    ⑤一団地の官公庁施設
    ⑥流通業務団地
```

その市街地開発事業等予定区域も都市計画のひとつ？

そうだよ。広大な敷地を入手するには膨大な時間がかかるから、あらかじめ市街地開発事業等予定区域を定めることで誰にもじゃまされずに土地の入手を進められるんだ。

なぜ、市街地開発事業等予定区域内ではじゃまされないの？

ひとたび市街地開発事業等予定区域として定めれば、土地の売買も制限でき許可なしでは建築物を建てさせないようできるからさ。なぜって、市街地開発事業の情報が広く伝わると地価の値上がりを狙って土地を買い占めたり、該当地の売却価格をつり上げるために建築物を建ててじゃまする者が決まって出現するんだよ。

結構、先の長い話だよね。思うように事業が進むものなの？

苦労は多いんだけど…でも、だからといって多くの場所を確保しながら実行に移せないでは済まされないかもね。予算も莫大だし…。だから、事業が確実に実行されるように市街地開発事業等予定区域を定めるときには、必ず施行予定者を定めなければならないことになってる。

施行予定者って誰のこと？ 工事を行う施工業者さんのこと？

はははは、確かに間違えやすいかな。でも、お金を出す者が施行者。都市施設も市街地開発事業も公共事業だから、お金を出すのは国、都道府県、市町村等になるよ。つまり、公共事業の場合は国、都道府県、市町村等が施行者あるいは施行予定者になるわけ。一方、工事の施工業者さんっていうのは、その工事を実際に落札した者ってこと。

あ〜、もしかしてよくニュースやドラマで見る談合ってのは、この落札で起こるんだね？

その通り。あってはならないことなんだけどね…結局は税金が使われるわけだし。

なるほど。イイ国づくり、これからもよろしく〜。

語句の意味をチェック

都市計画	土地の健全な発展と秩序ある整備をはかるための土地利用・都市施設の整備・市街地開発事業に関する計画で都市計画法に基づいて定められるもの
建築物	人が住んだり仕事をしたり物を入れたりするために建てるもので建物とも略す
準都市計画区域	相当数の住居、その他の建築物の建築またはその敷地の造成が現に行われ、または行われると見込まれ、土地利用を整序することなくそのまま放置すれば将来における都市としての整備、開発、保全に支障を来すおそれがあると認められる区域
整序	順序立てて整理、整備すること
新住宅市街地開発事業	健全な住宅市街地の開発及び住宅に困窮する国民のための居住環境の良好な住宅地の大規模な供給を目的とする事業
工業団地造成事業	製造工業の敷地造成等を目的とする事業
新都市基盤整備事業	大都市圏における健全な新都市の基盤の整備を図ることを目的とする事業
土地区画整理事業	都市計画区域内の土地について、公共施設の整備及び宅地利用の増進を図るために行われる土地の区画形質の変更及び公共施設の新設・変更の事業
市街地再開発事業	市街地の土地の合理的かつ健全な高度利用と都市機能の更新を図ることを目的とする事業
住宅街区整備事業	宅地造成・公共施設の整備・共同住宅の建設を目的とする事業
防災街区整備事業	密集市街地における特定防災機能の確保と土地の合理的かつ健全な利用を図ることを目的とする事業

試験問題セレクション

問21 市街化区域は、すでに市街地を形成している区域及びおおむね10年以内に優先的かつ計画的に市街化を図るべき区域であり、市街化調整区域は、市街化を抑制すべき区域である。（平成5年）

★解答・解説は次ページ左下

ステージ **22**

第2章 法令上の制限

開発行為(かいはつこうい)

●攻略のガイドライン

開発許可が必要になるかを問う出題が頻出。必要となる面積は当然頭に入れましょう。併せて例外を覚えることが理解への近道です。

●学習のガイドライン
本試験重要度 ★★★★★
本試験出題頻度 ★★★★★
本試験出題難易度 ★★★
攻略に必要な実力 B (普通)
学 習 効 率 B (良)
覚えるべき事項 3項目

攻略のひとことテーマ

都市に必要なのは公共施設、個人的な理由で土地をいじるときには許可をもらおう

イメージする!

覚える!

理解と暗記の重要ポイント

チェック欄

重要な項目

❶ 開発許可が不要な開発行為

〔市街化区域内〕
① 1,000㎡未満の開発行為

〔非線引区域内・準都市計画区域内〕
② 3,000㎡未満の開発行為

〔都市計画区域外・準都市計画区域外〕
③ 10,000㎡未満の開発行為

〔市街化区域以外の区域〕
④ 農林漁業の用に供する建築物、または農林漁業を営む者の居住の用に供する建築物、を建てる目的で行う開発行為

〔全国どこでも〕
⑤ 公益的な建築物を建てる目的で行う開発行為
　公益的な建築物 →公民館、駅舎、図書館等。
⑥ 国・都道府県・指定都市が行う開発行為
⑦ 都市計画事業や土地区画整理事業等の施行として行う開発行為

〔問21の解答・解説〕○ まさしく設問通り。市街化区域はどんどん建築物を建てなさいという区域。市街化調整区域は建築物を建ててはダメという区域。

⑧ **非常災害の応急措置として行う開発行為**
　[非常災害の応急措置]→仮設住宅等。
⑨ **通常の管理行為、軽易な行為**
　[軽易な行為]→取り除くことが比較的簡単なもの。物置、車庫等。

❷ **新設された公共施設は市町村が管理し、公共施設の敷地は市町村に帰属する**

❸ **開発許可の申請内容に変更が生じたとき**
　〔開発行為を一般承継〕手続き不要
　〔開発行為を特定承継〕知事の承認を受ける
　〔開発行為を廃止〕遅滞なく、知事へ届け出る
　〔開発行為の内容変更〕再度、知事の開発許可を受ける

土地をいじるには、決まり事がいっぱい

さて今回のお話は…

日本の国土は都市計画区域に代表されるように、さまざまな都市計画によってどんなふうにその土地を利用するかが決められますよね。（皆さん、覚えていますか…？笑）
そしてその都市計画によって、土地を利用・活用するための事業が決まった場合、その事業を円滑に進めて行くためにある制約が設けられています。その対象となった土地は自由に形質を変更したり、造成したり、建築物を建てることができなくなってしまうんです。困りませんか？自分の土地なのに自由にあれこれできなくなっちゃうなんて…。
今回は「開発行為くん」と「開発許可くん」のふたりから都市計画法における開発について学んでみたいと思います。

253

スタート 〔配役〕 あり 許可 行為

▶ シーン1　都市計画の役割

　まずは開発行為について教えてもらおう！君は何をしているの？

　開発行為とは、土地を造成すること、つまりは、土地に手を加えることだよ。

強調したいのは、開発行為は単なる土地の造成工事ではないということさ。あくまでも**建築物や特定工作物を建てる目的で土地の区画・形質の変更を行うことを開発行為**というんだ。

　特定工作物ってなぁに？

　おう、特定工作物とは、次の2つをいうんだ。

> **特定工作物**
> ①第一種特定工作物
> 　周辺地域の環境が悪化するおそれのある工作物のことで、コンクリートプラント、アスファルトプラント等の工場のこと
> ②第二種特定工作物
> 　大規模な工作物のことで、ゴルフコース、1ha以上のレジャー施設（運動場、野球場・庭球場・陸上競技場・遊園地・動物園等）、1ha以上の墓地等のこと

『1ha以上』という数字がたくさん出てくるね。

うん。第一種特定工作物と第二種特定工作物のゴルフコースはその規模にかかわらず開発行為に該当するんだが、運動場やレジャー施設は1ha以上の規模だけが第二種特定工作物として該当するんだよ。

なるほど。でも、都市計画の章では、都市計画区域内等には様々な都市計画が存在している、つまりは土地利用が決まっているって聞いたけど、ここでちょっと、おさらいを兼ねて、都市計画の内容を思い出してみよう！

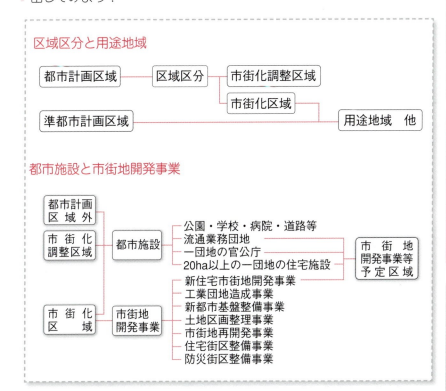

こんなにあるんじゃ、たとえ自分の土地であっても自由にできない場合があるのも納得だよね。

ああ、そうなんだ。もしも開発行為を行いたい場合には面倒なことに開発許可を受けなければならないんだ。どんな目的があるにしろ、日本の国土では、たとえ自分の土地であっても勝手には開発行為が行えなくてさ。開発許可様のお許しがなければね。

▶ シーン2　開発許可が必要なとき

じゃあ次に、開発行為さんに名指しで皮肉られた、開発許可さん、どうぞ。

開発許可です。お言葉ですが、なにがなんでも開発行為はダメといっているのではありません。無謀な開発行為が人々の生活を脅かしたり、必要な施設の欠けた開発がせっかく築き上げた自然とのバランスを壊しかねないからあえていうのです。今までの都市計画を無駄にしないためにも、一定の規模以上の開発行為を行う場合はその行為について都道府県知事（または指定都市等の長）から開発許可を受けてねと言ってるだけです。開発に関する審議は開発審議会という5人以上の有識者からなる調査の団体によってされているんですよ。もし開発が不許可になって不服ならこちらに再審査の請求ができることになっています。

一定の規模って？　もしかしたら小規模の開発行為では開発許可が不要になるとか？

その通りです。次のようなミニ開発行為と公共施設等の建築物を建てる目的で行う開発行為については開発許可は不要です。

2 法令上の制限 >> 22 開発行為

> **重要な項目**
>
> 開発許可が不要な開発行為 ❶
>
> 〔市街化区域内〕
> ① 1,000㎡未満の開発行為 ❶-① （三大都市圏の一定の区域においては500㎡未満の開発行為）
>
> 〔非線引区域内・準都市計画区域内〕
> ② 3,000㎡未満の開発行為 ❶-②
> ※ただし①②ともに都道府県の規則で、その規模を300㎡まで引き下げられる。
>
> 〔都市計画区域外・準都市計画区域外〕
> ③ 10,000㎡未満の開発行為 ❶-③
>
> 〔市街化区域以外の区域〕
> ④ 畜舎、温室、サイロ等、農林漁業の用に供する建築物、または農林漁業を営む者の居住の用に供する建築物、を建てる目的で行う開発行為 ❶-④
>
> > **サイロ** → 米、小麦、とうもろこし、大豆などの農産物、家畜の飼料等を貯蔵する倉庫。
>
> 〔全国どこでも〕
> ⑤ 鉄道施設、図書館、公民館、変電所等、環境保全等に支障のない公益的な建築物を建てる目的で行う開発行為 ❶-⑤ （幼稚園, 小学校, 中学校や医療施設は公益的だけど要許可。なぜなら多くの人が長時間生活する空間なのでしっかりチェックする必要があるから）
> ⑥ 国・都道府県・指定都市が行う開発行為 ❶-⑥
> ⑦ 都市計画事業や土地区画整理事業等の施行として行う開発行為 ❶-⑦
> ⑧ 非常災害の応急措置として行う開発行為 ❶-⑧
> ⑨ 通常の管理行為、軽易な行為 ❶-⑨ 等

 でも、居住の用に供するってどういう意味ですか？

 居住用、つまり住んで生活するための、という意味です。

なんとなくわかってきたぞ。とにかくこれら以外は開発許可さえ受ければ自分の思うような開発行為を行っても構わないんだね。

 **公共施設に関する制限**

 いやあ、そんな簡単には行かないよ。開発許可を受けるためには他にも様々な条件があるんだよ。

 具体的にはどんな条件があるの？

 それは私がお答えしましょう。先ほどの『開発許可が不要な8つの開発行為』を見てもらえばわかりますが、かなり大規模な開発行為に限って開発許可を必要としています。なぜなら、大規模な開発行為を行える場所として整備の進んでいない都市や都市化の進んでいない地域が選択される実情があるからです。ですから、このような地域で人々の生活と自然環境とのバランスを保つためには各種の条件が必要となってくるのです。

 早い話が建築物を建てるなら一緒に公共施設も造れっていうことでしょ。でもさ、開発行為の施行者に道路や公園等の公共施設を造らせるなんてあんまりじゃないかな。

 いいえ、当然のことですよ。たとえば数区画の分譲住宅の開発行為が行われた場合、道路を造らなければ他人の敷地を通らない限り外出できないし、公園がなければ子供たちは道路で遊ぶことでしょう。そんな危険な開発行為を認めるわけにはいきません。

 確かに、分譲住宅の完成後では道路を造ろうにも造れないかも。

でもね、いわせてもらえば道路や公園さえ造らなくていいなら、金があまるから、もっと分譲住宅が造れるんだよ。

ですから、ただで造れといっているわけではありません。**新設された公共施設は市町村が管理し、公共施設の敷地は市町村に帰属する❷**ことになり施行者にはその分の補償金が支払われるのです。

その補償金の額等はどうやって決めるの？

公共施設を新設する場合、施行者は、設置予定の公共施設の管理者と協議しなければなりません。そこで補償金の額等を決めます。

新設っていったって、今まであった公共施設を取り壊さないといけないケースだってあるでしょう？

その場合、施行者は、取り壊して構わないかを関係する公共施設の管理者（つまり市町村）と協議して、その同意を得なければなりません。

当然、取り壊された公共施設があった土地は施行者のものになるんでしょうねえ…そこのところはっきりさせて欲しいな…。

ええ、代わりの公共施設がきちんと造られるなら反対する理由はありません。ただし、協議や同意に関する書面は開発許可申請のときに一緒に提出してください。でないと開発許可を与えられませんから。

え～、ここまでのお話をまとめてみるけど、つまり開発許可を受けたいときには『○○の建築物を建てるために土地をいじるから許可してくれ』と申請する必要があるということだね。
でも、許可を与えたあとで問題が発生することはないの？

▶ シーン4　開発許可の申請

そりゃ、当然あるさ。開発行為には日数もお金もかかるんだ。施行者が倒産したり代替わりすることだってありえるからね。

まあ、そんなときには次のような対応策が用意されています。

> **重要な項目**
> **開発許可の申請内容に変更が生じたとき❸**
> 〔開発行為を一般承継した場合〕手続き不要
> 〔開発行為を特定承継した場合〕知事の承認を受ける
> 〔開発行為を廃止した場合〕遅滞なく、知事へ届け出る
> 〔開発行為の内容を変更する場合〕再度、知事の許可を受ける

開発行為の**権原**(けんげん)を譲渡されただけでも知事の承認が必要なんてとにかく厳しすぎるよ、そうじゃない？

いいえ、誰が開発行為を行うかはとっても大事なことなので、権原がうつったときはもちろん知事の承認が必要になるでしょう。

すべての土地を国が管理するという発想、すなわち、開発許可自体に問題があるんだよ。もっと自由にさせてよ〜って思わない？

ダメダメ、なんでも自由にさせたら、とんでもないことになってしまいます。絶対に必要なんです。

まあまあ、二人とも冷静に…、都市づくりの醍醐味が少しはわかったような気がするよ。今日はどうもありがとうね。

語句の意味をチェック

土地の区画・形質の変更	「区画の変更」と「形質の変更」のことで、前者は一団の土地を分割したり統合したりすることをいい、後者は切土［ステージ32参照］や盛土［ステージ32参照］を行って土地を造成することをいう
プラント	工場（コンクリートプラント＝コンクリート工場）
三大都市圏	次の各法律の中で「都市開発区域」として定められた区域 　a. 首都圏整備法（東京が中心となる区域に関する法律） 　b. 近畿圏整備法（大阪が中心となる区域に関する法律） 　c. 中部圏開発整備法（名古屋が中心となる区域に関する法律
非線引区域	区域区分の定めが一切行われていない状態の都市計画区域のこと
指定都市等	指定都市、中核市、特例市をいう。指定都市とは人口が50万人を超え、県と同格の扱いを受ける、地方自治法によって指定された大型の「市」。政令指定都市ともいい、北は札幌から南は福岡まで現在十数都市を数える。中核市とは人口30万人以上、面積100キロ平方メートル以上等の要件を備えた政令で指定する都市。特例市とは人口20万人以上の都市
一般承継	相続・合併等である者が他の者の権利義務をすべて受け継ぐこと
特定承継	売買等の原因に基づいて個々の権利や義務を承継取得すること
権　原	その行為をすることを正当化する法律上の原因

試験問題セレクション

問22 市街化区域内において行う開発行為で、農業者の住居用住宅の建築の用に供する目的で行う1,000㎡以上の開発行為は、都道府県知事の許可を要する。（平成9年）

★解答・解説は次ページ左下

ステージ 23

第2章 法令上の制限

都市計画にかかわる制限

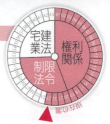

●攻略のガイドライン

都市計画ってあくまでも机上の計画です。でも、いったん決定したらあとは計画通りに運ばせないといけません。そこで、現場の決め事が必要ということです。難しく考えなくても大丈夫ですよ。

●学習のガイドライン

本試験重要度	★★★★
本試験出題頻度	★★★
本試験出題難易度	★★★★
攻略に必要な実力	B（普通）
学習効率	B（良）
覚えるべき事項	6項目

攻略のひとことテーマ

とにかく建築物はじゃま。
造成が終わるまでは建てちゃダメ

理解と暗記の重要ポイント

チェック欄

重要な項目

❶ 開発許可を受けた土地については、
〔工事完了公告前〕原則として建築物を建てられない
〔工事完了公告後〕原則として予定建築物以外は建てられない

　工事完了の公告 →土地の区画形質の変更が終わったというお知らせのこと。

❷ 開発許可を受けていない土地、かつ市街化調整区域内については、原則として建築物を建てられない

❸ 都市計画施設等区域内においては、原則として建築物を建てられない

❹ 市街地事業等予定区域内においては、知事の許可なく、土地の形質の変更、建築物の建築、工作物の建設ができない

〔問22の解答・解説〕× 「農業者の居住用住宅」にだまされるな。市街化区域1,000㎡以上ときたら開発許可要。

❺ 都市計画事業地内においては、知事の許可なく、土地の形質の変更、建築物の建築、工作物の建設、重量5トンを超える物件の設置・堆積は行えない

❻ 地区計画の区域内において、土地の区画変更、建築物の建築、工作物の建設を行う場合は、行為に着手する日の30日前までに、市町村へ届け出る

土地の区画形質の変更 →（区画）道路を新設、廃止、移動して土地の区画を変更。（形）切土〔土を捨てる〕盛土〔土を入れる〕をして土地の形を変更。（質）農地や山林など宅地以外の土地を宅地にする、質の変更。

制限、制限、また制限…

さて今回のお話は…

都市計画法というものは制限や制約ばかりでうんざりしてきていませんか？束縛が激しい女の子みたいでなーんか嫌な感じです…もちろんそういった方がお好きな方もいらっしゃると思いますが（笑）。さて、これまで施設や施設＋宅地を造るための事業が都市計画によって定められることや、都市計画区域内等で開発行為を行おうとする場合には、開発許可が必要であること等をお勉強してきました。

しかし実際に、これらの事業をスムースに進めて、あるいは開発行為をして建築物を建てるにはどうしたら良いのでしょうか？また開発許可を受けていない土地においてはどのような行為ならしても良いのでしょうか？

どう見てもわがままそうな「施行者くん」と頭でっかちな「知事」のやり取りから、これらの「？」を解決したいと思います！

 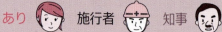

シーン1　建築制限－開発許可を受けた区域

あり
開発許可を受けた土地に来てみました〜！開発行為が順調に進んでいるかちょっとのぞいてみよう。おっと、いきなり、なにやらもめ事が起こっているみたい。どうしたの？

施行者
いえね、せっかく開発許可を受けたのに、知事が好き勝手させてくれないんですよ。

知事
当たり前じゃないか。開発許可を申請するとき、君は『○○の建築物を建てるから土地の造成工事を許可してくれ』って申請したじゃないか。だから、この開発区域内には○○の建築物しか建てちゃダメなんだ。それなのに勝手にこんなものを建てようとして…。

施行者
じゃあ、この開発区域内を申請した建築物を建てる目的以外に利用しちゃいけないってことですか？

知事
そうさ。それに、見れば開発行為（土地の造成工事）だって、まだ終わっていないじゃないか。土地を造成する前にこんなものを建ててしまったら、ますます開発行為の妨げになるぞ。つまるところ工事完了公告前は、原則として建築物を建ててはいけないんだ。

施行者
ええ？　そんな堅いこといわないで手加減してくださいよ。

う〜ん、では次の3つに該当する建築物は良しとしよう。

工事完了公告前に建てられる建築物
①土地の造成を行うのに必要な工事用の仮設建築物
②知事が支障がないと認めた建築物
③開発区域内で、その開発行為に同意していない者の建築物
（ビル街に住宅が1軒だけ建っている光景はたいていこのケースにあてはまる）

たったこれだけ？ それなら工事が終わったら自由にやらせてもらいますよ。

そうはいかないぞ。さっきもいったように、建てる建築物はすでに決まっているんだ。工事完了公告後にしても予定建築物であれば建てられるが、それ以外の建築物には知事の許可が必要なんだ。

開発許可を受けた土地については、❶ 重要な項目
〔工事完了公告前〕原則として建築物は建てられない
〔工事完了公告後〕原則として予定建築物以外は建てられない

いや、まいったな。実は申請書に書き忘れてしまった建築物があるんですよ。

う〜ん、次の建築物ならば許可ナシで建てられるぞ。あてはまるかな？

工事完了公告後に建てられる建築物
④用途地域が指定された区域では、その用途に合致している建築物

なるほど、用途が合っていればいいんですね。よかった、用途はあってるから建てられそうだ。

問題解決して良かったね。ここみたいに開発行為を受けた区域内では、余計なことさえしなければ開発行為を順調に進められるんだね。ちょっと他ものぞいてみよ〜っと。

▶ シーン2　建築制限−開発許可を受けていない市街化調整区域

えっと…ここは開発許可を受けていない市街化調整区域だ。おっ、ここでも、なにやらもめ事が起こっているみたい。

君ダメだよ。市街化調整区域は建築物を建ててはいけない区域だから、**開発許可を受けていない土地、かつ市街化調整区域内については、原則として建築物を建てられない** ❷ んだ。　　重要な項目

つまり、建築物を建てるときには知事の許可が必要ってことだね？

じゃあ、いちいち知事の許可をもらわないといけないんですか？

その通りさ。しかし、市街化調整区域内でも開発許可を受けずに行える開発行為もあるぞ。

市街化調整区域内において開発許可が不要な開発行為
①畜舎、温室、サイロ等、農林漁業の用に供する建築物、または農林漁業を営む者の居住の用に供する建築物を建てる目的で行う開発行為
②鉄道施設、図書館、公民館、変電所等、環境保全等に支障のない公益的な建築物を建てる目的で行う開発行為
③都市計画事業や土地区画整理事業等の施行として行う開発行為
④非常災害のため必要な応急措置として行う開発行為
⑤通常の管理行為、軽易な行為

つまり、これらの開発行為によって建てられる建築物については許可が不要ってことかな。

そうすると、農業を営む我が家の場合、今回のマイホームの建築には許可がいらないんじゃないの。

えっ、そうだったの？ それを早くいってくれないと…すまん、すまん。

またもや問題があっさりと解決したみたい。許可不要の開発行為以外は原則、何もできないと思っていいね。だって市街化調整区域ってそもそも市街化を抑制するための区域なんだから、原則なんも建てないでしょ？？

▶ シーン3　建築制限－開発許可を受けていない市街化区域

今度は、開発許可を受けていない市街化区域に来てみたよ。おっと、こちらでも案の定もめ事が起こっているみたい。今度は何だろ？

聞いてくださいよ。ここは建築物をどんどん建ててもいい市街化区域だっていうのに、知事がこの建築物じゃダメだっていうんです。

気持ちもわかるが、市街化区域には必ず用途地域が定められていて、用途地域ごとに建てられる建築物の種類が決まっているのだよ。逆にいえば、用途地域の用途に合った建築物であれば建てても一向に構わないのさ。

要するに、施行者さんのような用途に合わない建築物には知事の許可が必要ってことだね？

では、用途に合った建築物ならば許可は不要なんですか？

もちろんさ。ただし、建築基準法による**建築確認**は必要なんだな。建築確認については建築確認と用途制限の章を見てくれればわかるさ。

こうなったら用途を変えて建てます。それなら文句はないでしょ！

用途が定められてるんだったら、それに合ってれば良いんだもんね。ここのように開発許可を受けていない市街化区域では、用途地域の用途に合った建築物はどんどん建てられるんだ！開発許可を受けた区域・開発許可を受けていない市街化調整区域・開発許可を受けていない市街化区域の3つではどんなことができるのかなんとなく理解できたかな？

▶ シーン4 ## 都市計画施設等区域

えっと、今度は都市計画施設等区域(としけいかくしせつとうくいき)に来ています。長ったらしくてよくわかんない区域だな…。すみませーん、都市計画施設等区域ってどんなところなの？

あ、どうも。都市計画施設等区域とは都市計画のひとつだよ。

そもそも、都市計画施設ってなあに？

都市施設は、それにかかわる都市計画が決定した時点で都市計画施設という名称に変わるんですよ。それから、その都市計画施設と、市街地開発事業を行うことを定めた地域を合わせて都市計画施設等区域と総称するのです。なぜなら、都市計画施設と市街地開発事業はペアで工事が行われることがほとんどだからです。

じゃあ、都市施設という名称が変わるんだ。

はい。つまり、素材としてのひとつひとつの施設の都市計画が『都市施設』であり、そのうちのどれとどれを実行するかを決めた都市計画が『都市計画施設』であり、今度はそれと市街地開発事業とを、実際にどこで行うべきかを定めた都市計画を『都市計画施設等区域』というんです。

なんか、ややこしいなぁ…とにかくすべてが都市計画なんだね？

その通り。しかし実は困っているんですよ。都市計画施設等区域内に建築物を建てようとしたら知事に文句をいわれてしまいました。こんなに土地が余っているのにもったいないと思いませんか？

▶ シーン5　都市計画施設等区域内の行為制限

そうはいっても、都市計画施設等区域内においては、原則として建築物を建てられない ❸ ことになっているんだ。第一、君は都市計画施設等区域における事業の施行予定者ではないじゃないか。

それと建築物を建ててはいけないこととどう関係があるんですか？それに都市計画施設等区域内の事業については施行予定者が決まっていない場合が多いじゃないですか。

確かに、都市計画施設等区域では施行者が決まっていない都合上、事業がいつ始まるか未定だ。とはいえ、その区域内の土地を造成して施設や建築物を設置することは決まっているんだよ。勝手に建築物を建てられては造成工事の際にじゃまになるじゃないか。

それでは、どうすれば建築物を建てられるのですか？

やっぱり知事の許可が必要なんじゃない…。

その通り！ただし『階数が2以下、かつ地下がなく、かつ**主要構造部**が木造・鉄骨造・コンクリートブロック造等、かつ安易に移転もしくは除去できる建築物』であればちゃんと許可するよ。その他、次の場合には許可不要さ。

> **都市計画施設等区域内において許可が不要な場合**
> ①非常災害のための応急措置として行う行為
> ②軽易な行為

じゃあ、土地の造成はどうなのですか？

それは構わんよ。さっきもいったが、施行予定者が決まっていない場合は事業が10年先か20年先か…とにかくいつ始まるか未定だから、いざ施行という段階でじゃまになる行為だけがいけないわけだ。いつ始まるかわからない事業を理由に自分の土地さえいじってはいけない、とはいえないさ。この表以上だと許可が必要になるよ。

● 規制対象規模

都市計画区域	線引き都市計画区域	市街化区域	1000㎡（三大都市圏の既成市街地、近郊整備地帯等は500㎡）以上 ※開発許可権者が条例で300㎡まで引き下げ可
		市街化調整区域	原則として全ての開発行為
	非線引き都市計画区域		3000㎡以上 ※開発許可権者が条例で300㎡まで引き下げ可
準都市計画区域			3000㎡以上 ※開発許可権者が条例で300㎡まで引き下げ可
都市計画区域及び都市計画区域外			1ha以上

※都道府県知事、政令指定都市の長、中核市の長、特例市の長（法第29条）など

わかりました。じゃあ、施行予定者さえ決まれば勝手に建築物を建ててもいいのですね？

▶ シーン6　市街地開発事業等予定区域の行為制限

いや、事業の施行予定者が決まっているということは都市計画決定後すぐに事業を開始できる状態にあるということだろう。だから、もっと厳しくなるんだよ。

事業の施行予定者が決まっている区域といったら、ステージ21で登場した市街地開発事業等予定区域があてはまるね。

その通り。市街地開発事業等予定区域は、事業の規模が大きく土地の確保も大変なんだ。したがって、まず最初に、事業の施行予定者を定めておく必要がある。

じゃあ、市街地開発事業等予定区域の場合どう厳しくなるのですか？

施行予定者以外の者が市街地開発事業等予定区域内の土地に手を出すということは、すなわち、事業をじゃまする行為だ。したがって、**市街地事業等予定区域内においては、知事の許可なく、土地の形質の変更、建築物の建築、工作物の建設ができない** ❹ ことになっているんだ。

重要な項目

土地の形質の変更ってなんですか？

ズバリ、土地の造成ですよ。

ねぇ、反対に、知事の許可が必要ない場合ってないの？

あるよ。次の場合は許可ナシで大丈夫。

> **市街地開発事業等予定区域内において知事の許可が不要な場合**
> ①非常災害のための応急措置として行う行為
> ②軽易な行為

ということは、私がやろうとしていることは単なる嫌がらせみたいなものになるのですか？

いやあ、まあ、見方によればそういうことにもなるかな。

▶ シーン7　都市計画事業地内の行為制限

嫌がらせで結構。土地をこのまま放って置くほうが世の中のためになりませんよ。だいたい事業はいつ始まっていつ終わるんですか？

施設や事業に関する都市計画が決定した後は、認可を受けてはじめて事業を施行できるのさ。この場合、市町村が決定した都市計画については知事の認可、都道府県知事が決定した都市計画については国土交通大臣の認可となるんだ。

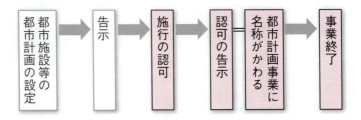

ずいぶんと気の長い話だ。

まあね、おかげで名称も都市計画事業に変わるんだよ。

ええ？また変わるの？まるで出世魚みたいだね…。

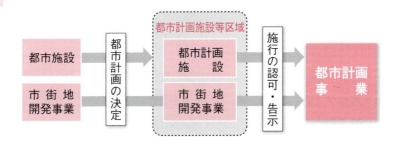

そうだね。しかし、事業が始まると事業に支障をきたす行為についてはさらに厳しく排除されることになるんだ。

施行予定者が決まっているときより厳しくなるのですか？

そうなんだ。**都市計画事業地内においては、知事の許可なく、土地の形質の変更、建築物の建築、工作物の建設、重量5トンを超える物件の設置・堆積は行えない❺**ことになっているんだよ。

それじゃあ、なにもできないことと同じですね。せっかくの土地も利用できないなんてなんのためにここまでやってきたのか…。

どうやら、施行者さんはここではなにも建てられないみたいだね。確かにこれだけの土地が事業が始まるまで放って置かれるというのももったいない気がするけどなぁ。
ところで、先ほど市町村が都市計画を決定したときって言ったけど、市町村が決定する都市計画って具体的にどのようなものを指すの？

▶ シーン8　地区計画の区域内の行為制限

知事　代表的なのは、〔ステージ21〕にもある土地区画整理事業等の市街地開発事業と地区計画だな。

あり　地区計画は初めて聞く都市計画の内容だね。地区計画とはどういう種類の内容なの？

知事　地区計画は、土地利用に関する都市計画の内容なんだ。駅の周辺を整えるケース等、ごく狭い範囲の区域を整備してきれいな街づくりを行う必要があるときに定められる都市計画の内容だよ。

施行者　もしかして、地区計画の区域内も、整備のために勝手に建築物を建てるなとかいうんじゃないでしょうね。

知事　**重要な項目**
察しがいいね。**地区計画の区域内において、土地の区画形質の変更、建築物の建築、工作物の建設を行う場合は、行為に着手する日の30日前までに、市町村へ届け出る❻** ことになっているんだな。

施行者　あ〜あ、こうやって都市計画という名のもとに空き地がどんどん増えていくんでしょうね。

知事　そんなに悲観しなさんな。今はたとえ空き地でも今後事業が進んで立派な建築物が建つんだから期待してくれよ。

2 法令上の制限 >> 23 都市計画にかかわる制限

施行者: 私が生きているうちにそうなればいいですけどねえ…。

あり: 都市計画施設等区域、市街地事業等予定区域、都市計画事業地、そして、地区計画の区域と、それぞれの都市計画の内容の決定後に様々な制限が設けられていることがわかったね。
えっと…施行者くん…がんばってね。

確認する！ 語句の意味をチェック

公　　告	ある事項を広く一般に知らせることで、その目的や方法等はそれぞれの法律に定めるところによる
建築確認	〔第2章－26 建築確認と用途制限〕参照
主要構造部	建築物の壁、柱、梁、床、屋根、階段 屋根・梁・壁・柱・床・階段
工 作 物	橋・トンネル・電柱等、土地に接着して設備された物
堆　　積	物を置いたり積んだりすること

挑戦する！ 試験問題セレクション

問 23 開発許可を受けた開発区域内の土地においては、当該開発行為に関する工事が完了した旨の公告があるまでの間は、建築物を建築し、又は土地を分譲してはならない。（平成4年）

★解答・解説は次ページ左下

ステージ 24

第2章 法令上の制限
土地区画整理法

● 攻略のガイドライン

本試験では「仮換地」「換地処分」が頻出です。的が絞りやすい反面、本法の条文数が多いことが理解を難しくさせているともいえます。必要最小限の項目をしっかり整理して頭に入れるのがコツ。

● 学習のガイドライン

本試験重要度	★★★★
本試験出題頻度	★★★★★
本試験出題難易度	★★★★
攻略に必要な実力	C（難しい）
学習効率	B（良）
覚えるべき事項	3項目

攻略のひとことテーマ

区画整理は部屋を掃除するようなもの。
じゃまな物はどけて、曲がった物は正しておく

理解と暗記の重要ポイント

❶ <u>仮換地指定後は、仮換地について使用・収益できる</u>

仮換地 → 土地区画整理事業により、今住んでいる土地からお引っ越ししないといけないひとが区画整理中に一時的に暮らす土地のこと。一般的には何度も移動するのは億劫なのでそのまま換地処分を迎えて、仮換地がそのままその人のものになるケースが多い。

❷ 換地処分の公告があった場合、その日が終了したときから
　① 仮換地指定の効力が消滅する
　② 不要になった地役権が消滅する

❸ 換地処分の公告があった場合、その日の翌日から
　① 換地が従前の宅地とみなされる
　② 清算金が確定する
　③ 施行者が保留地を取得する
　④ 新設した公共施設は、その公共施設の所在する市町村の管理に属する。

〔問23の解答・解説〕× 開発許可を受けた区域、ときたら、工事完了公告前は建築物を建てられない。しかし土地を分譲してはならないという規定はない。

2 法令上の制限 ≫ 24 土地区画整理法

我が町をきれいにしたいのです

さて今回のお話は…

例えばのお話ですが、道路が狭く、車が侵入できないような昔ながらの街に住んでいたとしましょう。そうすると当然「あーもっと道路がきれいでまっすぐしてて、整然とした街に住みたいよなあ」と思うことでしょう。（個人の価値観によると思いますが…）やはり、くねくねと曲がりくねっていて狭いような道路では、周辺の人々の生活は不便ですよね。そこで登場したのが区画整理という対処方法で、それを細かく規定しているのが「土地区画整理法」です。区画整理を行うと、下記の図のようにごちゃごちゃしていた街並みが定規を引いたかのような整然とした土地に生まれ変わります。

ごちゃごちゃ　　　　　　　　すっきり

ではどのように区画整理を行えば、街を整然と整えることができるのでしょうか？とあるごちゃごちゃした下町に暮らす「住民くん」は自分が生まれ育ったこの街をキレイにしたいと考えているようです。ここでは「住民くん」と「施行者さん」の話から、区画整理についてお勉強させてもらいましょう！

本編　スタート　ステージ24　〔配役〕住民　施行者

▶ シーン1　**土地区画整理事業を行う者**

住民：この町の、特に駅の周辺はごった返してて嫌なんだよね。そのうえ道も狭く自動車で出入りするのが大変で…。なんとかならないのかなぁ。

277

ちょうどよかった。今、土地の区画整理を希望する者たちが集まって、土地区画整理組合を作っているんです。あなたも入りませんか？

えっ？土地区画整理組合？

ええ、土地区画整理組合（「組合」とも略す）は、区画整理を行う施行区域内の宅地の所有者や借地権者が、7人以上集まって設立し、その組合が施行者となって、つまり出資して区画整理を行っていくんですよ。

じゃあ、僕も組合員になって、施行者の1人になれと？

ええ。その他にも、国土交通大臣等が音頭を取って区画整理を行う場合もあれば、民間ならば開発行為なんて方法もありますが、公平性を考えるなら組合を作って区画整理を行うのが1番手っ取り早いんですよ。それに、計画は組合で立てるにしても、工事はプロに頼みますから、別に問題はありませんよ。

▶ シーン2　土地区画整理事業に必要な認可

計画を立てるって、実際に組合ではどこまでやるの？

そうですね、それを説明しないといけませんね。区画整理を行ううえで、1番の問題となるのが、始めた区画整理事業を最後まで遂行できるかどうかです。

そうだよね。事業がとん挫してしまい、今まで住んでいた土地さえも使えなくなってしまった、なんてニュースもよく聞くし。

でもそれを回避するために事業計画を定めた後、まずは都道府県知事の認可を受けることが決められています。またそれと同時に、組合の**定款**も定めなければなりません。

ふ〜ん、確かに、組合員が喧嘩しないよう、規約（定款）は必要だね

そして、土地区画整理事業が認可され、告示が行われると、いよいよ都市計画事業としての第1歩が始まるわけです。

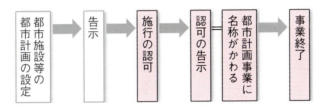

都市計画事業？

実はそうなんです。土地区画整理事業は、都市計画法の市街地開発事業のひとつなんですよ。ですから、認可が告示されると、事業以外の行為は制限されます。たとえ住民でも、いくら自分の土地だからといって、勝手に家を建てたりできなくなりますからね。

う〜ん、組合員になるには覚悟が必要なんだね。よし、僕も組合に入ってみようかな。

▶ シーン3　**換地計画に必要な認可**

さて、皆さん、土地区画整理事業の認可も下りたので、**換地計画**を立てませんか？

換地計画？　そもそも**換地**ってなに？

換地とは、土地区画整理事業によって土地の区画や形質を変更する場合に、その土地の権利関係を作り直す必要があるため、今までの土地に代えて交付される新しい土地のことです。換地がスムースに運ぶよう、まずは、どんな風に換地するかを決めなければなりません。それが換地計画です。で、こんな案はいかがですか？

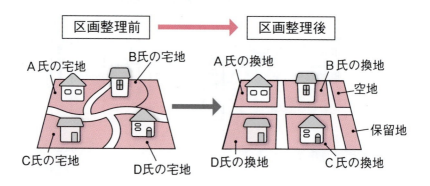

ここにある保留地（ほりゅうち）ってなぁに？

保留地とは、土地区画整理事業の施行費用に充てるため、あるいは定款で定める目的のため、換地として定めない土地をいいます。まあ、あとで誰かに売って、お金を作るわけですよ。

もうひとつ気になるのは、この計画によれば、土地の広さも不公平だし、土地の形状も良し悪しがあるよね。特に、換地が以前の土地より狭くなる人は不満を持つと思うんだけど…。

その点は、**清算金**（せいさんきん）で処理させていただきます。おっしゃる通り、この換地では不均衡が生じてしまいます。そこで、得をした者からお金を徴収し、損をした者に交付すれば、円満解決となるわけです。

住民: なるほど。じゃあ、換地計画には清算金の額も定められるんだ？

施行者: はい、そうです。

そして会議は踊り…。

施行者: 換地計画に盛り込まなければならない案はすべて出そろいました。この案は２週間縦覧しますから、意見があればその間に意見書を提出してください。

住民: じっくり読んでみるかな。

２週間後…

施行者: それでは、換地計画について、知事の認可を受けてまいります

住民: さあ、いよいよ事業が本格的に動き出したな…。

シーン４　登記の申請に提供する情報

施行者: すみません、造成工事を行いますから、一時、**仮換地**（かりかんち）を使ってください。施行者は、換地処分を行う前において、必要な場合には、仮換地を指定できるんです。

住民: ここにこのまま居座っていたら区画整理が行えない、というなら仕方ないなあ。で、どこに移ればいいんですか？

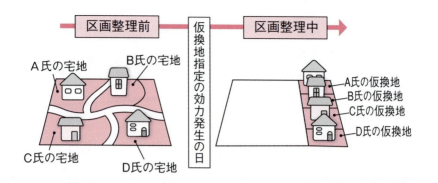

住民くんの仮換地はここです。**仮換地指定後は、仮換地について使用・収益できる** ❶ ので、心配ありません。仮換地が指定されると、従前の土地を権原に基づいて使用・収益できる者、すなわち、従前の宅地の所有者や借地権者は、仮換地の指定を受けた新しい土地について、仮換地の指定の効力発生日から換地処分の公告の日まで、従前の土地と同様に使用・収益できるのです。

重要な項目

要するに、従前の宅地は使用・収益できなくなるということ？

そうです。しかし、所有権は従前のままですから、仮換地を売ったりするのはダメです。売るならば、従前の土地の所有権ですね。

ふ〜ん、仮換地は、使えるだけで自分のものじゃないのか。一瞬、土地を2つ所有した気になっちゃったのに…残念。

▶ シーン5 **換地処分の効果**

工事が完了しました。さっそく、区画整理事業に関係する権利者に対して、換地計画に定められた事項を関係権利者のみなさんに通知して、**換地処分**を行います。

住民　この日を心待ちにしてたよー。あれ？ 換地処分が終了したことは届け出なくてもいいの？

施行者　そうそう、忘れるところでした。換地処分を行った旨を、遅滞なく知事へ届け出ないといけません。
それでは、皆さん、工事が完了しました。当初の換地計画通り、換地処分を次のように行います。

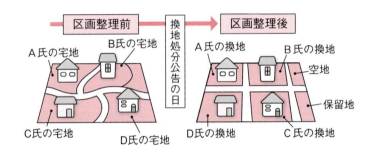

住民　これで、やっと自分の土地に帰れるんだなあ。

施行者　いえ、まだなんですよ。知事の換地処分の公告がないと、その効果は生じませんからね。

住民　換地処分の公告？

施行者　はい、逆にいえば、換地の公告があった日までは、仮換地を使用・収益できますが、公告があった翌日からは、仮換地を使用・収益できなくなります。

住民　そりゃ大変。急いで引っ越しの用意をしないと…。

そうですよ。換地処分の公告によって、他にも次のような効果が生じるんです。

> 重要な項目
> 換地処分の公告があった場合、その日が終了したときから ❷
> ①仮換地指定の効力が消滅する ❷-①
> ②不要になった地役権が消滅する ❷-②

具体的にはどういうことですか？

①は先ほどもいった通りですが、②は、たとえば宅地が道路に面していなかったため、隣地に地役権を設定して通行していた場合を考えてみてください。区画整理によって宅地が道路に面するようになれば、この地役権は不要になるので消滅するわけです。まあ、それ以外の必要な地役権は、そのまま従前の宅地上に存することになりますが…。

そうしたら、公告の翌日からはどうなるのかな？

次のような効力が発生します。

> 重要な項目
> 換地処分の公告があった場合、その日の翌日から ❸
> ③換地が従前の宅地とみなされる ❸-①
> ④清算金が確定する ❸-②
> ⑤施行者が保留地を取得する ❸-③
> 土地区画整理組合が施行した場合は、土地区画整理組合自体が、保留地を取得
> ⑥新設した公共施設は、その公共施設の所在する市町村の管理に属する。❸-④
> 土地区画整理事業は都市計画の一部。したがって公共施設の取扱いは都市計画法と同様

住民　土地が少し狭くなったのを除けば、町もきれいになったし、道路も広くなって、いうことなしだね。

施行者　私の仕事はまだ終わっていません。生まれ変わった土地に合わせて、登記も変えないといけないので、これから登記所へ通知しに行ってきます。

住民　なんでもやってくれるんだね。ありがとうー。

語句の意味をチェック

定款	個々の私法人（この場合は組合）の組織、活動について定めた根本規則（を記した書面）
換地	区画整理の工事が終わったあとの土地のこと
清算金	換地処分による不均衡を清算する金銭
仮換地	従前の宅地が使用されたままでは、工事に支障を来してしまう場合等に、必要に応じて、工事のじゃまにならない場所へとりあえず引っ越してもらう場合の引っ越し先の土地のこと
換地処分	土地区画整理事業において、工事が完了したあと、従前の土地の権利者に換地を割り当てて、これを終局的に帰属させる形成的な行政処分
地役権	他人の土地を、自己の土地の便益のために利用する権利で、物権のひとつ

試験問題セレクション

問24 土地区画整理組合が施行する土地区画整理事業の換地計画において保留地が定められた場合、当該保留地は、換地処分の公告があった日の翌日においてすべて土地区画整理組合が取得する。（平成10年）

★解答・解説は次ページ左下

ステージ25

第2章 法令上の制限

宅地造成等規制法
（たくちぞうせいとうきせいほう）

―― 攻略のガイドライン ――

覚えるべき範囲が狭く、本試験では確実に得点したい部分です。
難しい項目は特にありませんが、強いていえば宅地の意味に注意。きちんと把握することが大切です。

●学習のガイドライン
本試験重要度	★★★★
本試験出題頻度	★★★★★
本試験出題難易度	★★
攻略に必要な実力	A（やさしい）
学習効率	A（最良）
覚えるべき事項	3項目

攻略のひとことテーマ

宅地になる土地だから"安全第一"で

理解と暗記の重要ポイント

チェック欄 ✓

重要な項目

❶ **宅地とは、農地・採草放牧地・森林・道路・公園・河川・公共施設の用地、以外の土地のこと**
　　公共施設 → 図書館、公民館等。

❷ **許可が必要なときとは、宅地以外の土地を宅地へ、宅地から宅地へ、土地の形質を変更するとき**

❸ **届出が必要なとき**
　〔規制区域指定の際、すでに造成工事中のとき〕
　　造成主が、指定があった日から21日以内に知事へ届け出る
　〔工事せずに宅地以外の土地を宅地に転用したとき〕
　　転用した者が、転用した日から14日以内に知事へ届け出る

286　〔問24の解答・解説〕× 理解と暗記の重要ポイント❸-③参照。保留地を取得するのは施行者。

〔規制区域内の宅地で、2mを超える擁壁や排水施設の除去工事を行うとき〕

擁壁 →がけや盛土の側面がくずれ落ちるのを防ぐ壁のこと。

工事を行おうとする者が、工事着手日の14日前までに知事へ届け出る

結局、宅地を守るのは人間なんだ

さて今回のお話は…

地震や土砂崩れ等の災害って怖いですよね…開発に一定のルールを設けたり、しっかりとした宅地を造成したりと対策は講じているものの、やはり自然の力は強大です。今回は人々の生活を守るために日夜奮闘している「許可くん」と「安全くん」から、「宅地造成工事規制区域」や宅地造成にまつわる規制等の、宅地とそこで営まれる生活を守るためのルールについて教えてもらいましょう。

本編　ステージ25　スタート　〔配役〕　あり　許可くん　安全くん

▶ シーン1　宅地造成工事規制区域

あり　土砂崩れ等の危険から人々を守るために、何かのルールがあるってことだよね。

そうです！宅地造成工事規制区域というものを定めて、区域内の開発や工事には許可が必要になっています。被害には心を痛めています。しかし、許可は確かに機能していますよ。宅地の造成工事を行う際に、都道府県知事の許可を受けなければならない場合について規定していますよ。

でも、それって、宅地造成工事規制区域内だけじゃないか。

そうなんです。**宅地の造成工事に伴い、災害の発生が生じるおそれが大きい市街地または市街地になろうとする土地について、都道府県知事（「知事」とも略す）が、宅地造成工事規制区域（「規制区域」とも略す）に指定**するのです。（知事は区域の指定をしたら関係市町村長に通知することになっています）そして、指定された区域内において、宅地の造成工事を行う際に、造成主は、知事の許可を受けなければなりません。

なるほど。土砂崩れ等の災害が起きる場所って、背後に山があるような地域に限られているもんね。
でも，自然の力はやっぱり凄いよね…。

▶ シーン2　**工事の規制－許可**

だまされちゃいけませんよ。規制区域に指定された区域内だって、すべての土地で許可が必要というわけじゃないんだ。

ということは、許可なしで工事できる場合もあるのですか？

288

ええ、やみくもに規制するのもどうかと思いますよ。ですから、**許可が必要なときとは、宅地以外の土地を宅地へ、宅地から宅地へ、土地の形質を変更するとき❷**、つまり宅地造成を行うときだけなんですよ。

重要な項目

宅地以外の土地というのは？

次のものを、宅地以外の土地といい、それに該当しないものは、すべて宅地となるわけです。

> **宅地以外の土地**
> ①農地・採草放牧地・森林
> ②道路・公園・河川
> ③公共施設の用地（公立学校・公立の運動場・公立の墓地等）

つまり、**宅地とは、農地・採草放牧地・森林・道路・公園・河川・公共施設の用地、以外の土地のこと❶** ですね。

重要な項目

これでわかっただろう。農地を公園にしたり、山を切り開いて農地にする造成工事に許可が必要ないってことは、農地は危険でも構わないってことになるじゃないか、そうだろう？

それは違います。管轄が違うだけなんです。宅地造成等規制法による許可は、危険な場所で暮らす人々を守るためのものです。様々な環境に住む人々の様々な形の土地利用を、すべて宅地造成等規制法による許可だけで守ろうとすることのほうが無謀ですよ。

289

▶ シーン3　宅地造成

安全くん　いや、理由は他にもある。宅地造成であっても、許可が必要なのは、次のような大規模工事のときだけじゃないか。

① 2mを超える崖が生じる
　切土を行う場合

② 1mを超える崖が生じる
　盛土を行う場合

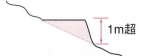

③ 切土と盛土の両方を行う
　際、盛土によって生じる
　崖が1m以下であっても、
　切土によって生じる崖の
　高さとの合計が2mを超
　える場合

④ 切土と盛土を行う面積が
　500㎡を超える場合

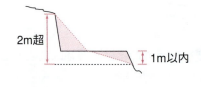

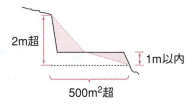

あり　それはなんとなくわかるな。規制区域とした以上、あらゆる工事に目を配らないと、崖崩れ等を事前に食い止められないということだよね。許可さん、そのあたりはどうなの？

許可くん　お言葉ですが、危険な場所というには、それなりの条件が必要です。その条件が①〜④なんですよ。もともと平坦な土地は、いくらいじったところで危険な場所には成りませんし、少しぐらいの切土や盛土な

ら、周囲の丈夫な地盤で十分持ちこたえられます。要するに、切土や盛土によって、広大な地盤が軟弱化してしまう場所が危険なんです。

なるほど。①〜④は考えられたうえでの条件というわけだね。

▶ シーン4　完了手続き

それに、知事は、やみくもに許可を与えているわけではありません。次の要件を満たした工事でなければ許可しませんよ。

> **宅地造成工事計画に盛り込むべき要件**
> ①一定の技術的基準に従い、擁壁や排水施設、その他宅地造成に伴う災害の防止のために必要な措置が講じられていること
> ②高さが5mを超える擁壁の設置、あるいは面積が1,500㎡を超える切土や盛土を行う土地に、排水施設を設置する工事は、一定の資格を持っている者の設計によること

でも、許可したものの、計画通りに行われたかはわからないんじゃない？

いいえ、工事が終了したときには、計画通りに工事が行われたか審査します。審査に合格すれば、検査済証が造成主に交付されることになり、造成主も、晴れて造成した土地を使うことができるんです。

ふーん、それなら大丈夫そうだね！

▶ シーン5　工事の規制 − 届出

…でも、工事着手後に規制区域に指定される場合だってあるぞ。

工事着手後に規制区域に指定され、許可の目をくぐり抜けた工事や、宅地造成を行わずに、宅地以外の土地を宅地に転用する等の場合については、許可でなく、届出がフォローしています。

> **届出が必要なとき❸** ◀ 重要な項目
>
> 〔規制区域指定の際、すでに造成工事中のとき〕
> 　　造成主が、指定があった日から 21 日以内に知事へ届け出る
> 〔工事せずに宅地以外の土地を宅地に転用したとき〕
> 　　転用した者が、転用した日から 14 日以内に知事へ届け出る
> 〔規制区域内の宅地で、2m を超える擁壁や排水施設の除去工事を行うとき〕
> 　　工事を行おうとする者が、工事着手日の 14 日前までに知事へ届け出る

でも、許可や届出で規制できるのはここまでなのか…。

ええ。あとは住民自らで安全を勝ち取る必要があります。宅地の所有者・管理者・占有者等は、工事前後にかかわらず、その宅地を常に安全な状態に維持するよう努めなければなりません。

その宅地が安全な状態をキープできるかそうじゃないかっていうのは、どうやって見分けるの？

大丈夫。知事より、宅地の所有者・管理者・占有者等に対して、安全な状態を維持するために必要な措置を講じるよう**勧告**します。

人の命に関わることだから、しっかり決まりがないとね。色々教えてくれてありがとう。

語句の意味をチェック

造成主	宅地造成に関する工事の請負契約の注文者、または請負契約によらないで自らその工事を行う者
採草放牧地	農地以外の土地で、主として耕作または養畜の事業のための採草、または家畜の放牧に使用される土地
切土	地面の高いところを削り取ること
盛土	地面に更に土を盛って高くすること
擁壁	崖等の土止めのために造った壁
勧告	ある事柄を申し出て、その申出に沿う行動を取るよう勧め、または促す行為

試験問題セレクション

問25 規制区域内において、森林を公園にするため土地の形質の変更を行う場合でも、都道府県知事から宅地造成に関する工事の許可を受けなければならない。(平成9年)

★解答・解説は次ページ左下

ステージ26 建築確認と用途制限

第2章 法令上の制限

●学習のガイドライン

本試験重要度	★★★★★
本試験出題頻度	★★★★★
本試験出題難易度	★★★★
攻略に必要な実力	C（難しい）
学 習 効 率	C（普通）
覚えるべき事項	3項目

●攻略のガイドライン

建築物の安全性は、人々の命にも関わります。そのためにあるのが『建築基準法』です。

攻略のひとことテーマ

建築確認も用途地域も、目的は住む人にとっての安全性の追求、地域ごとに求める安全性は異なる

理解と暗記の重要ポイント

❶ 建築確認が必要なとき

〔原則 － 新築・増築・改築・移転・模様替え〕
　①延べ面積100㎡超の特殊建築物
　②木造建築物で、3階以上、延べ面積500㎡超、高さ13m超、軒の高さ9m超、のうちのどれかに該当する建築物
　③木造以外の建築物で、2階以上、または延べ面積200㎡超の建築物

〔都市・準都市計画区域内〕
　原則プラス、すべての新築、増築・改築・移転部分が10㎡超の建築物

〔防火・準防火地域内〕
　都市・準都市計画区域内プラス、すべての増築・改築・移転

　増築 → 平屋を2階建てにする等。延べ床面積を増やすこと。

〔問25の解答・解説〕 × 公園は宅地じゃない。宅地でない土地への形質変更は、許可不要。

| 改築 | → 床面積を変えずに間取りを変更すること。 |

| 模様替え | → かやぶき屋根を瓦にかえる、外壁をサイディングにする等。 |

一方同じような材料を使って元の状態に回復させることを修繕という。

異なる材料を使うことにより仕様を変えたり、価値の低下を防ぐのが一般的に模様替えという。

❷ 用途変更で、建築確認が必要なとき □□□
　①延べ面積 100㎡超の特殊建築物の用途変更
　②特殊建築物以外の建築物を、延べ面積 100㎡超の特殊建築物に用途変更

❸ 用途地域における建築物用途の制限 □□□
〔住居系〕
　①第一種②第二種低層住居…子供や老人、明るい家庭生活を守る場所
　③第一種④第二種中高層住居…プラス、青年と衣食住を守る場所
　⑤第一種住居…プラス、スポーツができる健康的な庶民生活の場所
　⑥第二種住居…プラス、カラオケ・中型娯楽ができる場所
　⑦準住居…危険な工場、夜の商売、大型劇場、大型娯楽施設を排除する場所
　⑧田園住居…プラス農業活性化地域をはかる場所
〔商業系〕
　⑨近隣商業…危険な工場、夜の商売を排除する場所
　⑩商業…危険な工場を排除する場所
〔工業系〕
　⑪準工業…個室付き浴場を排除する場所
　⑫工業…プラス、夜の商売、子供が大勢集まる場所を排除する場所
　⑬工業専用…プラス、日常生活と遊び場を排除する場所

> 地域にふさわしい建築物を立てよう！

さて今回のお話は…

今回は土地についてのお話です。土地は用途地域等のルールで、その利用方法が予め定められていることが多いです。その場合は当然、用途地域の規定に合致した建築物でなければ建てることができません。

この規定に適合しているか否かは一体誰が判断するのでしょうか？そこで登場するのが「建築主事（しゅじ）」です。建築主事は建築物が建てられる前に、用途地域等のルールに適合しているかを確認し「建ててもいいよ〜」という了承＝建築確認を与えるのが主たるお仕事です。この建築確認をもらえてはじめて、建築主は建物を造れるようになるのです。

それではこの建築主事による建築確認をもらうためにはどのようなプロセスを踏めばいいのでしょうか？今回は「大臣」と「知事」に詳しく教えてもらいましょう！

本編　ステージ26　スタート　〔配役〕あり　大臣　知事

▶ シーン1　**建築確認が必要なとき** —原則

あり：どういう建築物を建てるときに、建築確認が必要なの？

大臣：建築物を新築・増築・改築・移転・大規模な修繕・模様替え・用途変更の7つに分け、建てる場所や規模によって建築確認の有無を決めてるんじゃ。

なお、建てる場所については、土地を、全国すべて、都市・準都市計画区域内、防火・準防火地域内の3つに分けてる。

そして、建築物と土地が手を組んで、建築確認の有無を決めているわけだね。それじゃ、建築物と土地をどんなふうに組み合せているのか…具体的には？

まずは、原則となる全国すべてを対象とした場合をキミ、教えてあげなさい。

はい…えーっと、次の建築物について、建築確認が必要になってるよ。

> **重要な項目**
>
> ① 新築・増築・改築・移転・模様替えで、建築確認が必要なとき（原則）❶
> a. 延べ面積100㎡超の特殊建築物 ❶-①
> b. 木造建築物で、3階以上、延べ面積500㎡超、高さ13m超、軒の高さ9m超、のうちのどれかに該当する建築物 ❶-②
> c. 木造以外の建築物で、2階以上、または延べ面積200㎡超の建築物 ❶-③

▶ シーン2　建築確認が必要なとき−原則プラス

次は、都市・準都市計画区域内を対象とした場合じゃな。

原則プラス、次の建築物について、建築確認が必要になってるんだよ。

> **重要な項目**
>
> ②都市・準都市計画区域内で、建築確認が必要なとき❶
> 　d.「原則プラス」とは、①のa～cに加えてということ
> 　e. 新築するすべての建築物
> 　f. 増築・改築・移転部分が10㎡超のすべての建築物

うむ、次は、防火・準防火地域内を対象とした場合じゃな、キミ。

はい、はい…都市・準都市計画区域内プラス、次の建築物について、建築確認が必要になってるんだよ。

> **重要な項目**
>
> ③防火・準防火地域内、建築確認が必要なとき❶
> 　g.「都市・準都市計画区域内プラス」とは、①のa～c、
> 　　②のe～fに加えてということ
> 　h. 増築・改築・移転するすべての建築物

ちょっと、用途変更の場合が抜けとるが、どうしたんじゃ？

スミマセン…一緒にすると、ややこしくなると思って。

じゃあ、用途変更の場合もさっさと教えてあげなさい。全国すべてを対象とした場合じゃよ！

次の建築物について、用途変更を行う場合、建築確認が必要ね。

> **重要な項目**
>
> ④用途変更で、建築確認が必要なとき❷
> 　I. 延べ面積100㎡超の特殊建築物の用途変更❷-①
> 　J. 特殊建築物以外の建築物を、延べ面積100㎡超の
> 　　特殊建築物に用途変更❷-②

特殊建築物とは、どんなものがあるの？

特殊建築物とは、劇場、公会堂、百貨店、学校等、多数の人が出入りする建築物のことで、使用目的によって、次のように分類されてるよ。

特殊建築物の種類
　⑤劇場、映画館、演芸場　等
　⑥病院、診療所、旅館、ホテル、下宿、共同住宅　等
　⑦学校　等
　⑧百貨店、マーケット、キャバレー、ナイトクラブ　等

そうすると、ここでいう用途変更っていうのは、一般の建築物を⑤〜⑧のどれかに変更したり、⑤の劇場を⑥の病院に変更するときなどをいうんだね？

その通り。ここで注意して欲しいのは、⑤の劇場を⑤の映画館に変更する場合ね。完備すべき建築物の設備がほとんど一緒だから、建築確認の必要はないよ。

なるほどなぁ。とにかく、このように、建築物にまつわる決まり事と土地の決まり事が組み合わさることによって、粗悪な建築物を排除しているわけだね。

用途地域の建築物用途制限
－低層住居専用地域

うん、うん、そのとおり。しかし、こういった決まり事は建築確認のときだけではないんじゃ。

というと？

土地を利用する際に、忘れてはいけないのが用途地域じゃ。都市計画法で出てきたじゃろ。簡単にいうと『この地域は、この建築物を建てるよう利用し、他の建築物は建てないでくれよ』という決まりじゃ。

地域を定めて、そのエリア内で建築物と土地のどちらにも規則をもうけることによって、決められた建築物以外を排除しているんだよ。

人が住む地域では人が住みやすいように、商売する地域では商売しやすいように、建築物を建てるわけじゃな。

ほ〜、そのエリアごとに適したものを造ってもらうようにしてるんだ。

まあ、そういうことだねー。

それじゃあ、実際にはどんなふうにエリア分けをしてるの？

今回だけ特別に教えてやろう。

●ここより回想シーン…

この際じゃから、地域ごとに建築物の種類を統一しないか？

それは私も賛成ですね。実は私もそう思っていたんですよ。で、どうします…？

そうじゃなぁ、ポイントはやっぱり、人々の安全と、快適な生活を守ることじゃな。

知事　そうですね。それにしても、地域がたくさんあってわかりにくいなあ。なにかいい方法はないものか…。

大臣　それには、住居系、商業系、工業系と、おおまかに分けてから考えたほうがいいんじゃないか？

知事　そうですね。そのうえで、地域ごとにキーワードを作るとわかりやすいですね。じゃあ、まず住居系から始めましょうか。最初は、低層住居専用地域から見てみましょう。

大臣　この地域は、人が住んで生活するためだけに利用して欲しいのう。だから、<u>低層住居専用地域のキーワードは「子供や老人、明るい家庭生活を守る場所」</u> ❸-①② 重要な項目 じゃな。子供や老人が生活していれば、当然、交通量も少ないほうが望ましいし、そのあたりを考えて建築物を選んでおいてくれたまえ。

知事　細かいところは丸投げですか…はい、はい、えーっと、低層住居専用地域に建てられる建築物はこうしよう。

---

①第一種低層住居専用地域
a.「子供」には、教育の場として、幼稚園、小学校、中学校、高等学校、児童厚生施設、身体障害者福祉ホーム、図書館
b.「老人」には、社交場として、老人福祉センター、住居としての老人ホーム
c.「明るい家庭生活」のために、住宅、下宿、診療所、公衆浴場、派出所、公衆電話、神社、教会　等

②第二種低層住居専用地域
e. ①であげたもの、プラス、2階以下で150㎡以内の飲食店、専用店舗

大臣　うん、いい感じじゃな。

▶ シーン4　用途地域の建築物用途制限
－中高層住居専用地域

 知事　となると、次は、中高層住居専用地域ですね。

 大臣　低層住居専用地域が、子供や老人中心だったので、それに青年も加えたいところじゃな。中高層住居専用地域のキーワードは「プラス、青年と衣食住を守る場所」❸ - ❸❹ 重要な項目 にしようかのう。

 知事　よーし、それでしたら、中高層住居専用地域に建てられる建築物は、①②であげたもの、プラス、次にあげるものにします。

> ### ③第一種中高層住居専用地域
> 　a.「プラス」は、①②であげたものに加えて、ということ
> 　b.「青年」の学業の場として、大学、高等専門学校、専修学校
> 　c. その通学時等で車の利用が少しできるように、2階以下で300㎡以下の小規模の自動車車庫
> 　d.「衣食住を守る場所」として、階数の多いアパート、マンション、そこに住む人々が生活するために、500㎡以内の中規模の飲食店・専用店舗。さらには、健康を守るために、病院
> ### ④第二種中高層住居専用地域
> 　e. ①〜③であげたもの、プラス、2階以下で1,500㎡以下の事務所・飲食店・専用店舗

▶ シーン5 用途地域の建築物用途制限 －住居地域

さあ、次は、住居地域ですね？

うむ、第一種住居地域は、中高層住居専用地域に加えて、生活しながら楽しめる地域にしたいのう。第一種住居地域のキーワードは「プラス、スポーツができる健康的な庶民生活の場所」❸-❺でどう？

重要な項目

いいと思いますよ。第一種住居地域に建てられる建築物は、①〜④であげたもの、プラス、次にあげるものにしましょう。

⑤**第一種住居地域**
a.「プラス」は、①〜④であげたものに加えてということ
b.「スポーツ施設」として、3,000㎡以内のボーリング場、スケート場、水泳場　等
c.「庶民の場所」は、低層住居・中高層住居で生活している人が通えるよう、自動車教習所。
　さらには、3,000㎡以内の事務所・ホテル・旅館　等

第二種住居地域では、それに加えて、娯楽の場等も取り入れようかのう。もう少し羽目を外してもいいと思うんじゃ。

でしたら、ギャンブル関係とカラオケぐらいでどうですか？

重要な項目

いい塩梅じゃな。第二種住居地域のキーワードは「プラス、カラオケ・中型娯楽ができる場所」❸-❻に決まりじゃ。

はい。第二種住居地域に建てられる建築物は、①～⑤であげたもの、プラス、次にあげるものにしましょう。

> ⑥**第二種住居地域**
> a.「プラス」は、①～⑤であげたものに加えて、ということ
> b.「カラオケ」は、カラオケボックス
> c.「中型娯楽」は、10,000㎡以内の店舗、飲食店、展示場、<u>遊技場</u>、勝馬投票券発売所、<u>場外車券場</u>、ダンスホール等

← 遊技場とはパチンコ店やマージャン店など。

場外車券場とは競輪やボートレース場以外で車券を買える施設。

次は、準住居地域じゃな。どんどんいこう！

準住居地域には、たいていの建築物が建てられると思うけど…だからといって、あくまでも住居系ですから、住む人々の環境や安全性に配慮する必要はあると思いますね。

それじゃあ、建てられない建築物から発想すればいいんじゃないのか？<u>準住居地域のキーワードは</u>「**危険な工場・夜の商売・大型劇場・大型娯楽施設を排除する場所**」❸-⑦ で決まりとしよう。

重要な項目

わかりました。準住居地域に建てられない建築物は、次の通りです。

> ⑦**準住居地域**
> a.「危険な工場を排除」とは、50㎡超の工場、150㎡超の自動車修理工場が建てられないということ
> b.「夜の商売を排除」とは、キャバレー、料理店、個室付き浴場等が建てられないということ
> c.「大型劇場を排除」とは、面積が200㎡以上の劇場・映画館・演芸場、ナイトクラブ等が建てられないということ
> d.「大型娯楽施設を排除」とは、10,000㎡を超える店舗、飲食店、展示場、遊技場、勝馬投票券発売所、場外車券場等が建てられないということ

シーン6 用途地域の建築物用途制限 －田園住居地域

これはできたばかりの新しい用途地域だから要注意じゃな。田園住居地域は農業の利便の増進を図りつつ、低層住居ともいいバランスにしていきたいのう。だから田園住居地域のキーワードは「農業を盛り上げつつ、それに調和した穏やかな低層住居を守る場所」❸-⑧としよう。　重要な項目

この田園住居地域が作られたのは農業の発展のためということで、農家のレストランや直売所なんかが作れるようになっている点がポイントですね。田園住居地域で建設可能なものはこちらです。

> ⑧田園住居地域
> a.「農業を盛り上げつつ」は、農産物の生産・集荷・処理または貯蔵、農業の生産資材の貯蔵に供するものは建てられるということ
> b. さらに、その土地で生産されたものを販売する店舗やレストラン等の飲食店で床面積の合計が500平米以内のものは建ててOKということ（その他の飲食店・店舗で法令で定めるもので150平米以内のものも可）
> c.「低層住居を守る場所」とはプラス①低層住居専用地域の条件ということ」

シーン7 用途地域の建築物用途制限－商業系

さあ、住居系も終わって、次は商業系じゃ。

商業系の地域は、どんな商売でも行えるよう、いろいろな建築物をそろえたいところですよね。

そうじゃな。近隣商業地域は、準住居とほとんど同じ条件で構わないじゃろ。だから、近隣商業地域のキーワードは「危険な工場・夜の商売を排除する場所」❸-❾ 重要な項目 で、準住居地域と同一としよう。一方、商業地域は、もっとゆるやかでいいと思うんだがどうじゃ？商業地域のキーワードは「危険な工場を排除する場所」❸-⓾ 重要な項目

いいですね。近隣商業地域・商業地域に建てられない建築物は、次の通り。

> ⑨近隣商業地域
> a.「危険な工場を排除」とは、50㎡超の工場、300㎡超の自動車修理工場が建てられないということ
> b.「夜の商売を排除」とは、キャバレー、料理店、個室付き浴場等が建てられないということ
> 平成29年の建築基準法の改正で近隣商業地域にはナイトクラブの建築がOKになった点に注目です
> ⑩商業地域
> 「危険な工場を排除」とは、150㎡超の工場が建てられないということ

なるほど。準住居地域における自動車工場の150㎡超を、300㎡超と少しゆるやかにしたんじゃな。

はい、それに、近隣商業地域における50㎡超の工場も、商業地域になると、150㎡超と少しゆるやかにしてみました。

▶ シーン8　用途地域の建築物用途制限-工業系

大臣　最後は、工業系じゃな。まず、準工業地域は、商業地域に近かったり、工業地域に勤務する人たちが住むという印象が強いのう。

知事　はい、準工業地域は、ほとんどの建築物を建ててもいいと思うのですが、いかがでしょうか？

大臣　いやー、いかがわしいものはダメ。準工業地域のキーワードは「個室付き浴場を排除する場所」❸-⑪ でどう？キミ、個室付き浴場って知っとるか？ん？　重要な項目

知事　もちろん知ってますよ…ソープのことでしょ。えーっと準工業地域に建てられない建築物は、次の通りです。

> ⑪準工業地域
> 「個室付き浴場を排除」とは、個室付き浴場（ソープランド）が建てられないということ

大臣　でもなぁ、工業地域となると、大きな工場等も多くなって、危険度も増えるからやはり配慮が必要じゃな。準工業地域に建築できるものから、人が集まる「夜の商売」や「子供が大勢集まるところ」を排除してほしいのう。工業地域のキーワードは「プラス、夜の商売、子供が大勢集まるところ、大型娯楽施設を排除する場所」❸-⑫ でどうじゃ？　重要な項目

知事　いいと思いますよ。工業地域に建てられない建築物は、⑪であげたもの、プラス、次にあげるものにしましょう。

307

⑫**工業地域**
　a.「プラス」は、⑪であげたものに加えて、ということ
　b.「夜の商売を排除」とは、キャバレー、料理店が建てられないということ
　c.「子供が大勢集まるところを排除」とは、小型劇場、大型劇場、病院、ホテル、旅館、子供が集まる幼稚園から大学までの、すべての学校が建てられないということ
　d.「大型娯楽施設を排除」とは、10,000㎡を超える店舗、飲食店、展示場、遊技場、勝馬投票券発売所、場外車券場等が建てられないということ

ラストは、工業専用地域じゃな。

工業専用地域は、ほとんど工場等しかない地域ですよ。

ということは、住居を構えて生活するなんてもってのほかじゃ。加えて、人の出入りも制限したいとこじゃ。そこで働く工員が仕事に専念できるよう遊び場もいらん！

でも、工業専用地域は、他の地域に比べて、広い敷地が確保できるのも確かなんですよね。特殊な構造や広い敷地を必要とする建築物として、老人福祉センター、児童厚生施設、カラオケボックス、3,000㎡以上の事務所、自動車車庫等は残したいと思いますが、どうでしょう？

じゃあ、工業専用地域のキーワードは「プラス、日常生活と遊び場を排除する場所」❸ - ⑬ でどうじゃ？

知事 カンペキです！ 工業専用地域に建てられない建築物は、⑪であげたもの、プラス、次の通りですね。

> ⑬**工業専用地域**
> a.「プラス」は、⑫であげたものに加えて、ということ
> b.「日常生活を排除」とは、住宅、下宿、老人ホームや、さらには図書館等が建てられないということ
> c.「遊び場を排除」とは、中型娯楽施設（店舗、飲食店、展示場、勝馬投票券発売所、場外車券場、射的場等）、スポーツ施設（ボーリング場、スケート場、水泳場等）が建てられないということ
> ただし、カラオケボックスのみ。

大臣 そうそう、仕事に専念するためには、建てちゃいけないものも多いってことじゃな。ただし、カラオケボックスのみ可という点がポイントになるかな？

知事 たくさんあったけど…なんとか全部終わりましたね。でも、キーワードで覚えれば、結構楽に整理できるんじゃないかと思いますよ。

大臣 わしは覚えるのは嫌いだから後で秘書にまとめたものを渡しといてくれたまえ。

●ここまで回想シーン…
※実際には大臣と知事の2人で決めているわけではありません

知事 …はい、はい。

大臣　…と、まあ、実際はわしら2人で作ったんじゃないが、おそらくこういうやりとりがあったわけじゃな（笑）。

あり　キーワードから考えると案外わかりやすいね。でも、こうも数が多いと大変な作業だよねー。

知事　とにかく、こうして建築物と土地それぞれに決まりをつくることで、粗悪な建築物の排除をするうえに、粗悪な環境も排除できるわけだよ。

大臣　そう。そうなれば、努力も報われるってわけじゃな。なんといってもわしらは名コンビなんじゃないか？ん？

知事　いや…それはどうかな…。

●用途地域別建物の制限表

(表中の記号の意味)
○…建築できるもの
×…建築できないもの
▲…物品販売店舗、飲食店を建築できません
①…床面積600平方メートルを超えて建築できません
②…3階以上の部分には建築できません
③…3階以上の部分又は床面積1,500平方メートルを超えて建築できません
④…床面積3,000平方メートルを超えて建築できません

分類	用途	第1種低層住居専用地域	第2種低層住居専用地域	第1種中高層住居専用地域	第2種中高層住居専用地域	第1種住居地域	第2種住居地域	準住居地域	田園住居地域	近隣商業地域	商業地域	準工業地域	工業地域	工業専用地域
住居	住宅、共同住宅、寄宿舎、下宿	○	○	○	○	○	○	○	○	○	○	○	○	×
	兼用住宅で店舗・事務所等が一定規模以下のもの	○	○	○	○	○	○	○	○	○	○	○	○	×
教育施設等	幼稚園・小学校・中学校・高等学校	○	○	○	○	○	○	○	○	○	○	○	×	×
	大学・高等専門学校・専修教育	×	×	○	○	○	○	○	×	○	○	○	×	×
	図書館等	○	○	○	○	○	○	○	○	○	○	○	○	×
神社・寺院・教会等		○	○	○	○	○	○	○	○	○	○	○	○	○
医療福祉施設等	保育所・公衆浴場・診療	○	○	○	○	○	○	○	○	○	○	○	○	○
	老人ホーム・身体障害者福祉ホーム等	○	○	○	○	○	○	○	○	○	○	○	○	×
	老人福祉センター・児童厚生施設等	①	①	○	○	○	○	○	①	○	○	○	○	○
	病院	×	×	○	○	○	○	○	×	○	○	○	×	×
店舗・飲食店等	一定の店舗・飲食店 床面積150平方メートル以内	×	②	②	②	②	○	○	○	○	○	○	○	▲
	一定の店舗・飲食店 床面積500平方メートル以内	×	×	②	②	○	○	○	○	○	○	○	○	▲
	上記以外の物品販売業を営む店舗、飲食店	×	×	×	③	④	○	○	×	○	○	○	○	×
事務所		×	×	×	③	④	○	○	×	○	○	○	○	○
ボーリング場・スケート場・水泳場・ゴルフ練習場等		×	×	×	×	④	○	○	×	○	○	○	○	○
劇場・映画館観覧場等	客室の床面積200平方メートル未満	×	×	×	×	×	○	○	×	○	○	○	×	×
	客室の床面積200平方メートル以上	×	×	×	×	×	×	×	×	○	○	○	×	×
ホテル・旅館		×	×	×	×	④	○	○	×	○	○	○	×	×
風俗営業	キャバレー・料理店・ナイトクラブ・ダンスホール等	×	×	×	×	×	×	×	×	×	○	○	×	×
	マージャン店・ぱちんこ店等	×	×	×	×	×	○	○	×	○	○	○	○	×
	個室付浴場業に係わる公衆浴場等	×	×	×	×	×	×	×	×	×	○	×	×	×

(表中の記号の意味) ○…建築できるもの ×…建築できないもの ▲…物品販売店舗、飲食店を建築できません ①…床面積600平方メートルを超えて建築できません ②…3階以上の部分には建築できません ③…3階以上の部分又は床面積1,500平方メートルを超えて ④…床面積3,000平方メートルを超えて建築できません 建築できません		第1種低層住居専用地域	第2種低層住居専用地域	第1種中高層住居専用地域	第2種中高層住居専用地域	第1種住居地域	第2種住居地域	準住居地域	田園住居地域	近隣商業地域	商業地域	準工業地域	工業地域	工業専用地域
カラオケボックス等		×	×	×	×	×	○	○	×	○	○	○	○	○
自動車車庫	2階以下かつ床面積300平方メートル以内	×	×	○	○	○	○	○	○	○	○	○	○	○
	3階以上又は床面積300平方メートルを超える	×	×	×	×	×	×	○	×	○	○	○	○	○
倉庫業倉庫・自動車修理工場150平方メートル以内		×	×	×	×	×	×	○	×	○	○	○	○	○
工場	作業場の床面積が50平方メートル以下で、危険性や環境悪化のおそれのきわめて少ない業種のもの	×	×	×	×	○	○	○	×	○	○	○	○	○
	作業場の床面積が150平方メートル以下で、危険性や環境悪化のおそれの少ない業種のもの	×	×	×	×	×	×	×	×	○	○	○	○	○
	作業場の床面積が150平方メートルを超えるもの及び危険性や環境悪化のおそれのややある業種のもの	×	×	×	×	×	×	×	×	×	×	○	○	○
	危険性が大きいか又は著しく環境を悪化させるおそれのある業種のもの	×	×	×	×	×	×	×	×	×	×	×	○	○

※建築基準法により、この他にも用途制限がされています。

語句の意味をチェック

建築主事	建築確認をする資格を持った公務員で、人口25万人以上の市には、設置が義務づけられている
建築確認	建築主事が建築物の建築等に関する計画が、建築物の敷地、構造等に関する法令に適合することを確認すること
大規模な修繕・模様替え	建築物の主要構造部（壁・柱・床・はり・屋根・階段）の1種以上について行う過半の修繕・模様替えのこと
防火地域	市街地における火災の危険を防除するための地域で、都市計画のひとつ
準防火地域	防火地域同様、火災の危険を防除するための地域だが、防火地域よりもやや基準がゆるめ
診療所	患者の収容施設が19人分以下
老人福祉センター	老人福祉センター…老人に対して、各種の相談、健康増進、教養、レクリエーションのためのサービスを、総合的に提供するための施設
児童厚生施設	児童遊園、児童館等、児童に健全な遊びを与えて、健康を増進し、情操を豊かにすることを目的とする施設
飲食店	食堂・喫茶店等
専用店舗	銀行の支店等
場外車券場	競輪・オートレース場以外の場所で売り出す車券売場
観覧場	見物する場所
料理店	料亭等
個室付き浴場業	風俗営業にかかわる浴場

試験問題セレクション

問26 鉄骨平屋建てで、延べ面積が200㎡の事務所の大規模な修繕をしようとする場合には、建築主事の確認を受ける必要がある。（平成7年）

★解答・解説は次ページ左下

ステージ 27

第2章 法令上の制限

建築物にかかわる制限

●攻略のガイドライン

建築物を建てるのに重要なのは道路・日照・広さ・高さ・建材。頭にきちんと整理して入っていれば楽勝です！ファイト！

●学習のガイドライン

本試験重要度	★★★★★
本試験出題頻度	★★★★★
本試験出題難易度	★★★★
攻略に必要な実力	C（難しい）
学 習 効 率	C（普通）
覚えるべき事項	12項目

●攻略のひとことテーマ

数多い制限の目的は、避難経路、安全性、快適性、火災対策

理解と暗記の重要ポイント

チェック欄 ☑ □ □

❶ 道路とは、都市・準都市計画区域内の幅員4m以上の道をいう

❷ 建築物の建蔽率
〔第一種・第二種住居地域、準住居地域、準工業地域、田園住居地域〕下限5/10、上限8/10
〔近隣商業地域〕6/10、または8/10
〔商業地域〕8/10
〔工業地域〕5/10、または6/10
〔その他の地域〕下限3/10、上限6/10

　建蔽率 →蔽はおおう、さえぎる、かくすという意味で、建蔽率は敷地面積のうち建物がおおっている割合のこと。建築面積（上から見た時の壁に囲まれている部分）の敷地面積に対する割合。

314　〔問26の解答・解説〕× 事務所は特殊建築物ではない。さらに木造以外の建築物は200㎡超で建築確認が必要。本問は200㎡ぴったりだから、確認不要。

❸ 建蔽率（けんぺいりつ）が 1/10 緩和されるときは 2 つ □□□
　① 建蔽率が 8/10 以外の地域、かつ防火地域、か
　　つ耐火建築物
　② 角地

❹ 建蔽率が 10/10 に緩和されるときは、建蔽率が □□□
　8/10 の地域、かつ防火地域、かつ耐火建築物

❺ 建築物の容積率 □□□
　〔第一種・第二種低層住居専用地域、田園住居地域〕
　下限 5/10、上限 20/10
　〔第一種・第二種中高層住居専用地域〕下限
　10/10、上限 50/10
　〔商業地域〕下限 20/10、上限 130/10
　〔工業・工業専用地域〕下限 10/10、上限 40/10
　〔その他の地域〕下限 10/10、上限 50/10

　容積率 →のべ床面積の敷地面積に対する割合のこと。のべ床面積
　　は建物の全ての階の床面積を合計したもの。3 階建てなら 1,2,3
　　階の床面積の合計。

❻ 前面道路を使った容積率算出の公式 □□□
　〔住居系〕前面道路の幅員 × 4/10 ＝容積率
　〔商業・工業系〕前面道路の幅員 × 6/10 ＝容積率

❼ 斜線制限を受ける地域 □□□
　〔道路斜線制限〕すべての地域
　〔隣地斜線制限〕第一種・第二種低層住居専用地域、
　田園住居地域を除くすべての地域
　〔北側斜線制限〕低層住居専用地域・中高層住居専
　用地域・田園住居地域

❽ 日影規制を受ける建築物 □□□
　〔低層住居専用地域、田園住居地域〕
　　軒の高さが 7 m 超、または地階を除く階数が 3
　　以上
　〔その他の地域〕高さが 10 m 超

❾ 低層住居専用地域、田園住居地域内に定められる建築物の制限 □□□

〔外壁の後退距離〕1.5 m、または 1 m

〔建築物の高さ〕10 m、または 12 m

❿ 防火地域内の建築物 □□□

〔3階以上、または延べ面積 100㎡超〕耐火建築物

〔その他〕耐火、または準耐火建築物

⓫ 準防火地域内の建築物 □□□

〔地上4階以上、または延べ面積 1,500㎡超〕耐火建築物

〔地上3階、または延べ面積 500㎡超～1,500㎡以下〕耐火、または準耐火建築物

⓬ 防火・準防火地域に建築物がまたがる場合、厳しいほうの地域の規制を受ける □□□

2 法令上の制限 >> 27 建築物にかかわる制限

オーマイゴッド！ 家は建つか？

さて今回の
お話は…

皆さん、ここまで土地や建物についての決まり事をお勉強してきましたが、しっかり頭に残っていますか？いろんな規制やルールばっかりでうんざり…でしょうか。でも、まだあるんですよ、いろんな制限が…（笑）。
今回はある建物を建築しようとしている「建築主くん」に密着してみたいと重います。どうやらマイホームを建てようとしているようでお家の設計図を握りしめて「建築主事さん」のところへ出向いた様子。建築確認をもらって、さあ建てよう…と思いきや、結果は×。「建築主くん」は素敵なマイホームを無事に建てられるのでしょうか。
今回は「建築主くん」と「建築主事さん」のやり取りから、まだお勉強していないその他の制限についてお勉強させてもらいたいと思います！

本編 ステージ27 スタート 〔配役〕 建築主くん 建築主事さん

▶ シーン1　道　路

建築主

建築物を建てるときに、最も注意すべきことはなんですか？

建築主事

そうですね。なんといっても、地震等が起きたときの避難経路の確保ですね。

建築主

なるほど。これは生命にかかわる問題ですからね。

317

そうです。ですから、建築物を建てるときには、必ず建築物を建てる敷地が2m以上、道路と接するよう設計してください。
さらに、逃げ道となる道路の幅も、狭すぎては意味がありません。災害時には多数の住民が押し寄せ大混乱になることが予想されるからです。

それじゃあ、どのくらいの幅が妥当なのですか？

<u>道路とは、都市・準都市計画区域内の幅員4m以上の道をいう</u>❶んです。またこの4mは地域によっては6mとなります。しかし現実には、4m以下の道路もたくさんあります。現在のような自動車の増加が予測できなかった頃に造られたものですね。
そこで、幅4m未満であっても、**特定行政庁**が『これは道路だ』と指定したものについては、道路とし、それに隣接して建てる建築物については、4m、あるいは6mの道路がいつでも作れるよう、まずそのためのスペースを確保してから、建築物を建てる必要があるのです。

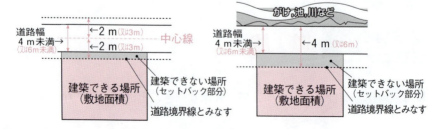

なるほど。いわゆる『セットバック』というやつですね。大切な敷地をみすみす取られてしまうようで泣くに泣けないなあ。もしかして、避難経路の確保以外にも、建築主が泣かされるようなことがあるのですか？

将来セットバックする可能性のある某マンション… 変な間取り！

セットバックの工事がはじまったらこの DEN (S) を壊すのだとか…（笑）。

> **DEN**（デン）→洞穴。
> 不動産用語では趣味を楽しむための部屋、隠れ家の意味。

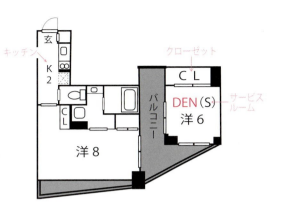

▶ シーン2　**建蔽率**（けんぺいりつ）

建築主事

実際に取られるわけでもなし、別にいじめているわけではありませんが、安全性の観点からの規定もあります。この場合、土地だけでなく、建築物そのものについても安全性が確保されていなければなりませんよね。そこで、まずは建築物の広さ、つまり建築面積に気をつけてください。

建築面積は、建築主が好き勝手に決められるわけではなく、次の公式に従って算出された面積を上限としてください。

〔公式〕**敷地面積 × 建蔽率（けんぺいりつ）＝ 建築面積**

建築主

建蔽率ってなんですか？

建蔽率とは、敷地面積に対する建築物を建てることのできる面積の割合をいい、用途地域によって異なった値が設定されています。

なぜ、用途地域によって建蔽率が異なっているのですか？

住宅街のような地域で、敷地いっぱいに建築物を建てることを許してしまうと、隣家は日照を取り入れられません。ですから、建蔽率は低くしてあります。また、新設された田園住居地域も同様です。畑に日照がなかったら、お野菜もしなしなになっちゃうでしょ。また、爆発物を扱う危険な工場がたくさんあるような地域も、万一の際に災害が拡がらないよう、建蔽率を低くしてあります。逆に、店舗が建ち並ぶような地域は、多くの客を建築物の中に収容できるよう、建蔽率を高くしてあります。用途地域ごとに設定できる建蔽率の範囲は、次の通りで、商業地域以外は都市計画に定められます。

> **建築物の建蔽率 ❷** ◀重要な項目
> 〔第一種・第二種住居地域、準住居地域、準工業地域、田園住居地域〕5/10〜8/10
> 〔近隣商業地域〕6/10、または 8/10
> 〔商業地域〕8/10
> 〔工業地域〕5/10、または 6/10
> 〔その他の地域〕3/10〜6/10

では、このなかから、私のような建築主が選んで建築物を建築していい？

とんでもありません。『都市計画に定められる』ってことは、このなかから、地域ごとに妥当と思われる建蔽率を都道府県が選んで都市計画に定めます。あなた方建築主は、それを超えないようにして建築物を建築するんです。

な〜んだ、自分達で選べられれば一番広くなる建蔽率を選べるのに…残念。じゃあ1つの敷地が2つの地域にまたがってしまう場合はどうするの？ たとえば1つの敷地のうち、200㎡が建蔽率6/10の準住居地域、300㎡が商業地域にまたがっている場合の建蔽率は？

a. 準住居地域 200㎡

b. 商業地域 300㎡

境界線

 いったん、それぞれの地域の建築面積を算出した上で、改めて建蔽率を算出します。

〔公式〕敷地面積×建蔽率
　　　＝建築面積
a. 200㎡×6/10＝120㎡
b. 300㎡×8/10＝240㎡
建蔽率＝建築面積÷敷地面積より、実際の建蔽率は、次のように算出されます。
360㎡÷500㎡＝72％

 う〜ん、狭い敷地の所有者にとっては、かなりシビアだね。

 そうですね。しかし、そんな方にとって朗報もあります。実は、一定の要件を満たせば、建蔽率は緩和されるんですよ。

建蔽率が1/10（10％）緩和されるとき❸ ｰ 重要な項目

① 建蔽率が8/10以外の地域、かつ防火地域、かつ耐火建築物 ❸ - ①
② 特定行政庁が指定する角地 ❸ - ②

建蔽率が10/10（100％）緩和されるとき❹ ｰ 重要な項目

建蔽率が8/10の地域、かつ防火地域、かつ耐火建築物

建築主　じゃあ、たとえば準住居地域、かつ防火地域内において、仮に建蔽率が6/10と定められている場合は、10％を加えた7/10（70％）に緩和されるということですか？

建築主事　そうです。その10％分、耐火建築物を建てられる面積が広くなるのです。そのうえ耐火建築物でかつ特定行政庁が指定した角地にある場合には、建蔽率は2/10（20％）アップするのです。

建築主　そうか。そうやって、安全性と快適性の折り合いをつけているんですね。商業地域で防火地域、かつ耐火だと100パーセントかぁ…。まあ、建蔽率が厳しくて、建築面積が小さくならざるを得ないなら、その分4階建てにでもしますよ。

▶ シーン3　容積率

建築主事　そう簡単にはいきませんよ。建築面積、つまり建築物の広さが決まったら、次は、延べ面積、つまり何階建ての建築物が建てられるかを検討しなければなりません。これは、次の公式で算出できます。

〔公式〕敷地面積×容積率＝延べ面積

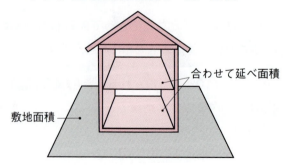

容積率？ 何階建てにするかも制限されるの？

ええ。**容積率とは、延べ面積の敷地面積に対する割合**です。ですから、容積率で延べ面積の上限が決められてしまえば、必然的に階数も決まってきますよね。ただし、容積率も、建蔽率同様、用途地域によって異なります。

用途地域によって容積率が異なる理由も、建蔽率同様、日照や安全面への配慮なんですか？

ええ。用途地域ごとに設定できる容積率の範囲は、次の通りで都市計画に定められます。

建築物の容積率❺ ◀重要な項目

〔第一種・第二種低層住居専用地域、田園住居地域〕5/10 〜 20/10

〔第一種・第二種中高層住居専用地域〕10/10 〜 50/10

〔商業地域〕20/10 〜 130/10

〔工業・工業専用地域〕10/10 〜 40/10

〔その他の地域〕10/10 〜 50/10

もしも、先ほどと同様に、1つの敷地が2つの地域にまたがってしまう場合はどうするの？ 200㎡が準住居地域で、容積率20/10、300㎡が商業地域で、容積率40/10としたら、容積率は？

いったん、それぞれの地域の延べ面積を算出した上で、改めて容積率を算出します。

> 〔公式〕敷地面積×容積率＝延べ面積
>
> a.200㎡× 20/10 = 400㎡
> b.300㎡× 40/10 = 1,200㎡
> 容積率＝延べ面積÷敷地面積より、実際の容積率は、次のように算出されます。
> 1,600㎡÷ 500㎡= 320%

広さの次は、高さも制限されるのかあ…ちなみに地下階があるときも同様に参入されるの？高さにはそんなに関係しないと思うけど。

いえ、地下階の面積については、そのお家の床面積の合計の1/3までの分は床面積に参入しないことになっています。

なるほどなー、ところで、容積率だって建蔽率のように緩和される場合があるんでしょ？

いいえ、容積率には、建蔽率のような緩和措置がなく、そればかりか、逆に、都市計画で定められた容積率よりもっと厳しくなる場合があるのです。

げっ…いったいどんな場合に？

要は、災害時の避難対策です。前面道路が12m未満の建築物の容積率は、都市計画で定めた容積率より厳しくなる場合があるのです。算出方法は、次の通りです。

> **重要な項目**
>
> 前面道路を使った容積率算出の公式 ❻
> 〔住居系〕前面道路の幅員× 4/10 ＝容積率
> 〔商業・工業系〕前面道路の幅員× 6/10 ＝容積率

この公式をどう使うのですか？

つまりですね、この公式を用いて算出した容積率が、都市計画で定めた容積率よりも厳しければ、公式で算出した容積率を使って、延べ面積を求めることになるのです。出た数字が小さい方を適用するということです。

…そうなんだ。で？ まだ制限があるんでしょ。もう驚かないから、言ってよ早く。

おっしゃる通り、これだけでは建築確認をパスできません。

はいはいはい、今度は安全性？快適性？

３つの斜線制限

快適性を確保するための制限です。たとえば建築物を建てると、このような影（図）が、隣地や隣接する道路等にかかりますよね。
この影のために、隣地に住む住民にとっては、下手をすると１年を通じてほとんど日照を得られない事態がおきかねません。
また太陽は南から当たるため、敷地の北側も日照に支障を来します。
よって建築物の壁面に一定の角度を設けなくてはなりません。

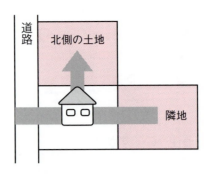

建築主
建築物の壁面に角度を付けて、隣地や道路等にかかる建築物の影を最小限に食い止めようということかな？

建築主事
そうです。これを斜線制限といいます。この制限が適用される地域では、地面から一定の基準で引いた斜線の中に建築物が収まるよう、配慮して建てなければなりません。

建築主
ああ、そういえば、道路沿いに立つビルの上の方が、斜めに切り取られたようになっている姿をよく見かけるよね。でも、商業地域みたいに高い建築物がはびこっている地域だと、日照が得られないのも当然というか、別にお日様なんか当たらなくてもいいと思うんだけど…。

建築主事
ですから、斜線制限は、次のような地域に適用されるのです。

斜線制限を受ける地域 ❼ ◀重要な項目

〔道路斜線制限〕すべての地域
〔隣地斜線制限〕第一種・第二種低層住居専用地域、田園住居地域を除くすべての地域
〔北側斜線制限〕低層住居専用地域・中高層住居専用地域、田園住居地域（ただし中高層住居専用地域で、日影規制を受けている場合は除く）

▶ シーン5　日影(ひかげ)規制を受けるとき

建築主

しかし、この程度で効果があるの？　季節によって太陽光の入射角度も違うだろうし、斜線制限を守ったはいいけど、1年のある時期だけ、それも1日2～3時間なんて事態が起きちゃうんじゃないの？

建築主事

確かにその心配はあります…そのため、地方公共団体が条例で指定する区域内に、次の建築物を建てる場合に限って、一定時間以上日照を確保できるよう、必要な措置を取らなければならないのです。

> **日影規制を受ける建築物 ❽** ◀ 重要な項目
> 〔低層住居専用地域〕軒の高さが7m超、または地階を除く階数が3以上
> 〔商業・工業・工業専用地域を除くその他の地域〕高さが10m超

建築主事

商業や工業地域が除かれているのは日当りが悪くても問題ない地域だからです。だって、工場だったら別に問題ないでしょ、そんなにぽかぽかの日差しが入らなくても。

建築主

要するに、隣家との間隔を十分取ったり、建築物の壁面に傾斜を付けたりして、一定時間以上の日照を確保すればいいってことだ。よーし、以上の点に注意して、もう1度設計し直してくる。

▶ シーン6　低層住居専用地域内の制限

建築主事

あ、その前にちょっと、予定しているのはどんな建築物です？

夢のマイホームだよ候補の土地は確か第一種低層住居専用地域だったっけなぁ。

そうですか、実は、第一種・第二種低層住居専用地域と田園住居地域では、他の地域よりも、建築の条件が一層厳しくなっているんですよ。

うそっ？ どれくらい厳しくなっちゃう？

第一種、第二種にかかわらず、低層住居専用地域は、良好な住居の環境を保護する目的から、次のような制限が定められています。

> **低層住居専用地域、田園住居地域内に定められる建築物の制限** ❾ 重要な項目
> 〔外壁の後退距離〕1.5 m、または 1 m
> 〔建築物の高さ〕10 m、または 12 m

建築物の高さで 10 m、または 12m とはどういうことですか？

10 m、12m のどちらかを、お上が必要に応じて都市画で定められるということです。そうなると、それを超えて建てられなくなります。

なるほど。外壁の後退距離とは、どういうことですか？

外壁の後退距離とは、道路境界線もしくは隣地境界線から、建築物の外壁（壁の外側）までの距離をいいます。
通常、民法の規定では、外壁の後退距離は最低 50cm とされていますが、第一種・第二種低層住居専用地域および田園住居地域内では、隣家のプライバシー保護のため、この後退距離を 1.5 m、または 1 m と定められるのです。

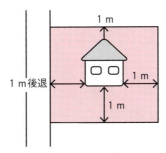

つまり3m×3mの土地だったら1mずつ後退して真ん中の1m× 1m＝1㎡に家を建てろと？

1㎡では生活するには小さすぎますね（笑）。ちなみに、小さなお家ばっかりのごちゃごちゃした街はイヤというエリアのために低層住居地域に限らず、都市計画で建築物の敷地について最低限度を定めることもできるんですよ。ただし、1,000平米とか500平米なんてあんまり厳しい最低限度を設けてしまうと、それだけの規模の土地を購入して家を建てられるのはちょーお金だけという事態になってしまいます。そのためもし最低限度を定めるのであれば200㎡を超えてはならないという制限がついています。

いいかえると、用途地域内の土地は、建物を建てて生活するために使われるべきで、そのためにある程度の広さが必要です。そこで、敷地を小さく切り売りするような取引を防ぐために、都市計画で、敷地の最低限度を定められるのです。1度切り売りした土地をもとに戻すのは至難の業ですからね。

へえ。切り売りはダメといっても、一般庶民に手が出ないような広い敷地を最低限度としても意味がないから200㎡なのか。

まさしくそういうことです。そのうえ敷地を切り売りすれば、住戸数も増え、それに伴って人口も増えます。万一、火災が起きた場合の避難等の対処法も、ごちゃごちゃしている街だと大変ですからね…。

▶ シーン7　防火・準防火地域内の制限

う〜ん、マイホームを建てようとしている私としては、確かに、火事は重大な心配事のひとつだなぁ。

そうですね。建築物を建てるときには、火災対策についても考えなければいけません。たとえば建築物が密集する地域で、ひとたび火の手が上がれば、あっという間に延焼してしまいます。しかし建築物を燃えにくい建材で建築しておけば、延焼もある程度回避できますよね。

それはよくわかるけどさ、延焼しにくい建材って高額でしょ。マイホームを建てるときに、そこまで手が回らないというのが、僕のようなサラリーマンの正直な気持ちだけどね！

だから、すべての建築物をそうしろというのではありません。火災対策を重視しなければならない防火・準防火地域の2つの地域内で、以下の〔　〕中の要件を満たす建築物について、燃えにくい建材で建築することを義務付けています。

防火地域内の建築物 ❿ ◀重要な項目
〔3階以上、または延べ面積100㎡超〕耐火建築物
〔その他〕耐火、または準耐火建築物

準防火地域内の建築物 ⓫ ◀重要な項目
〔地上4階以上、または延べ面積1,500㎡超〕耐火建築物
〔地上3階、または延べ面積500㎡超〜1,500㎡以下〕耐火、または準耐火建築物

ただし、3階でも500㎡以下の建築物ならば木造にできますよ。

2 法令上の制限 ≫ 27 建築物にかかわる制限

建築主：じゃあ、建築物が、防火地域と準防火地域にまたがる場合は？

建築主事：**防火・準防火地域に建築物がまたがる場合、厳しいほうの地域の規制を受ける⓬** のです。 重要な項目

建築主：避難経路、安全性、快適性、火災対策…、ふう、ひとくちに建築物を建てるっていっても、結構大変なんだね。

建築主事：いや、本当は、まだまだあるんですよ。え〜。

建築主：け…結構です、もうお腹いっぱいです…。

確認する！ 語句の意味をチェック

特別行政庁	行政主体の意思を決定し、これを表示する権限を有する行政機関
耐火建築物	主要構造部（壁・床・柱・はり・屋根・階段）を鉄筋コンクリート造等の一定の耐火性能を有する構造の建築物
角地	２つの道路が交差する角に面した土地のこと
前面道路	敷地に接している道路のうち、幅員の１番広いもの
道路斜線制限	道路の日照等を確保するために、道路に面している建築物の壁の高さを制限する制度
隣地斜線制限	建築物の北側以外が隣地に面している場合、その隣地の日照等を確保するため、建築物の隣地に面している建築物の壁の高さを制限する制度
北側斜線制限	隣地の南側の敷地の日照・採光・風通し等を保護するため、建築物の北側の壁の高さを制限する制度
準耐火建築物	耐火建築物と同様だが、耐火性能が若干劣る

挑戦する！ 試験問題セレクション

問 27 防火地域内において、階数が２で延べ面積が 200㎡ の住宅は、必ず耐火建築物としなければならない。（平成６年）

★解答・解説は次ページ左下

ステージ **28**

第2章 法令上の制限

農地法
(のうちほう)

● 攻略のガイドライン

3条と5条の2つが特に重要です。原則事項は当然ですが、併せて例外事項も覚えておくことをオススメします。ここは本試験で絶対に得点したい。理解できたら次はアウトプットです！

● 学習のガイドライン

本試験重要度	★★★★★
本試験出題頻度	★★★★★
本試験出題難易度	★★
攻略に必要な実力	A（やさしい）
学習効率	B（良）
覚えるべき事項	5項目

攻略のひとことテーマ

農地が減ったり、耕す者が代わると、食糧供給に悪影響が生じる

理解と暗記の重要ポイント

チェック欄

重要な項目

❶ **第3条：農地の権利を移転等する場合**

農業委員会の許可

[農業委員会]→市町村に設置される。農地の無断転用の監視、農業をする人の人材の確保、農地の管理等を行う組織のこと。

❷ **第4条：所有者はそのまま、農地を宅地等に転用する場合**

〔市街化区域内の土地〕 農業委員会への届出
〔農林水産大臣が指定する市町村内の土地〕 市町村長の許可
〔その他の土地〕 知事の許可

❸ **第5条：農地を宅地等に転用し、かつ権利を移転等する場合**

〔市街化区域内の土地〕 農業委員会への届出
〔農林水産大臣が指定する市町村内の土地〕 市町村長の許可
〔その他の土地〕 知事の許可

---

332 〔問27の解答・解説〕 ○ 階数が2でも、延べ面積が100㎡を超えているのでその通り。

❹ 農地の賃貸借は、その登記がなくても実際に農地の引き渡しがあった場合は、そのあとに所有権等を取得した人に対抗できる

❺ 1年前から6カ月前までの間に、相手に更新しない旨の通知をしなかったときは、従前と同じ条件で更新したとみなす

届出？ 許可？ 自分の農地なのに…

さて今回のお話は…

私たちが生活して行くための基本は衣食住…農地はこのうちの「食」を確保するための大事な母体です。ですから、耕作されている農地が減ってしまったり、農地を営む人が代わって農業のノウハウがわからない人が耕すことになってしまう生産性が下がるような事態は避けなければなりません。

そういった視点から「食」を確保するためにはできるだけ農地は売らずに、営む人も代わらないほうがいいですよね。だからといって「キミの農地は絶対誰にも売らないで！」なんて規制をされてしまっては、農家の人があまりにかわいそう。そこで農地の取引に関しては他の土地とはちょっと異なる独自ルールがあるんです。

実際にこの問題に直面している人がいるようですね。ここでは「元農家くん」と「農家くん」から農地法についていろいろ教えてもらいましょう。

 〔配役〕 農家くん 元農家くん

▶ シーン1　農地の権利移動（第3条）

元農家　農地を離れてもうずいぶん経つな～、そろそろまた練馬大根でも作りたいよなぁ…。

農家　これは、元農家さん、お久しぶりです。あのとき農地を売っていただいた農家ですよ。お元気でしたか？

元農家　農家さんもお変わりなく、元気そうじゃないか。

農家　いやあ、それがそうでもないんですよ…農業をちょっと甘く見ていました。全然量が作れなくて、この先続けていけるか不安です。やっぱり、私の能力不足なのかなぁ…、せっかく購入した農地ですが、協力してくれる人がいれば、農地の一部を譲りたいとも思っているんですよ。

元農家　そうなんだ。でも、僕が君に農地をゆずったときと同じだけど、農地や、現状、農地のような状態になっている土地に、所有権・地上権・**永小作権**（えいこさくけん）・賃借権等の権利を設定したり移転する場合には注意した方がいいよ。

農家　権利の設定・移転って、具体的には、どんな場合ですか？。

元農家　う～ん、こんな取引のことを指すなぁ。

334

> **農地法の制限を受ける行為**
> ①農地の所有者等が代わるとき
> ②採草放牧地の所有者等が代わるとき
> ③採草放牧地が農地になり、かつ所有者等が代わるとき

で、この場合に、どんな注意が必要なんですか？

農地の権利を移転等する場合には、すべて農業委員会という農業を取り仕切っているところの許可が必要になるんだよ。もしも、買い手の住所が、農地のある市町村外のときも同じ。これは、農地法第3条で規定されているよ。（平成24年改正）

> **重要な項目**
> **第3条：農地の権利をそのまま誰かに移転等する場合 ❶**
> 　農業委員会の許可
> （法改正前）
> 〔買主と農地の市町村が異なるとき〕知事の許可

しかし、どうして許可が必要なんですか？

農地を移転等すれば、農業を営む者が代わるから。新しく農業を営む者によって当然、食料生産量も変わってくるでしょ？そこで、新しく農業を営む者の経験や能力を事前に知ることで、農業委員会や県は、必要な措置を講じようとしてるんだよ。

必要な措置とは？

たとえば、他の農家さんに手伝いを頼むことだってできる。そうすれば、たとえ1軒の生産量が減ってしまっても、市町村や県全体の生産量を保てるということ。

なるほど。さすが、元農家さんはもの知りですね。

ただし、次の場合には、許可を受ける必要はないんだ。

> **第3条の許可が不要な場合**
> ④国・都道府県が権利を取得する場合
> ⑤法に基づく調停等によって権利を取得する場合
> ⑥土地収用法に基づいて権利を取得する場合
> ⑦遺産分割によって権利を取得する場合（相続）…など

ところで、農家さんが先ほどいってた協力者とやらに、私が立候補してもいいかな？

もちろんです。元農家さんに協力してもらえたら、鬼に金棒ですよ。でも、2人でこなすには、ちょっと農地が狭すぎるかな。

じゃあ、隣の**採草放牧地**（さいそうほうぼくち）を農地にしたらどうよ？

いや…でも、農業委員会や知事の許可をもらうのも面倒くさいなあ。

採草放牧地を農地にするだけなら、許可は不要だよ。採草放牧地→農地と用途を変えてもお上は文句は言わないんだ。もちろん所有者が代わるとなると話は別だけどね。

でも、採草放牧地を農地にすれば、食料生産量も変わってくるじゃないですか。

採草放牧地って言い方悪いかもしれないけど原っぱみたいなもんでしょ？それを農地にすれば、食料生産が増えることになる。荒れ地に近い採草放牧地が、耕されて農地となるのは、農地法の主旨からす

れば、歓迎すべきことなんだよ。だから、許可が不要なんだ。

シーン2　農地の転用（第4条）

　1年後…

農家　元農家さんにお譲りした分、農地は減ってしまいましたが、それでも、元農家さんにいろいろ教えていただいたので、今年は昨年よりたくさん収穫できました。

元農家　いやあ、農家さんががんばった結果だよ。よかったね。

農家　いいえ、とんでもない。ところで、あれから1年、東京からはるばるこの畑まで通ってくるのは、さぞ大変だったでしょうね。

元農家　そうなんだよなぁ。やっぱり農地に近い場所へ住むほうがいいと思って、この農地の隅に小さいながらも、楽しいわが家を建てようかと考えているんだけどどう思う？

農家　いいですね。でも、農地にマイホームを建てるとなると、農地が宅地になるわけですね。

元農家　うん。具体的には、次のような場合がそうなんだ。

> **農地法の制限を受ける行為**
> 　農地が宅地等、農地以外になるとき（農地に農業を営む者の家を建てる等）
> 　※採草放牧地の自己転用は対象外となっていることに注意

しかし、その分農地が減ってしまいますよね。この場合、許可等は必要ないのですか？

いやいや、もちろん必要になる。原則は都道府県知事に許可をもらうことになるんだけど、現在の土地利用等の状況をみて農林水産大臣が指定している市町村に関しては指定市町村の長の許可で足りるぞ。また、『市街化区域内の農地』の転用については、農業委員会への届出だけでOKとかなり緩くなっているね。

> **重要な項目**
> 第4条：所有者はそのまま、農地を宅地等に転用する場合 ❷
> 〔市街化区域内の土地〕　農業委員会への届出
> 〔農林水産大臣が指定する市町村内の土地〕　市町村長の許可
> 〔その他の土地〕　知事の許可

どうして市街化区域は農業委員会への届出だけでいいんですか？

それはな、市街化区域っていうのは市街地を形成したい地域でしょ？そんな都会的な街づくりを進めようとしているエリアの中に農地があってもいまいち…ということで、農地から住宅等に転用してくれるのはお上からすれば願ったり叶ったりなんだ。だから許可等と堅苦しいことはなしにしたんだよ。ただし、農業は国の基盤のひとつでもあるから、現状がわからなくならないように届出だけはしてね、と定められているんだ。

▶ シーン3　農地等の転用を伴う権利移動（第5条）

さすが元農家さん、博識ですね。でも、マイホームの件はどうします？　もしよろしければ、うちの農地を宅地用に買いませんか。やはり、私の実力からして、まだ農地が多いんですよね。

それは、ありがたいなあ。

でも、やっぱり許可等が必要なんでしょうね。

農地や、農地になり得る土地が減ったうえに、その土地の所有権・地上権・永小作権・賃借権等の各権利を設定・移転する場合には、やっぱり、農業委員会へ届け出るか、もしくは知事・市町村の長許可が必要となるんだよ。これは農地法第5条の規定だね。

> **重要な項目**
>
> **第5条：農地を宅地等に変更し、かつ権利も移転等をする場合 ❸**
> 〔市街化区域内の土地〕 農業委員会への届出
> 〔農林水産大臣が指定する市町村内の土地〕 市町村長の許可
> 〔その他の土地〕 知事の許可

どうやら、この場合も、第4条と同様ってことですね？

その通り。具体的には、次のような場合だ。

> **農地法の制限を受ける行為**
> ①農地が農地以外になり、かつ所有者等が代わるとき
> ②採草放牧地が農地以外になり、かつ所有者等が代わるとき

ただし、次の場合には、届出も許可も不要。

> **第5条の届出・許可が不要な場合**
> ③国・都道府県が権利を取得する場合
> ④土地収用法に基づいて権利を取得する場合

しかし、ここでも許可ですかあ。家を建てるのも面倒くさそうですね。

▶ シーン4　農地や採草放牧地の賃貸における保護

そうだなあ。そうそう、もしもまだ土地が余っているようだったら近くの農家のひとに貸してもいいかもしれないね。

貸すんですか？賃貸借のときももちろん許可や届け出は必要なんですよね？

それはやっぱり必要だね。でも賃貸借の時には特別ルールが設けられているから要チェック。
まず、農地の賃貸借の場合は民法上20年というのが50年に規定されている。
あと農地における賃借権の対抗力というんだけど、**農地の賃貸借は、その登記がなくても実際に農地の引き渡しがあった場合は、そのあとに所有権等を取得した人に対抗できる** ❹ ことになってるんだよ。

> 重要な項目

仮に私が誰かに農地を貸借している状態で、土地を手放したりしても借りている人の権利は保護されるってわけですね。

その通り。あと貸す側として注意してほしいんだけど、期間の定めのある賃貸借の場合は、**期間満了の1年前から6カ月前までの間に、相手に更新しない旨の通知をしなかったときは、従前と同じ条件で更新したとみなす** ❺ ことになってるよ。

> 重要な項目

なるほど。例えば私に余裕が出てきてそろそろ貸すのをやめたいなあと思ったときにはこれに注意しないとそのまま更新されちゃうってことですね。気を付けます…。

あと、これはびっくりするかもしれないんだけど、日本の農地を守ろう！ということで賃貸借の解除をする場合にも原則として都道府県知事の許可がないと解除できない（笑）。

えっ、解約するときも許可がいるんですか…。貸すのはやめようかな…。

語句の意味をチェック

永小作権	小作料を支払って、他人の土地で耕作または牧畜を行う権利で、物権のひとつ
農業委員会	自作農の創設維持、農地等の利用関係の調整、農地等の交換分合等、農地の管理執行にあたるとともに、農政上の諸活動を行うことを任務とする行政委員会
土地収用法	公共の利益となる事業に必要な土地等の収用または使用に関し、規定する法律
採草放牧地	農地以外の土地で、主として耕作または養畜の事業のための採草、または家畜の放牧に使用される土地

試験問題セレクション

問28 市街化区域内の農地を取得して住宅地に転用する場合は、都道府県知事にその旨を届け出れば、農地法第5条の許可を得る必要はない。（平成8年）

★解答・解説は次ページ左下

ステージ29 不動産の鑑定評価、地価公示法

第2章 法令上の制限

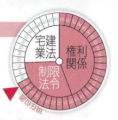

●学習のガイドライン

本試験重要度	★★★
本試験出題頻度	★★★★★
本試験出題難易度	★★★
攻略に必要な実力	B（普通）
学習効率	B（良）
覚えるべき事項	4項目

●攻略のガイドライン

限定や正常、適正など、小難しい言葉が多いですが、地価公示法の目的、手続き、鑑定方法をひとつの流れで学習すれば、それらがつながって理解できます。どのように不動産の価値が評価されるのか流れを意識して進めていきましょう。

攻略のひとことテーマ

地価公示法があるから、不動産の鑑定評価がある

理解と暗記の重要ポイント

チェック欄

地価公示法

重要な項目

❶ 公示価格は、一般の土地取引価格の指標、公共事業のための補償金の額を算定する等の資となる

公示価格 → 国土交通省が全国に定めた地点（標準地）の毎年1月1日時点での評価価格のこと。

❷ 鑑定委員会が標準地を選定する場所
　①規制区域を除く都市計画区域
　②土地取引が相当程度見込まれる区域

❸ 正常な価格は、建物や借地権が存在しないものとして算定する

不動産の鑑定評価

---

342 〔問28の解答・解説〕× 　転用、かつ権利の移転等、ときたら、第5条。市街化区域内の農地の場合には、知事でなく農業委員会への届出。

❹ 不動産の鑑定評価は、原価方式、比較方式、収益方式を併用する

- 不動産の鑑定評価 → 不動産鑑定士が土地や建物などの不動産の合理的な価格を評価すること。
- 原価方式 → 対象の不動産を仮にもう一度建築、造成するといくらかかるか計算して、そこから経過年数による価値の低下を差し引いて、現在の価値を出す方法のこと。
- 比較方式 → 対象不動産と同じような物件が前にいくらで取引されたか事例を収集して次に事情補正や時点修正をして価格を出す方式のこと。
- 収益方式 → 対象不動産から予測される純収益を求めることによって、対象不動産の試算価格（収益価格）を出す方法のこと。賃貸に出す場合、賃料は幾らで設定できるのか。

不動産の鑑定も仕事です

さて今回のお話は…

皆さんはインターネットや街中の広告で不動産の価格を目にしたことはありますか？
それらが適正かどうか、つまり市場の相場と合っているかどうかはシロートではなかなか判断することが困難です。「このド素人のいいカモに、より高く売ってやろう」というお金が大好きな一部の宅建業者さんの不動産商戦に、あの手この手で巻き込まれてしまいます。
そこで売り手にも買い手にも偏らない客観的な市場価格というものが求められるようになりました。適正な市場価格がどのように設定されるのかを某不動産鑑定事務所を訪れたお客さんと一緒にお勉強していきましょう。

本編

  〔配役〕 お客さん 不動産鑑定士

▶ シーン1　**公示価格（こうじかかく）**

あのう、仕事を依頼したいんですが…。

いらっしゃいませ。もしかして**土地鑑定委員会**の方ですか？

はあ？　土地鑑定委員会ってなんですか？

これは失礼。え〜、土地鑑定委員会とは、土地が適正な価格で市場に出回るよう、**正常な価格**を誰にでもわかるよう公示する仕事をしている専門家集団です。

その土地鑑定委員会の方がよくいらっしゃると？

はい、正常価格を求める依頼がそろそろ来る頃なんで、失礼いたしました。一口に不動産の価格とは言ってもいろいろな価格がありますが、さて、あなたは不動産のどんな価格が知りたいんですか？

> **不動産の鑑定価格の種類**
> ①正常価格…開かれた市場における価格
> ②限定価格…借地権者が底地の併合や隣接不動産の併合を目的とする売買等、限定された市場における価格
> ③特定価格…民事再生法により早期売却を前提とする等、特定の評価目的のもと、正常価格とは違った前提で求められる価格
> ④特殊価格…文化財や宗教建築物の公共公益用不動産等、市場での取引を前提としない特殊な価格

うーん…正常価格っていうのが先程の土地鑑定委員会の人たちが出している正常な価格のことなんですか？

正確にいえば、正常価格を私のような不動産鑑定士が物件を鑑定し、それを土地鑑定委員会が参考にして正常な価格を判定するんです。で、その正常な価格を公示すると公示価格と呼ばれるようになるんです。

公示価格ってなにに使われるんですか？

公示価格は、一般の土地取引価格の指標、公共事業のための補償金の額を算定する等の資となる ❶ んです。宅建業者はこの公示価格を基準として取引を行うように努めなければならないとされているんですよ。（努力義務）

なるほど。つまりは取引価格の目安をつくるわけですね。で、公示ってどうやるんですか？

官報等を使って公示しますね。あの〜、ご依頼というのは？

不動産の鑑定方法

それより、不動産の鑑定ってどのように行うんですか？

…えっと、正常価格も含めて、**不動産の鑑定評価は、原価法、取引事例比較法、収益還元法を併用する** ❹ んです。

一回の鑑定で、そんなにたくさんの方法を使うんですか？

ええ、必要に応じて。原価法は『土地を再造成するとしたらいくらかかるか』という**不動産の再調達**に要する原価に着目する方法です。

 じゃあ取引事例比較法っていうのは？

 取引事例比較法は『似たような不動産が過去にいくらで取引された か』に着目する方法です。

 とすれば、取引事例を集めないといけないんですね。

 事例といっても条件があって、なんでもいいというわけじゃないんで すよ。

使用される取引事例
　　①近隣地域や同一需給圏内の類似地域にあること
　　②土地の形状や日照時間等、個別的要因の比較が可能なこと
　　③取引事例について特殊事情がないこと

 最後の収益還元法というのは？

 収益還元法では『対象物件を賃貸したら賃料がどのくらい入るか』等、 不動産から生み出される収益に着目する方法です。たとえば銀行の利 息の計算式を知っていますか？

 え〜と、元本×利回り＝利息ですよね。

よくご存知で。その式を逆算するんです。

逆算ってどういうことですか？算数苦手だからちょっと…。

実は不動産にも利回りがあって、それによって1年間の純利益÷利回り＝元本（不動産の価格）で算出できるんですよ。もっともこの収益還元法は学校等の公共用の不動産にはそぐわないですけどね。

そうですね。学校貸したら儲かりそうだけど…。でも土地の上に建物が建っていたらどうするんですか？

ご心配なく。**正常な価格は、建物や借地権が存在しないものとして算定する ❸** ので。あの〜、こんな話面白いですか？ご依頼というお話でしたが…。

▶ シーン3　標準地（ひょうじゅんち）

ええ、私は土地鑑定委員会じゃないけど、とっても興味深いですよ。

そうですか…その土地鑑定委員会は標準地の1月1日現在における各1㎡当たりの正常な価格を決定するので、例年今頃いらっしゃるんですよ。

標準地って？

簡単にいって手本となる土地のことです。鑑定委員会が標準地を選定する場所は2つあり、規制区域を除く都市計画区域 ❷-① と土地取引が相当程度見込まれる区域 ❷-② で、これを公示区域といいます。

都市計画区域内…ってかなりの数になるんじゃないんですか？

 そうだけど、その点は土地鑑定委員会が不動産鑑定士にしっかりふりわけてるから大丈夫です。ちなみに土地鑑定委員会では2人以上の不動産鑑定士に鑑定を依頼してより正確な鑑定になるようにしてるんですよ。

 ふーん、1月1日現在ってことは時間的制約もあるでしょ？正直いって鑑定した日によってばらつきが出るんじゃないでしょうか。

 大丈夫です。私たちは**近傍類地**（きんぼうるいち）の取引価格（比較方式）、地代（収益方式）、造成費用（原価方式）を**勘案**（かんあん）して、鑑定評価いたします。

 偉いなぁ！不動産鑑定士さんの鑑定評価を参考にして、土地鑑定委員会が正常な価格を判定して、え〜と公示するんですよね。

 すごい。だいぶ理解されているようですね。じゃあ、ご依頼の内容を伺いましょうか！

▶ シーン4 公示手続き

 いや、さっきの続きですが、正常な価格の公示はいつ行われるんですか？

 はぁ…。速やかに官報で公示します。それに公示だけじゃなく、公示事項を記載した書面を関係市町村長にも送付するんですよ。

 そうすると、これからの1年間の指標となる公示価格は、まさにこれから鑑定が行われるわけですね？

不動産鑑定士: そうですが、ところでどの価格で鑑定いたしましょうか？

お客さん: やっぱり鑑定はしなくて大丈夫！公示価格を参考にさせてもらうことにします。ご親切にどうも。

語句の意味をチェック

不動産鑑定士	不動産の鑑定評価を行う専門資格を有する者
土地鑑定委員会	地価公示法に基づき、地価の公示に関する事務を処理するため国土交通省に置かれる合議制の機関で、大学教授等の学識経験者が委員に任命される
正常な価格	投機目的のない、自由な取引が行われる場合に通常成立するはずの価格
公示	一定の事項を周知させるため、一般公衆が知ることができる状態に置くこと
底地	借地権の付いた宅地
指標	物事の見当をつけるための目印
不動産の再調達	目的となる不動産が再び最初の姿に戻るのに必要なものを調えること
同一需給圏内	需要と供給の場が同一範囲内である
近傍類地	近辺に存在している似た条件の土地
勘案	あれこれ考え合わせること

試験問題セレクション

問29 不動産の価格を求める鑑定評価の手法は、原価法、取引事例比較法及び収益還元法に大別されるが、鑑定評価に当たっては、案件に即してこれらの三手法のいずれか1つを適用することが原則である。（平成10年）

★解答・解説は次ページ左下

ステージ30 地方税

第2章 法令上の制限

●攻略のガイドライン

控除の内容を問う問題の出題頻度が圧倒的に多いです。控除の内容はもちろんですが、控除を受けるための要件をしっかり把握しておくことがポイントです。本ステージは得点できる可能性が結構高いぞ！

●学習のガイドライン
本試験重要度 ★★★★★
本試験出題頻度 ★★★★★
本試験出題難易度 ★★★
攻略に必要な実力 B（やさしい）
学習効率 A（良）
覚えるべき事項 4項目

攻略のひとことテーマ

はじめを安くするか、あとで安くするか、それが問題だ

理解と暗記の重要ポイント

チェック欄

重要な項目

不動産取得税

不動産取得税 → 売買や贈与で不動産を取得した家を新築、増築したときに都道府県が課する地方税のこと。

❶ 住宅に関する不動産取得税の計算と第一条件
〔計算〕（課税標準－1,200万円）× 3/100 ＝税額
〔第一条件〕床面積が50㎡以上であること

❷ 宅地に関する不動産取得税の計算
〔計算〕課税標準 × 1/2 × 3/100 ＝税額

固定資産税

固定資産税 → 毎年1月1日時点で土地や家屋などの固定資産を所有している人に市町村が課する地方税のこと。

---

350 〔問29の解答・解説〕× 不動産の鑑定は偏らないよう、3手法を併用するのが原則。

❸ 住宅に関する固定資産税の計算と第一条件

〔床面積 120㎡までの居住部分の計算〕
課税標準× 1.4/100 × 1/2 ＝税額
〔第一条件〕床面積が 50㎡以上 280㎡以下の新築

❹ 宅地に関する固定資産税の計算

〔200㎡以下部分の計算〕
課税標準× 1／6 × 1.4／100 ＝税額
〔200㎡超の部分の計算〕
課税標準× 1／3 × 1.4／100 ＝税額

税金払ってね、建前と本音

さて今回のお話は…

みんなの健康で文化的な生活のために存在する福祉施設。普段はなかなか気づかないものですが、意外と私たちは公共の福祉等を利用して生活をしているものです。逆に言えばそれを協力して担って行かなければなりません。その協力のひとつとして法律を守ること、もうひとつは税金を納めること！そういった考え方をするのであれば、税金とは公共施設の利用料とも言えるのではないでしょうか。

私たちは様々な名目で税金を納めていますが、不動産に関しては不動産取得税・固定資産税・所得税等という名目で取られています。

今回は不動産所得税と固定資産税を学習していこうと思いますが、この不動産所得税は都道府県、固定資産税は市町村が徴収することから、まとめて地方税といいます。それぞれどんなときに、いくら納めないといけないのかを「知事」「町長」と「業者さん」の会話からお勉強していきましょう。

▶ シーン1　不動産取得税を支払うとき

これは先日当選された新知事さん、どうなさったんですか？

選挙で赤字財政の立て直しを公約したんだけど、不動産取得税の税収を伸ばさないと県の懐がマズイのよね。なんかいい知恵ないかなと思って。

税収の機会はたくさんあるし、そのうちガバッて入ってきますよ。

建物の場合は新築・改築・増築したとき、土地の場合は取得したときに不動産取得税はかかるのよ。あなた、売れたことを隠しているんじゃない？

めっそうもない。ウチで扱うのはほとんどは都市計画区域内の物件で、新築したとしても建築確認が必要ですから、そちら行政でキッチリ管理してるじゃないですか。マンションだって建てて6カ月後に売れ残っていれば、そのときの所有者、つまり私たちが納税しているんです。

▶ シーン2　不動産取得税の基本計算

納税できるお金があるってことは、余裕があるってことじゃない？

カンベンしてくださいよ。ウチが扱っている物件は主に個人向けの住宅ですよ。高いと売れません。薄利多売なんです。

多売ってことは儲かってるわね。これ以上の税金の控除は必要ないかしらね。

ちょ、ちょっとそりゃないですよ。確かに本来、不動産取得税は『課税標準×4/100（4％）＝税率』で計算されますが、平成18年1月1日から平成30年3月31日までに取得した土地と住宅用家屋についての基本計算式はこうですよね。

> **不動産取得税の基本計算**
> 課税標準×3/100（住宅以外の建物は3.5/100）＝税額

このままで控除なしだと、誰もマイホームを買わなくなっちゃいますよ。

▶ シーン3　新築住宅に関する控除

でも、個人・法人・賃貸に関係なく、自己用の新築住宅の不動産取得税の計算式はこうでしょ。ずいぶん税負担を押さえているわよ。

> **住宅に関する不動産取得税の計算**
> （課税標準－1,200万円）×3/100＝税額

いやあ、この辺りの物件は3,000万円〜4,000万円台が主ですから、課税標準から1,200万円控除されても、税額は結構高いですよ。

それは違うわよ。課税標準は固定資産課税台帳に登録されている価格だから、売買代金よりもグッと低いんです。

でも新築住宅に関する控除には、要件があるじゃないですか。

住宅に関する不動産取得税の第一条件❶ 重要な項目
床面積が50㎡以上240㎡以下であること

床面積が50㎡以上240㎡以下（賃貸住宅は40㎡以上240㎡以下）となると、控除されない住宅だって実際に相当数ありますよ。

いいえ、微々たるものよ。あなた方業者さんはその点も計算して控除対象になるような住宅やマンションをせっせと建ててるじゃない。

だったら中古住宅はどうです？ 税金キビシイですよ。

そうかしら。個人の自己用の住宅に限ってはいるけど、年数によって課税標準を控除してるわ。こうしてみると、やっぱり控除しすぎかしらね。

▶ シーン4　宅地に関する軽減(けいげん)

そんな、やぶへびな…。でも知事、やっぱり住宅より宅地のほうが大規模な取引がありますから、税収も楽しみじゃないですか。

知事　宅地？ そうなのよ。この宅地の軽減措置も腹立たしいのよ。

宅地に関する不動産取得税の計算❷ —重要な項目—
課税標準×1/2×3/100＝税額

業者さん　いやあ、課税標準が半分に軽減されても残り半分に課税できるんですよ。

知事　とんでもないわ。このうえ一定の要件を満たす宅地には、さらに軽減があるじゃない。税金0円なんてこともあるじゃないの。

業者さん　ま、まあ…人生いろいろ、宅地もいろいろですから。住宅や宅地がダメでも、知事には、いや我が県にはそれ以外もあるじゃないですか。

知事　確かに、事務所等の住宅以外の建物、別荘、宅地以外の土地には基本通りの税金がかかるわよ。でも、あなたが扱っている主な物件はな～に？

業者さん　…個人向けの住宅です。

知事　我が県は第一種低層住居専用地域がほとんどを占めているんです。もっと住宅を売りまくってもらわないと困るのよね。

業者さん　頑張ります。そこでひとつ、住民を増やすために高層マンションが建てられるよう用途地域を変更してもらえると助かるんですが…。

知事　でもねえ。騒音だ、景観だ、環境破壊だってって最近は厳しいのよね。

シーン5　固定資産税を支払うとき

 半年後…

知事　お久しぶり。おかげさまで来年の不動産取得税は増収になりそうなので、今日は町長を連れてお礼をいいに来たのよ。

町長　いや〜、我が町も住民が増えたおかげで、来年の固定資産税は増収ですわ。本当に助かったよ。

業者さん　こちらこそ、不動産の取引も好調なんでこのまま頑張ります。それはそうと町長、固定資産税の計算ってどうにかなりませんかね。

町長　難しい？　面倒くさい？　原則として1月1日に固定資産課税台帳に登録されている者（地上権者等土地の所有者以外の者が納税義務者となることもある）が1年分を納税するなんて、明快じゃないか？

知事　それに、**納税通知書**があるんだし、なにも不動産屋さんが計算しなくても…。

業者さん　それが最近のお客はしっかりしているんですよ。売るほうも買うほうも所有していない期間についての固定資産税を払いたくないってね。

知事　それで日割り計算しているの？　でも、それくらいの手間を惜しんではいい仕事はできないんじゃない？　計算くらいしてあげなさいな。

▶ シーン6　固定資産税の基本計算

町長：ところで業者さん、納税者が増えたとはいっても、まだまだ我が町の財政は厳しい。もう少し固定資産税の税率を増やそうと思うんだが…。

業者さん：それはいけませんね。固定資産税は毎年徴収されるんです。この町だけ固定資産税が高いとあっては、納税者は出て行ってしまいますよ。

町長：しかしだな、もともと固定資産税の基本計算はそれほど高くないぞ。

> **固定資産税の基本計算**
> 課税標準 × 1.4/100（1.4%） ＝ 税額

業者さん：でも他と比べてのお得感が大事なんですから、安くするならともかく高くするのはダメです。

▶ シーン7　住宅に関するうれしい控除

町長：お得感なら十分あるじゃろ。新築住宅には軽減措置があるから、基本の計算式なんてあってないようなもの。

> **住宅に関する固定資産税の計算❸** ◀ 重要な項目
> 〔床面積120㎡までの居住部分〕課税標準 × 1.4/100 × 1/2 ＝ 税額

知事：新たに固定資産税が課税されることになった年度から3年分（地上3階以上の中高層耐火建築住宅は5年分）は、この計算でいいわけでしょ？

業者さん：この辺りの主な物件の床面積は80㎡～150㎡ですから、20㎡を超える部分は控除なしで税収が見込めます。そのうえ軽減には要件があって軽減されない住宅だってあるじゃないですか。

住宅に関する固定資産税の第一条件❸ 重要な項目
床面積が50㎡以上280㎡以下の新築

知事：でも、床面積が50㎡以上280㎡以下（共同賃貸住宅は35㎡以上280㎡以下）にあてはまらない住宅って少ないじゃない。

町長：また平成30年3月31日までに建築されたお家を対象に、長期優良住宅というこれは良いお家ですよ～という認定を受けた場合は減額される特例がある。中古で購入した場合も、先の期間までに新しく建てた場合も同様じゃ。
その他にも控除がいろいろあるのだから、ちっとも高くないぞ…。

参考までに見ておこう！（飛ばしてもOK）

・耐震改修工事で丈夫になった

耐震改修工事をした日が平成25年1月1日～平成30年12月31日の場合、翌年度から1年分減額されます。

※通行障害既存耐震不適格建築物（地震が起きて倒壊したときに道路を塞いでしまい、多数の人の危険を招く恐れがある建物のこと）に該当する住宅については、工事完了日の翌年度から2年度分減額です。

・省エネ改修工事をして地球に優しくなった

平成20年4月1日から平成30年3月31日の期間内に、一定の基準に基づいた省エネ工事が行われたものが対象です。

ただし、改修工事をした日が平成28年4月1日以降ですと、改修後のおうちの床面積が50平方メートル以上であることが条件になっています。

・お年寄りは大切に…バリアフリー工事をした

平成19年4月1日から平成30年3月31日の間に、一定の基準に基づいたバリアフリー改修工事をした住宅は減額されます。

ただし、工事をした日が平成28年4月1日以降の場合は、改修後の床面積が50平方メートル以上であることが適用対象となる条件です。

上記以外にもいろいろ控除があるんだから、少しくらい税率を高くしてもかまわんじゃろ。

いやいや、僕は断固反対です！

▶ シーン8　宅地に関する軽減

住宅がダメなら宅地があるじゃないですか。

いや、この宅地こそが問題なんじゃよ。住宅は新築から3年間我慢すればそのあとは基本計算で税金を徴収できる。でも宅地はそうもいかない。

> **重要な項目**
> **宅地に関する固定資産税の計算❹**
> 〔200㎡以下部分〕課税標準×1/6×1.4/100＝税額
> 〔200㎡超の部分〕課税標準×1/3×1.4/100＝税額

これがずっとだぞ！

確かに、住宅以上に軽減されているわね。

そのうえ、我が町は第一種低層住居専用地域がほとんどを占めるから、基本の計算で徴収できるはずの事務所等の住宅以外の建物、宅地以外の土地も微々たるものだ。

そうねえ。高層マンションを建てられるようにしても、第一種低層住居専用地域じゃ意味ないわね…。

どうです町長、いっそ町長所有の土地を売ってしまいましょうよ。分譲住宅をたくさん造って町を活性化しましょう。

なるほど。町長は大地主ですものね。あの広さだと控除もないし、税収アップの名案よ。っていうか町長としての責任ね。

町長　今決めました。今度の町長選は出ない。政界を引退することにしたぞ。

語句の意味をチェック

課税標準	税額を決定するための基礎となる課税物件の価格、または数量等をいう
固定資産課税台帳	土地課税台帳、家屋課税台帳…等の総称で固定資産の状況や固定資産の課税標準である固定資産の価格を明らかにするため市町村に備えられ、土地、家屋については3年に1回ごとに1月1日現在の価格を評価する
納税通知書	納税者が納付すべき地方税についての賦課の根拠となった規定、課税標準額、税率、税額等を記載した文書で地方公共団体が作成するもの

試験問題セレクション

問30 200㎡以下の住宅用地に対して課する固定資産税の課税標準は、価格の1/2の額とする特例措置が講じられている。（平成14年）

★解答・解説は次ページ左下

第2章 法令上の制限

国　税

● 攻略のガイドライン

控除の内容を問う問題の出題頻度が圧倒的に多いです。それに加え併用できる控除か否かをしっかり把握しておくこと。本ステージは得点できる可能性が結構高いぞ！

● 学習のガイドライン

本試験重要度	★★★★★
本試験出題頻度	★★★★★
本試験出題難易度	★★★
攻略に必要な実力	B（易しめ）
学習効率	A（良）
覚えるべき事項	5項目

攻略のひとことテーマ

「居住用」それは、「特別」な存在

理解と暗記の重要ポイント

チェック欄

所得税

所得税 → 個人の所得に対して国が課する税金のこと。

重要な項目

❶ 居住用財産に関する譲渡所得税の特別控除

〔計算〕（課税譲渡所得 − 3,000万円）× 税率 ＝ 税額
〔第一条件〕生計を同一とする親族、配偶者、直系血族への譲渡ではない

❷ 居住用財産に関する軽減税率

〔長期譲渡所得の6,000万円以下の部分の計算〕
長期譲渡所得 × 10％ ＝ 税額
〔長期譲渡所得の6,000万円超の部分の計算〕
長期譲渡所得 × 15％ ＝ 税額
〔第一条件〕所有期間が10年超

〔問30の解答・解説〕× ❹の通り、200㎡以下の課税標準は価格の1／6。

❸ 居住用財産の買換・交換の特例
〔譲渡する不動産の第一条件〕所有期間が 10 年超、居住期間が 10 年以上
〔購入する不動産の第一条件〕住宅…床面積が 50㎡以上、宅地…面積 500㎡以下

登録免許税

登録免許税 →土地、建物を購入して、登記をするときに国が課する税金のこと。

❹ 権利登記に関する登録免許税の軽減
〔税率〕所有権の保存登記…0.4％→ 0.15％
〔税率〕所有権の移転登記…2％→ 0.3％
〔税率〕抵当権の設定登記…0.4％→ 0.1％
〔第一条件〕住宅の床面積が 50㎡以上

印紙税

❺ 課税文書の代表は不動産の譲渡に関する契約書、非課税文書の代表は建物の賃貸借契約書

持ちつ、持たれつ

さて今回のお話は…

固定資産税は市町村へ、不動産取得税は都道府県へ、○○税は国へ…と並べたときに○○に入る税の代表が所得税です。皆さんの中には会社さんにお勤めで、お給料をもらって生計を立てている方が多いと思いますが、給与明細の中にありませんか？所得税という欄。結構がっつり引かれちゃいますよね…。この所得税ですが不動産においては、その売却代金を売主の所得として徴収されることになります。では、今回は「大臣」と「業者さん」の密会現場に潜入して、いったいどんなときにいくら納めなければならないのかについて、宅建試験における所得税の頻出科目を学習していきたいと思います。併せて、その他の国税としての登録免許税、印紙税についても基礎知識を覚えてほしいと思います。

 〔配役〕業者さん 大臣

▶ シーン1　（不動産の譲渡に関する）所得税を支払うとき

 業者さん：これは大臣、お呼びいただいてうれしいですが、今日は？

 大臣：今日はお忍びで君と飲もうかなと。知っての通り、最近は税収が全然上がらん。バブルで高く買って払えずに安く売って**譲渡所得**が出ない者続出だろ。国の財政も厳しいし、ちょっと現場の声でも聞きたくてな。

 業者さん：これからは不動産を売って所得を得る者も増えてきますよ。そうしたら所得税もガバッと。

 大臣：不動産を売っても、そこで譲渡所得が出なければ所得税は課せないし。**譲渡収入金額－（取得費＋譲渡費用）＝譲渡所得**だからな。

▶ シーン2　長期譲渡所得税の基本計算

 業者さん：でも僕らみたいな業者が、安いときに購入して、相場が上がったときに売る際も税金をとってるでしょ？

 大臣：**長期譲渡所得**か。最近は都心のマンションが高く売れているらしいな。

たまには、その長期譲渡所得ってやつで恩返ししますよ。まあ"安く買って高く売る"が私らの基本ですから。大臣の基本はこれでしょ？

> 長期譲渡所得税の基本計算
> 　　長期譲渡所得× 15％＝税額

まま、基本はそうだな。今夜は無礼講だ。思い切り飲んでくれたまえ。

▶ シーン3　居住用財産に関する特別控除

無礼講ついでに…、この所得税って巧妙にできていますよね。サラリーマンは給料を貯めてマイホームを買って、つまりお金を物に換えて、でも住み替えようかなって物をまたお金に換えると、購入代金よりも売却代金が高いからって所得税を引かれる。よく考えてみると、最初の給料ですでに所得税が引かれてるから、所得税の二重取りじゃないですか。

人聞きの悪いことをいうな。だから譲渡所得には控除があるじゃろ。

居住用財産（きょじゅうようざいさん）の特別控除ですね。

そう。所有期間に関係なく計算はこうなる。

> 【重要な項目】
> **居住用財産に関する譲渡所得税の特別控除による計算 ❶**
> 　　（課税譲渡所得－ 3,000 万円）×税率＝税額

まあ、譲渡所得 3,000 万円超って滅多にある話じゃないですから、所得税の徴収を譲渡所得に頼るわけにはいかないですね…。

そうだろ。それもこれも『国民が不動産を売りやすいようにしてくれ』と君たちが無理をいうからだ。

本当にそうですか？ そういって特別控除を利用してちゃんと相続税対策を排除しているじゃないですか。

> **重要な項目**
> 居住用財産に関する譲渡所得税の特別控除の第一条件 ❶
> 生計を同一とする親族、配偶者、直系血族への譲渡ではない

え、そうだっけか？ その代わり、特別控除は前年、前々年に利用していなければ、3年に1度は利用できるようにしているぞ。

それですよ。そのわざとらしさが余計にウソくさいというか。

▶ シーン4　所有期間10年超の居住用財産に関する税率の軽減

儲けは儲けだガハハ。銀行の利息だって無税ってわけにゃいかんだろ。

でも、不動産はどうですか？ 長年住んだ居住用財産を売って老人ホームへでも入ろうかっていうのに、儲かっているから所得税よこせって。

だからこそ特別控除後の対策もある。居住用財産を譲渡した場合の長期譲渡所得に対する所得税の計算と第一条件はこうなる。税金なんて微々たるもんよ。

> **重要な項目**
> **居住用財産に関する軽減税率 ❷**
> 〔長期譲渡所得の 6,000 万円以下の部分〕長期譲渡所得× 10%
> ＝税額
> 〔長期譲渡所得の 6,000 万円超の部分〕長期譲渡所得× 15%＝
> 税額
> 〔第一条件〕所有期間が 10 年超

ただし、長いこと空き家にしてたような家はダメだぞ。空き家なら住まなくなった日から 3 年目の年末までに売れたら、適用してもよしとする。

これも 3,000 万円の特別控除を受けるための要件同様、親族等はダメって、ちゃ〜んと相続税対策を排除してるでしょ。

まあそうムキにならずに。その代わり特別控除同様に、居住用財産の税率の軽減は前年、前々年に利用していなければ、3 年に 1 度は利用できるようにしているぞ。それに特別控除との併用もできる。な。

そういわれると確かに…

ああ、空家といえばだがもうひとつうれしい控除を用意してやったぞ。相続した空家（もしくは空家を取り壊した土地）を売却するのであれば 3,000 万円の特別控除としてやろう。どうだ、嬉しいだろう。

相続により所有することになった物件であれば、空家になってから 3 年目の年末までにという制限がないということですか？

その通り。ただし普通に所有していた空家は対象外だぞ。

▶ シーン5　居住用財産の買換・交換の特例

そういわれると確かに…。居住用財産を売って、別の居住用財産を取得した場合の買換特例も、販売促進が目的でお願いしたような。

買換えでは今より高級な不動産を選ぶに違いない、そうなると高い不動産が売れまくるっていうからこうしたんじゃないか。

> 居住用財産の買換・交換の特例による譲渡所得税の計算
> （購入物件の価格－譲渡物件の価格）×15％＝税額

いや〜、その節はありがとうございました。

なんていうか、ほとんど税金は入ってこないわな。

そ、その代わり、居住用財産の買換・交換の特例は適用を受けられる不動産に要件があるじゃないですか。

> 【重要な項目】
> **居住用財産の買換・交換の特例の適用を受けられる不動産の第一条件❸**
> 〔譲渡する不動産〕所有期間が10年超、居住期間が10年以上
> 〔購入する不動産〕住宅…床面積が50㎡以上、宅地…面積500㎡以下

そうか？これぐらいの要件じゃビクともしないで売るくせに。

いえね、なかには相続税対策とか、資金繰りで豪邸を手放してマンション移住なんてこともあって、そうなると税率が高いんですよね〜。

だからって、居住用財産の買換・交換の特例と所有期間10年超の居住用財産に関する軽減税率の併用は認めないよ。

税率の軽減がダメなら、3,000万円の特別控除との併用を…。

ダメ。居住用財産の買換・交換の特例と居住用財産に関する特別控除の併用も認めん。

まあ、欲張らないでおきましょう。

そうじゃろ。結果として登録免許税の税収も上がって…大切なのはお互い助け合うことじゃな。

▶シーン6　登録免許税（とうろくめんきょぜい）

そうそう、第三者対抗要件を備えたいというので、最近は不動産取引で皆が登記するようになりましたよね。所有権の保存登記、移転登記の他に、抵当権の設定登記についても、登録免許税が入ってくるんじゃ相当な増収ですよね？

不動産を購入する場合に抵当権を設定する者がほとんどじゃからな。そのうえ登記しやすいように個人の住宅については税率を軽減しておる。

重要な項目

権利登記に関する登録免許税の軽減 ❹

〔税率〕所有権の保存登記…0.4% → 0.15%

〔税率〕所有権の移転登記…2% → 0.3%

〔税率〕抵当権の設定登記…0.4% → 0.1%

業者さん｜ここでも要件アリですね。まあ私らもこれを承知で50㎡未満の物件なんて作らないですけどね。

> **重要な項目**
> **権利登記に関する登録免許税の軽減 ❹**
> 〔第一条件〕住宅の床面積が50㎡以上

▶ シーン7 **印紙税**（いんしぜい）

大臣｜で、契約書にはちゃんと印紙を貼って、印紙税を納めているか？

業者さん｜ええまあ。課税文書には当事者折半という話にしてちゃんと貼ってますよ。

```
課税文書
    ①不動産の売買契約書
    ②請負契約書
    ③土地の賃貸借契約書
    ④5万円以上の受取書
非課税文書
    ⑤建物の賃貸借契約書
    ⑥営業に関しない受取書
```

重要な項目
大臣｜まあ、**課税文書の代表は不動産の譲渡に関する契約書、非課税文書の代表は建物の賃貸借契約書 ❺** だな。

業者さん｜でも、この前、国有地の払下げでは、こちらで作った契約書には印紙を貼りましたが、国が作った契約書には貼っていませんでしたよ。

あ〜、国等が作成する契約書は非課税なんだ。

ずるい。自分たちだけ特別扱い。

いや、持ちつ持たれつじゃよ。それが税金の精神なんだな。

だって、不動産関係の契約書を作成しただけで国にお金が入るなんて、持ちつ持ちつのような気がします。

あっそ？ じゃあここの勘定も持ってくれない？

語句の意味をチェック

譲渡所得	所得税の課税対象となる物で、資産の譲渡による所得。その対象となる土地や建物等の所有期間が譲渡した1月1日現在で5年を超える場合を長期譲渡所得、5年以下の場合を短期譲渡所得という
取得費	売った土地や建物を買い入れたときの購入代金や購入手数料等で、実際の取得費が不明または譲渡価額の5％未満のときは、譲渡価額の5％とする
譲渡費用	土地や建物を売るために直接支出した費用で仲介手数料、登記費用、借家人を立ち退かせる場合の立退き料等
居住用財産	居住の用に供している土地や建物。つまり宅地や住宅のこと

> **問31** 譲渡した年の1月1日において所有期間が10年以下の居住用財産を譲渡した場合には、居住用財産の譲渡所得の特別控除を適用することはできない。（平成15年）

★解答・解説は次ページ左下

371

ステージ 32 その他の法令

第2章 法令上の制限

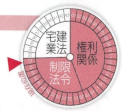

攻略のガイドライン

文字通りの一般常識から専門知識まで出題年度によって難易度はかなり異なるので注意が必要です。一般常識で取れるところを逃がさないようにしましょう。あまり深入りするのは禁物です。

●学習のガイドライン
本試験重要度 ★★★
本試験出題頻度 ★★★★★
本試験出題難易度 ★★★
攻略に必要な実力 B（普通）
学習効率 B（良）
覚えるべき事項 7項目

攻略のひとことテーマ

すべて "日常生活" がヒントになる

理解と暗記の重要ポイント

諸法

重要な項目
❶ 誰に届出なのか、許可なのか

住宅金融支援機構

❷ 機構の主業務は証券化支援業務と保険業務

不当表示法

❸ 顧客を不当に誘引・誤認させる表示はダメ

土地の一般常識

❹ 宅地にふさわしい土地は、<u>丘陵地</u>、<u>台地</u>、<u>段丘</u>

- 丘陵地 →なだらかで比較的起伏の少ない地形のこと。
- 台 地 →表面が平らな台状の地形のこと。
- 段 丘 →川、湖、海の沿岸にできる階段状の地形のこと。表面が平らな平坦面と急崖の段丘崖からなる。

建物の一般常識

〔問31の解答・解説〕 × 居住用財産の譲渡所得の特別控除とは、3,000万円特別控除のこと。適用を受けるのに長期・短期は関係なし。

372

❺ 木造の長所は軽量で強度が高く、短所は燃えやすく腐朽しやすい

❻ 鉄骨造の長所は軽量で強度が高く大量生産可、短所は高熱に弱くさびやすい

❼ 鉄筋コンクリート造の長所は強度・耐震性・耐火性・耐久性が高く、短所は重くコストが高い

あれもこれも、宅建士に必要な知識です

さて今回のお話は…

ここまで法令上の制限の主なものを学習してまいりましたが、皆さんしっかり覚えてますか？（笑）。でも建築物の建築や宅地の造成を行うにあたっては、これまでお勉強してきた法令以外にもおさえておかなければならない法令があるんです。深い知識は必要ありませんが、「その他の法令」として、宅建試験に出やすい項目を「先生」にきっちり教えて頂こうと思います。

また、その他の法令と併せて「住宅金融支援機構」「不当表示法」「土地と建物における一般常識」の3つの項目についても先生に教えてもらいますが、ここは不動産業者さんで5点免除講習を受けた方は免除されますので、がっつり飛ばしてしまって結構です。

 〔配役〕あり 先生

▶ シーン1　諸法（しょほう）

　1時限目…

先生　まずは諸法について学習しよう。その数は両手じゃ足りないぐらいたくさんあるぞ。まあ、すべてを覚え切るのはまず無理だな。

あり　ええぇ、まず無理って…。そもそも諸法ってなあに？

先生　バランスの取れた都市作りのために都市計画法があると、学習したけど、それだけでは都市計画を実現できないんだな。危険防止や公共施設の管理等、建築基準法をはじめとする多くの法律が、様々な面から補助しているわけだ。諸法ってのは、その補助している法律群のことだ。

あり　なるほど。補助し一体となって、より安全で快適な生活を送れるよう作られているんだね。

先生　そういうことだ。とりあえず、頻出法律をいくつかのグループに分けて押さえておくことだな。

2 法令上の制限 >> 32 その他の法令

〔所有者である管理者がいて、**その管理者の許可が必要 ❶** な場合〕
① 道路法
　a. 許可を要する場所…道路の区域
　b. 許可を与える者…道路管理者（国道：国土交通大臣、県道：都道府県、市町村道：市町村）
　c. 許可を要する行為…土地の形質変更、工作物の新築　等
② 河川法
　a. 許可を要する場所…河川区域、河川保全区域、河川予定区域
　b. 許可を与える者…河川管理者（1級河川：国土交通大臣、2級河川：都道府県知事）
　c. 許可を要する行為…土地の堀さく、盛土、切土　等
③ 海岸法
　a. 許可を要する場所…海岸保全区域、一般公共海岸区域
　b. 許可を与える者…海岸管理者
　c. 許可を要する行為…土砂・砂の採取、土地の堀さく、盛土、切土　等

管理者って、すでに所有者である場合に限られるの？

いやいや、たとえば、開発行為の公共施設の取扱いを思い出してごらん。できてから管理者に帰属することからもわかるように、いずれ所有者となるであろう場合も含まれるよ。さあ、続けてみてみよう。

〔都市計画区域を中心に危険防止対策を行うため、管轄する**知事の許可が必要 ❶** な場合〕
④ 地すべり等防止法
　a. 許可を要する場所…地すべり防止区域
　b. 許可を要する行為…地下水の誘致等、地下水の排水施設の

⑤ 急傾斜値の崩壊による災害の防止に関する法律
　　a. 許可を要する場所…急傾斜地崩壊危険区域
　　b. 許可を要する行為…水を放流・停滞させる行為　等
〔都市計画法の市街地開発事業と関連しているため、**知事の許可が必要** ❶ な場合〕　重要な項目
⑥ 都市再開発法
　　a. 許可を要する場所…市街地再開発事業の区域
　　b. 許可を要する行為…土地の形質変更、工作物の新築　等
⑦ 土地収用法
　　a. 許可を要する場所…起業地
　　b. 許可を要する行為…事業に支障を及ぼす形質変更

ふーん、許可って、知事だけが与えられるものなのかな？

いや、広い視野で見据えることも大事だけど、やっぱり地域のことをより把握しているのは市町村だからね。市町村長が登場する場合もあるよ。

〔都市計画法の地区計画と関連しているため、**市町村長への届出が必要** ❶ な場合〕　重要な項目
⑧ 幹線道路の沿道の整備に関する法律
　　a. 届出を要する場所…沿道地区計画の区域
　　b. 届出を要する行為…土地の形質変更、建築物の新築　等
⑨ 集落地域整備法
　　a. 届出を要する場所…集落地区計画の区域
　　b. 届出を要する行為…土地の形質変更、建築物の新築　等
〔緑地の保存等の目的が農地を対象にしているため、**市町村長の許可が必要** ❶ な場合〕　重要な項目
⑩ 生産緑地法

> a. 許可を要する場所…生産緑地地区
> b. 許可を要する行為…水面の埋立て・干拓、土地の形質変更、建築物の建築　等

へえ、緑地の保全って、農地を使って行われるんだ？

しかし、農地だけでは緑地を保全できないんだな。だから、もっと広い視野も必要になってくるんだ。

> 〔緑地の保存等の目的が都市計画区域内を対象にしているため、**知事の許可が必要** ❶ 重要な項目 な場合〕
> ⑪ 都市緑地法
> 　a. 許可を要する場所…特別緑地保全地区
> 　b. 許可を要する行為…木材の伐採、土地の形質変更、建築物の建築　等
>
> 〔緑地の保存等の目的が都市計画区域内を対象にしているため、**知事へ届出が必要** ❶ 重要な項目 な場合〕
> ⑫ 都市緑地法
> 　a. 届出を要する場所…緑地保全地域
> 　b. 届出を要する行為…木材の伐採、土地の形質変更、建築物の建築　等

確かにむやみやたらと暗記するよりも、こうやってグループ分けするとわかりやすいなぁ。

うむ。理由がしっかりしていれば『誰の許可・届出』かが出てくるんだ。

▶ シーン2　住宅金融支援機構

 2時限目…

 先生：ここからは5問免除対象の項目の学習だな。まずは住宅金融支援機構について学習しよう。このなんとか機構ってのはどのようなものか知ってるか？

 あり：銀行等の金融機関を支援することで、個人向け住宅の融資を促すための機構のこと！

 先生：正解。なんで知ってるの？ 住宅金融公庫の債権を引き継いで、その管理・回収等を行うと同時に、間接的に国民を援助する独立行政法人だな。じゃあ業務は？

 あり：**機構の主業務は、証券化支援業務と保険業務 ❷**

 先生：その通り。でもなんで知ってるの？ 証券化支援業務とは、主に一般の金融機関が個人向けに行う住宅ローン債権を証券化して市場で投資家へ販売するため買い取る業務のことで、保険業務とは、個人の金融機関に対する住宅ローン債務を保証する保険契約をあらかじめ締結し、不測の事態に陥った個人に代わって一般の金融機関に保険金を支払うことで、まあ、貸渋り等がないよう支援する業務のことだな。

 あり：勉強してきたんだー！でも、機構って個人を直接支援することはないの？

2 法令上の制限 >> 32 その他の法令

先生　ないかといわれればないこともない。たとえば一般の金融機関による融資が困難な災害関連や、子育て家庭や高齢者向け賃貸住宅の建設等に対しては直接融資を行えるんだ。でも通常の範囲の個人融資はだめだな。まあ、その代わりといってはなんだが、住宅の建設・購入・改良等を行おうとする一般消費者やその事業者に対しては、資金の調達、良質な住宅の設計、建設等に関する情報提供、相談等の援助も行っているよ。

あり　へぇ〜、なるほど。どちらにしても直接個人へではなく、個人向け住宅へ融資する銀行等の金融機関を支援・補完するってわけかな。

先生　そうそう、そこがポイント。あとで復習しておけよ。

▶ シーン3　不当表示法

3時限目…

先生　次は不当表示法について学習しよう。正式名称は『不当景品類及び不当表示防止法』というが、本試験では不当表示についての出題が多いので不当表示法と呼ぶことにしよう。どんな法律か知ってるかい？

あり　広告についての注意事項だよね。オトリ広告禁止とか…。

先生　よろしい。広告は立派な営業方法のひとつだが、顧客を誘引する大事な手法だからこそ、**顧客を不当に誘引・誤認させる表示はダメ** ❸ なんだ。ちなみにオトリ広告ってなんだ？

重要な項目

379

あり …一味になりすまして取引の現場に…。

先生 それはオトリ捜査。売る予定のない物を載せて顧客を誘引する広告のことだ。サスペンスを観ている暇があったらこれだけは押さえておこうな。

不当表示の基準～これから外れたらオトリ広告～
①徒歩による所要時間は道路距離80mについて１分間（端数は１分として計算）を要するものとして算出した数値を表示する
②「新築」という文言は、建築後１年未満、かつ未使用であるときに表示する
③土地や建物についてすべてを表示できないときは最小面積及び最大面積を表示する
④土地や建物の価格についてすべてを表示できないときは最低価格と最高価格、最多価格帯を表示する
⑤宅地や建物が未完成である場合は当該建物と規模、形質等が同一の写真を用いることができるが他の物件である旨を明示する

先生 これを踏まえたうえで、自分だったらこんな広告はイヤだと感じるものが不当表示と考えればよろしい。

▶ シーン４ **土地の一般常識**

４時限目…

先生 次は土地の一般常識について学習しよう。要するに宅地に向いた土地と、逆に宅地に向かない土地を知っておけばいいんだが…。

過去の出題を見たら、宅地に向いていない土地についてが多いよね。

うむ、そのほうが出題者からすると問題を作りやすいんだな。とにかく、まずは土の性質を知っておくこと。ここにある理科の教科書をちょっと読んでみたまえ。

え～、土は粒の細かい粘土質と粒の大きい砂礫質とに大別できる。粘土は水を通さず、水を含むと形が変わるが、逆に砂は水はけがいい。

この性質が宅地の向き不向きを決めているわけだ。粘土質は水はけが悪くゆがみやすいことから宅地に向かず、砂礫質は宅地に向いているんだ。

宅地に向いている地盤
① 丘陵地・台地・段丘 ❹ ◀ 重要な項目 は宅地に向いている
② 扇状地、自然堤防等は砂礫質で微高地となっているところが多く宅地に利用できる

宅地に向いていない地盤
③ 台地の縁辺部、丘陵地の縁辺部は集中豪雨等のとき崖崩れを起こす危険がある
④ 古い土石流の堆積でできた地形、地すべりによってできた地形、谷の出口にあたるところは土石流の危険が大きい
⑤ デルタ地域、旧河道、自然堤防等に囲まれた後背低地は洪水にも地震にも弱い

この他にもいろいろとあるが、日本の国土を考えて水源や水辺に近かったりする地形が宅地に不向きと考えてもいいだろう。

先生、もう覚え切れなーい。お昼ごはんにしていい？

食べたら今度は、建物の一般常識ね。

▶ シーン5　建物の一般常識

5時限目…

昼飯後だからって居眠りとかしないように。ガンガンいくぞ。

…う、うん…。

次は建物の一般常識について学習しよう。こちらは向き不向きというより短所と長所だな。建物の主要構造部の材料の基本性質を知ることが第一で、その次は建築工法（構法）が重要だな。

主要構造部ってなあに？

主要構造部とは**柱**や**梁**等のことで、大部分の建物の主要構造部は木造、**鉄筋コンクリート造**、**鉄骨造**でつくられているんだ。だからこれら3つの長所と短所を知っておこうというわけだな。

主要構造部の種類

〔木造〕土台は一体の鉄筋コンクリート造または無筋コンクリート造の布基礎に緊結し、2階以上の建築物におけるすみ柱等は通し柱とすること

　長所…**軽量で強度が高い**

　短所…**燃えやすい、腐朽しやすい** ❺ ◀重要な項目

382

〔鉄骨造〕3階以上の建築物における柱はモルタルその他耐火性のある材料で被覆すること
　　長所…軽量で強度が高い、大量生産可能で経済的
　　短所…不燃材だが高熱に弱い、さびやすい ❻ ◀重要な項目

〔鉄筋コンクリート造〕柱の主筋は4本以上とし、帯筋と緊結すること
　　長所…強度が高い、耐震性・耐火性・耐久性が高い
　　短所…重い、材料・施工コストが高い ❼ ◀重要な項目

なんか、ここも覚えることが多そうだね。

まあ、頻出ポイントに絞ればそうでもないぞ。今年もきっと過去問の類似問題が出そうだしな。

要するに、過去問をしっかりやっておけってことでしょ。どの本にも書いてあるよね。

建物と土地の一般常識については、地震等の災害や、それに対応した建物の構法等、時事的な出題も考えられるので、新聞等もチェックしとけ。

新聞とってない…。

じゃあ、インターネットでニュース等を読めばよし。なんにしても広く浅く、な。

語句の意味をチェック

丘　陵　地	あまり高くない山地、丘、小山
台　　　地	平野や盆地のなかで、周りよりも一団と高い台状の地域
段　　　丘	川、湖、海の沿岸にできた階段状の地形
扇　状　地	山地の裾野の川の出口等に砂礫層が堆積してできた、扇状に広がる微高地
自　然　堤　防	低地の河川沿いに、過去の洪水によって堆積した粗粒の土砂で形成された微高地
縁　辺　部	周辺部
デルタ地域	河口の近くにできた三角の砂地
旧　河　道	過去の河川流道
梁（はり）	柱の上にはり渡し、屋根を支える材
鉄筋コンクリート造	引張り強度の低いコンクリートを、引張り強度の高い鉄筋で補強した構造。RC 造ともいう
土台、基礎	土台とは、木造の柱の下部に配置して、柱から伝わる荷重を基礎に伝える横材。基礎とは、上部構造からの荷重を地面に伝える下部構造の総称
無筋コンクリート造	鉄筋等で補強されていないコンクリートのみでつくった構造
布　基　礎	壁下等に用いる壁の長さ方向に連続させた基礎。連続基礎ともいう
緊　　　結	堅固に連結すること
すみ柱、通し柱	すみ柱とは、建物の隅部にある柱。通し柱とは、木造 2 階以上の建物で土台から軒桁（木造建物の外壁の頂部で軒の下に渡される横架材）まで一本物で通した柱
モルタル	セメントと砂を水で練ったもの
被　　　覆	物の表面を他の物でかぶせ覆うこと
主　　　筋	主筋とは、鉄筋コンクリート部材で軸方向の力等を負担する鉄筋
帯　　　筋	主筋に一定の間隔で巻き付けた水平方向の鉄筋

試験問題セレクション

問 32 都市再開発法によれば、市街地開発促進区域内において、鉄骨造 2 階建てで地階を有しない移転の容易な建設物の建築を行おうとする者は、一定の場合を除き、都道府県知事の許可を受けなければならない。（平成 16 年）

★解答・解説は 390 ページ左下

第 **3** 章

Chapter.3

宅建業法

チェック欄

		✓		
33	免　許			
34	免許の基準			
35	登　録			
36	取引士証			
37	営業保証金と保証協会			
38	業者の義務			
39	契約締結までの制限			
40	35条・37条書面			
41	業者が売主となる売買契約の制限			
42	媒介契約とその報酬の制限			
43	監督処分			

point

　宅建業法は、宅建業の従事者でなければ関わらない法律ですが、その内容は決して難しくはありません。

　宅建業者となるための「開店準備」と、宅建業者になってからの「接客マナー」に大別できますが、どちらもまずは常識的に考え、次に専門的に考えてみることが大切です。

　専門的とは「お客を安心させる準備」「お客を満足させる接客」といった顧客をサービスする立場からの考察です。細かい規定に注意しながら読み進めてください。

第3章 宅建業法

学習のポイント ABC

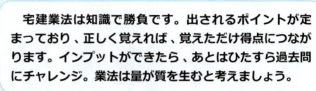

●学習のガイドライン

近年の出題難易度	★★★☆☆
出題の長文化傾向	★★★★☆
過去問類似出題度	★★★★☆
攻略に必要な実力	B(普通)
学習効率	A(良い)
本試験目標正解率	85%

●攻略のガイドライン

宅建業法は知識で勝負です。出されるポイントが定まっており、正しく覚えれば、覚えただけ得点につながります。インプットができたら、あとはひたすら過去問にチャレンジ。業法は量が質を生むと考えましょう。

ABCの A 業法と民法は密接な関係にある

　宅建業法(「業法」とも略す)は、民法から生まれた法律ともいえます。というのも業法が作られる以前は、民法のルールにのっとって、お家や土地の取引が行われてきましたが、民法の『弱者の味方をしよう』という原則に基づいた比較的ゆるい規定が災いして、一部に悪徳業者が横行したため、業法が施行されたという経緯があるからです。
　ですから、業法と民法の規定には類似点が数多く見られます。業法を知ることは民法を知ることにつながり、逆に民法の知識があれば業法を理解する大きな手助けとなります。
　特に業法学習のヤマ場のひとつである宅建士(正しくは「宅地建物取引士」)の事務については、民法や法令上の制限の知識が必要です。
　①35条書面の説明・交付
　②35条書面への記名押印
　③37条書面への記名押印
　この2書面の内容が把握できれば業法だけでなく、民法や法令上の制限のポイントがおのずと見えてくるのです。そもそも宅地建物取引士は何をするために存在するのか？ずばり、35条書面の記名・押印と説明、37条書面の記名・押印をするためです！この2書面に関することは完ぺきに理解し

て落とし込むようにしてください。

B 想像力が受験を支える
ABCの

　業法では皆さんが目指している宅建士の事務を学習の中心として、不動産取引における様々な規定を学習しますが、それらは皆さんが宅建試験に合格し、宅建士になったときの準備と考えてください。出題者にしても1人でも多くの優秀な宅建士を社会に輩出しようと考えているはずです。

　ですから、皆さんはこれからの業法学習を単なる受験対策として捉えず、宅建士になったときに生かす知識を今のうちに蓄積しておくという目的意識を常に持ち、これからの受験生活を宅建士になるための有意義、かつ必要不可欠なものだと位置付けてください。

　このような想像力が日々の学習を活性化させ、知識を生きたものにしてくれます。長い受験生活では道を見誤ることもあり、スランプに陥ることもあると思います。でも今こうしてお勉強をがんばっているのはやがて宅建士として活躍する下準備です！宅建を取ると人生がきっと楽しくなります！将来、重説を読むご自身をイメージしながら、楽しく進めて行きましょう。

C 売買契約の制限に注意する
ABCの

　業法は理解の深さを問われる民法と違って「知っているか、知らないか」が本試験のポイントになる分野です。

　といいますのも、業法自体が思想や解釈とは縁遠い手続法（主に手続きを規定している法律）であるためです。

　本試験で出題された項目について「知っている」場合は、ひっかけや問題に登場する人物の権利関係にさえ注意すれば、正解にグッと近づけます。しかし「知らない」場合、つまりお勉強したことがない項目が出題されたとき

387

は、民法のように日常的な人間関係にあてはめて常識的に考えることができれば正解にたどりつけるというものでもありません。

ですから業法学習の基本は、『すべての範囲に目を通しておく』です。手が回らなかった〜では、あとの祭りですよ！正解しやすい問題をみすみす逃すなんてもったいないです。

ただし、近年では理解を要する項目も数問出題されている点は要注意。特に最近ですと、問題自体がややこしく作られているうえに、民法と絡み合って出題されるケースが目立っています。いわゆる複合問題といわれるものですが、その出題範囲は売買契約の制限が中心です。ですからこの項目さえしっかりとマスターしておけば臆することはありません。

ABCの
D 『暗記』の苦手意識を克服する

先程申し上げた数問の複合問題を除けば、残りの出題は直球勝負！業法は奇をてらわずに作られた素直な問題が多く出題されるのが特徴です。

その直球対策として最も効果が高いのは、いうまでもなくテキストを沢山読んで、問題を何回も解くこと。業法は民法とは異なり、どれくらい時間を使えたか、が得点につながりやすい分野です。

自分は暗記が苦手という人をよく見かけますが、そう思うことがかえって暗記の妨げになっているケースが多いようです。『暗記しよう！』とするから憶えられないんです。暗記するのではなく、より多くの時間、業法に触れるんだと思って進めましょう。

時間をかけて何度も繰り返しお勉強すれば、自然とインプットされます。暗記が苦手な人ほどたっぷりと時間をかけて、労を惜します、自らを信じてまい進してくださいね。

E 業法は本試験の得点源

近年の本試験における業法は事例問題（問題肢にＡＢＣという名前の人物等が登場する出題形式）の増加に伴い、かつてのような高得点が簡単には望めない状況になってきています。ABCD…と何人もの登場人物が出てきたら、必ず図として書きましょう

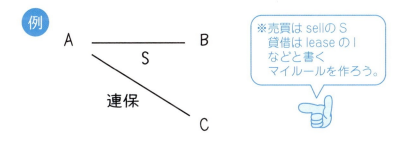

図を書く際のコツは必ず左側を売主（貸主）とすること。

左から右へ、権利が移るというような自分なりのルールを作っておきましょう。

あとは、知っているか、知らないかだけです。業法は宅建試験の中でも一番の得点源であることを意識して、過去問をしっかり回していきましょう。

ステージ 33 免許

第3章 宅建業法

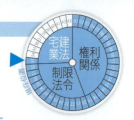

攻略のガイドライン

宅建業法は総じて民法のような解釈を必要とせず、知ってさえいればしっかりと答えを導ける分野です。
ていねいに読み進めていきましょう。

学習のガイドライン
本試験重要度 ★★★★★
本試験出題頻度 ★★★★★
本試験出題難易度 ★★★
攻略に必要な実力 B（普通）
学習効率 A（最良）
覚えるべき事項 7項目

攻略のひとことテーマ
免許取得までの道のりは、ルールに沿った1本道である

理解と暗記の重要ポイント

チェック欄

重要な項目

❶ 不特定多数の者に「自ら売買・交換」「売買・交換・貸借の代理」「売買・交換・貸借の媒介」する行為は、宅建業

❷ 1つの都道府県に事務所を設置する場合には、知事免許

❸ 2つ以上の都道府県に事務所を設置する場合には、国土交通大臣免許

❹ 免許の有効期間は、5年間

❺ 免許更新の申請書は、有効期間満了の日の90日前から30日前までに提出する

❻ 業者名簿の内容に変更が生じたときは、30日以内に届け出る

〔問32の解答・解説〕 ○ 市街地再開発に注目。市街地再開発（事業）は都市計画法の市街地開発事業に該当。事業が施行されている段階だからこそ市街地再開発法が登場するのであり、本問の事業は都市計画事業に該当。よって一定の行為は知事の許可が必要。

❼ 廃業等を届け出る者の代表
〔死亡〕相続人
〔合併で会社消滅、宅建業を廃止〕代表取締役や業者本人
〔破産（倒産）〕破産管財人（はさんかんざいにん）
〔合併・破産以外で解散〕清算人（せいさんにん）

破産管財人 →破産者（法人でも個人でも）の財産を調査、管理してお金に換えて債権者に弁済、配当する人のこと。裁判所から選任されるが弁護士がなるケースが大半。

清算人 →会社の取締役など。会社の事業を廃止して債権債務を整理、財産をお金に換えて債務を弁済し、事業を終了させる任務を負う人のこと。

誰でも営業できるわけではありません

さて今回のお話は…

宅地や建物って高額ですよね。夢のマイホームを建てたり買ったりするのは、ちょっとお洋服を買うのとは訳が違います。人生に一度あるかないかの大事なことですから、当然購入を検討する人は不安でいっぱいです。そんな不安なお客さんの気持ちを利用して悪いことを企む輩も多いんです…。
そこで公正で健全な取引が行われるよう、ある一定の取引を宅地建物取引業としたうえで、宅建業を開業したいという人の素行を調べる目的で免許制度が始まりました。ヤバいことをしない、全うに宅地建物を扱いそうな人にのみ免許を与えて、これを営む人々のことを業者と呼ぶことになっています。
ここに宅建業の免許を取得しようと考えている「社長さん」がいます。彼と「免許権者（知事）」から宅建業と免許についてお勉強させてもらいましょう。

 スタート　〔配役〕 免許権者（知事） 　社長

▶ シーン1　宅建業

 これからの時代は宅地建物だ。売って売って売りまくるぞ。
社長

 社長さん、**重要な項目**　**不特定多数の者に「自ら売買・交換」「売買・交換・貸借の代理」「売買・交換・貸借の媒介」する行為は、宅建業** ❶ にあたりますよ。個人も法人も、免許を取得しないと行えません。
免許権者

 なに？　でも、会社所有のマンションを貸して賃料を取っているぞ。これだって宅建業じゃないのか？
社長

 いいえ、自らの不動産を賃貸する行為は宅建業ではないのですよ。だから、免許は不要なのです。たとえ、そのマンションをあなたの会社の従業員に売却したとしても、やはり宅建業ではありません。なぜなら、自分の会社の社員というのは不特定多数の者を対象とした行為ではないからです。
免許権者

	売　買	交　換	貸　借
自　ら	○	○	×
代　理	○	○	○
媒　介	○	○	○

▶ シーン2　免許の取得

社長　うむ。しかし、免許を取得しろといわれてもいったい誰から？

免許権者　免許には、都道府県知事（「知事」とも略す）免許と国土交通大臣（「大臣」とも略す）免許の2種類がありますが、どっちの免許になるかは、事務所の置かれている都道府県と関係してきます。

社長　事務所というと、本店・支店のことだね。

免許権者　はい、主たる事務所・従たる事務所ともいうのですが、**1つの都道府県に事務所を設置する場合には、知事免許** ❷ **2つ以上の都道府県に事務所を設置する場合には、国土交通大臣免許** ❸ を取得してください。

社長　どっちの免許を取ることになっても、効力はいっしょだね。

免許権者　はい、どちらの免許とも全国どこででも営業できます。ただし、知事免許で他の県に事務所を増やすとなるとちょっと手続きがめんどうですが…。

▶ シーン3　免許換えが必要なとき

社長　ということは、事務所の設置場所によっては、その都度免許を取得し直さなければならないということか…。

はい、知事免許から大臣免許への免許換えもあれば、その逆もありますし、知事免許から別の知事免許への免許換えだってあります。

で、その免許換えってどうやるの？

知事免許の場合は免許を受けようとする知事へ直接、大臣免許の場合は主たる事務所を管轄する知事を経由して、申請してください。

じゃあ、旧免許権者に知らせる必要はないのか？

大丈夫ですよ。旧免許権者には、新免許権者が遅滞なく、免許を与えた旨を通知します。

▶ シーン4　免許の申請手続き

要するに、免許の『申請（しんせい）』は新規に免許を取得するとき、更新するとき、免許換えのときに行うことになります。

ちょっと待った。免許に更新なんてあるの？

ええ、**免許の有効期間は、5年間** ❹ですから、継続して宅建業を行うときは5年ごとに更新する必要があります。また、**免許更新の申請書は、有効期間満了の日の90日前から30日前までに提出する** ❺ことになっています。

なんでそんなに早く申請する必要があるの？

申請書の内容等を調査する時間が必要です。それでも申請者が多いときは、有効期間満了までに手続きが終わらないかもしれません。

それは困るなあ。有効期間満了までに手続きが終わらないと、営業を一時中断しなくてはならないじゃあないか…。

心配ご無用。決められた期間内に申請書を提出してくれさえすれば、新免許が交付されるまでは**従前**の免許が使えますから。

それなら安心だ。では、免許を申請しよう。

免許の申請書への記載事項

①商号や名称（要するに会社の名前）
②役員や政令で定める使用人の名前
③事務所の名前と所在地
④事務所ごとの専任宅建士（正しくは「専任の宅地建物取引士」で「専任の宅建士」とも略す）の氏名
⑤他に事業を行っている場合は事業の種類

▶ シーン5　業者名簿

申請書を提出したら、5年後の更新時まではもうなにもないですな。

そうもいきません。変更の届出も義務づけられています。
免許権者は、申請書を基にして、シーン4にもある申請書の記載事項①～⑤及び免許証番号、指示処分等の内容を**登載**した業者名簿（正しくは「宅地建物取引業者名簿」）を作りますが、①～④の事項について、業者名簿の内容に変更が生じたときは、30日以内に届け出る❻ことを忘れずに。

重要な項目

社長　なぜ変更の届出が必要なの？

免許権者　業者名簿は、業者の情報として一般の人も**閲覧**する大切なものです。業者を適切に監視・監督するために、変更についての届出が義務づけられているのです。また、大臣免許を受けている業者については、主たる事務所がある都道府県にも業者名簿が備わっています。そのため、届出は主たる事務所がある都道府県の知事を経由して行ってください。

▶ シーン6　**廃業等の届出手続き**

社長　変更の届出を除けば、更新までは、なにもする必要はないのだね。

免許権者　はい。ただし、もしも廃業等をする場合には、届け出る必要があることを覚えておいてください。必要だから免許を受ける、逆もしかり。免許が不要になったときは、免許を免許権者へ返す必要があるのです。

> **廃業等の届出と届け出る者の代表 ❼** ─重要な項目
> ①〔死亡〕相続人
> ②〔合併で会社消滅、宅建業を廃止〕代表取締役や業者本人
> ③〔破産（倒産）〕破産管財人
> ④〔合併・破産以外で解散〕清算人。

社長　この相続人、代表取締役、…とかはなんですか？

免許権者　届け出る者です。細かくいうと、届出書に書かれる名前ってことですね。①～④の事実が生じた日から30日以内に廃業等を届け出てください。ただし①だけは相続人が死亡の事実を知ったときから30日以内となります。

社長　開業もこれからなのに、廃業の届出なんて…とほほ。

語句の意味をチェック

免許権者	大臣あるいは知事で、免許を与える者
媒　介	仲介・あっ旋のこと。顧客の依頼により、顧客間に立ち契約を成立させること
従　前	以前。この場合、申請前に使用していた免許のこと
商　号	商人が営業上自己を表現するために用いる名称
登　載	一定の資格を有する者等を行政官庁等の備える名簿等に記し載せること
閲　覧	図書や書類の内容を調べ読むこと
破産管財人	破産財団に属する財産を管理し、換価し、届出のあった債権について必要があれば異議を述べ、換価金を破産債権者に配当する等の事務を行う者
解　散	自主的に本来の活動を止め、財産を清算し、残務を整理すべき状態に入ること
清算人	法人及びその他の団体が解散したときに、その後始末のために財産関係を整理する場合、その清算事務を執行する者

 試験問題セレクション

問33 Aが、土地区画整理事業により換地として取得した宅地を10区画に区画割りして、不特定多数の者に対して売却する場合、Aは、免許を必要としない。（平成9年）

★解答・解説は次ページ左下

ステージ 34 免許の基準

第3章 宅建業法

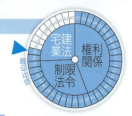

●攻略のガイドライン

宅建業においてはどんなことが「悪」になるかをしっかり覚えてしまえば、数多い免許の基準も簡単に頭に入ります。力ずくで覚えようとしないことがなにより肝心です。

●学習のガイドライン
本試験重要度　★★★★★
本試験出題頻度　★★★★★
本試験出題難易度　★★
攻略に必要な実力　A（やさしい）
学習効率　B（良）
覚えるべき事項　3項目

攻略のひとことテーマ

免許の欠格要件は、かなり細かく、とても厳しい

理解と暗記の重要ポイント

チェック欄

❶ 業者になれない者
　① 被・産グループ
　② 5年経過組―悪事で取消し・廃業（60日前まで役員）
　③ 5年経過組―宅建業で不正
　④ 5年経過組―禁錮・懲役
　⑤ 5年経過組―宅建業法・暴力関係は罰金刑
　⑥ 宅建業で不正のおそれ
　⑦ 専任の宅建士不足
　⑧ 申請書の不備・虚偽

❷ 業者は事務所ごとに、成年者である専任の宅建士を、従業員5人に1人以上設置しなければならない

❸ 従業員の増員による専任の宅建士の設置は、2週間以内に行う

〔問33の解答・解説〕× 土地区画整理事業云々の言葉にだまされるな。不特定多数の者に自ら売買を行うのだから、免許が必要。

398

悪い奴とは、こんな奴!

さて今回のお話は…

宅建業は免許をもらわないと開業できず、その免許をもらえるのはヤバくない人だけです。
この"ヤバくない人"という基準はどうなっているのでしょうか?免許権者の気分?
免許権者に一任してしまっては「この会社の代表、顔が気に食わないからやめとこ」とか「うわーこいつ、絶対なんかしそー。こういう勘するどいんだよねー(笑)」なんて意味不明な理由で免許を貰えなかったり、逆に袖の下が横行して、本当に危ない宅建業者が誕生してしまいかねません。
そこで業法ではこの基準に適合する人には免許をあげませんというルールを設けています。この基準のことを免許の欠格要件といいます。
先ほどの「社長さん」は、欠格要件に該当しないといいですね…。
「社長さん」の会社は無事に宅建業者となれるのでしょうか。

〔配役〕 スタート 免許権者 　社長

▶ シーン1　被・産グループ

社長　免許申請にあたって、免許欠格要件に該当しないか不安。

免許権者　わかりました。免許欠格要件を覚えやすくするため、キーワード化して8種類にまとめてありますから、ひとつ目のキーワードの『被・産グループ』❶-① 重要な項目 から具体的に見ていきましょう。宅地建物は財産ですから、財産を取り扱うことのできない者は、当然免許を取得できません。財産を取り扱えない者とは、成年被後見人・被保佐人・破産者・営業に関して成年者と同一の行為能力を有しない未成年者で、その法定代理人が他の欠格事由に該当する場合です。

> 成年被後見人 →物事を判断する能力を欠く人のこと。痴呆、知的障害、精神障害など重度の精神障害を持つひと等。
> 被保佐人 →成年被後見人よりも軽いが判断能力を欠くひとのこと。

社長　あっ～『被』と『産』をとって被(ひ)・産(さん)グループなんだね。

免許権者　もちろん破産者は復権を得たら、欠格事由じゃなくなります。

> 復権 →失った権利、資格を取り戻すこと。法律上の破産者ではなくなること等。

400

▶ シーン2　5年経過組−悪事で取消し・廃業（60日前まで役員）、宅建業で不正

免許権者

次のキーワード『5年経過組』は、細かくいうと『悪事で取消し・廃業（60日前まで役員）』❶-②『宅建業で不正』❶-③『禁錮・懲役』❶-④『宅建業法・暴力関係は罰金』❶-⑤『暴力団員だった人』❶-⑥の計5種類ありますが、大別すると、宅建業に関して問題がある者と、法律違反をして裁かれた者に分けられます。

社長

宅建業に関して問題がある者とは？

免許権者

宅建業に関して問題がある者とは、不正な手段を使って免許を取得した者、業務停止命令に背いた者、業務停止事由に該当し特に情状が重いといった理由で免許取消処分を受けた者、また、これらの理由で免許取消処分を受けそうになったため、その処分を免れるために理由なく廃業等を届け出た者のことです。どの場合も悪だくみ、いわゆる悪事を理由としている点で一致しています。

社長

う～ん、だから『悪事で取消し・廃業（60日前まで役員）』❶-②というのか。でも、この『60日前まで役員』というのは？

免許権者

免許取消処分に係わる**聴聞**が**公示**される日から、さかのぼって60日以内に、悪事で免許を取り消されたり、理由なく免許を取り消した会社の役員であった者のことです。

社長

悪質な場合は、会社の経営者も処分を受けるということだね。

そうです。どの場合も、それぞれ免許取消の日から5年間、または廃業等の届出の日から5年間は免許を取得できません。さらに、免許申請前5年以内に、宅建業に関して不正または著しく不当な行為をした者も免許を取得できません。

なるほど、これが 【重要な項目】『宅建業で不正』❶ - ③という意味ね。

▶シーン3　5年経過組−禁錮・懲役、宅建業法・暴力関係は罰金刑

次に、法律違反をして裁かれた者についてですが、どんな法律違反であっても、禁錮・懲役刑を受けた者は、その刑が終了してから5年間は免許を取得できません。ただし、ここで注意するのは執行猶予が付いた場合です。執行猶予とは、一定の期間内法律に触れることをせず過ごせば、刑そのものが初めからなかったことになるシステムです。

では、禁錮・懲役刑を受けてもそれが執行猶予付きであれば、執行猶予期間の満了後すぐに免許を取得できるんだね？

原則はそうですが、一定の法律に関してはそうもいかず、罰金刑を受けただけでも、刑を受けてから5年間は免許を取得できない場合があります。具体的には、宅建業法、刑法（傷害罪、現場助勢罪、暴行罪、脅迫罪、凶器準備集合罪、背任罪）、暴力団員による不当な行為の防止等に関する法律、暴力行為等処罰に関する法律です。

同じ法律違反でもヒドイ場合ですね。宅建業法以外はすべて暴力行為に関係する法律だから、キーワードが『暴力関係』❶ - ⑤なのか。【重要な項目】

また過去に暴力団員だった人も、暴力団員でなくなってから5年を経過しないとNGです。宅建業をするためにあえて暴力団をやめた体にして免許をもらおうとする輩を排除するためのバリアのひとつです。

▶ シーン4　宅建業で不正のおそれ、最後のバリア

重要な項目
6つ目のキーワードは『宅建業でやらかしそうな人』❶-❻です。これは『宅建業に関し、将来、不正または不誠実な行為をするおそれが明らかな者は免許を受けることができない』人のことを指します。日頃悪事を働いている者が免許をとって業者になったとたん、善人になるなんてまずありえませんからね。

免許を取得するには、常日頃の態度も大きく係わってくるんだね。う〜ん、心しておこう。

▶ シーン5　法定代理人・役員・政令使用人も審査対象

ちなみに、免許欠格要件の対象となるのは、免許を受ける本人だけかね？

いいえ、❶〜❻の免許欠格要件（『被・産グループ』〜『宅建業で不正のおそれ』）については、本人はもちろんのこと、**法定代理人・政令使用人**、また、法人の場合は役員も該当してはいけません。また免許を受けようとするのが『営業に関して成年者と同一の行為能力を有しない未成年者』の場合は、法定代理人についても対象となります。

役員は経営者として経営に、政令使用人も営業方針に大きく係わっているからね。でも、未成年者の場合は法定代理人も対象なんだ？

義務教育終了後は未成年でも職業に就くことができますが、未成年者である以上、法定代理人の存在が必要です。そこで、未成年者の行動に大きく係わっている法定代理人の素行が審査されるのです。
ただし、**営業に関して成年者と同一の能力があると認められた未成年者**は、単独で営業できるため、法定代理人の素行は審査されません。

なるほど。未成年者が個人で宅建業を営もうとする場合だね。今どきそんなガッツがあるやついるのかなー（笑）。

▶ シーン6　専任の宅建士不足

次のキーワードは『専任の宅建士不足』❶ - ❼です。

そういえば、申請書にも専任の宅建士の氏名を書くことになっていたね。

ええ、宅建業を営むためには事務所が必要です。そして本店・支店にかかわらず、**業者は事務所ごとに、成年者である専任の宅建士を、従業員5人に1人以上設置しなければならない** ❷ のです。

重要な項目

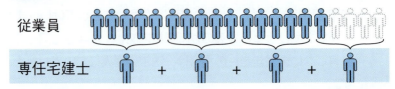

社長：専任とは、その事務所専属の宅建士ということかな？

免許権者：そうです。もちろん、事務所の掛け持ちはいけませんよ。また、免許取得後の、**従業員の増員による専任の宅建士の設置は、2週間以内に行う** ❸ ことが義務づけられています。　重要な項目

社長：では、従業員が増えた場合、業者名簿の変更の届出は30日以内でも、専任の宅建士の設置は2週間以内なんだね。間に合うかな…。

免許権者：たとえば、法人の場合は役員、個人の場合も業者自身が宅建士であれば、その者が専任の1人になることができますよ。

社長：いや…恥ずかしながら私は宅建を持っていないんだよ。社員には「これから宅建業に乗り出すんだから絶対受かれよ！」なんて言っているのでここはひとつ、ご内密に…（笑）。

免許権者：ちなみに、事務所以外にも、申込みの受付をしたり、契約締結できるような現地案内所なんかも宅建士の設置が義務づけられているので注意してくださいね。

宅建士を設置しないといけない場所	設置する人数
事務所	従業者の5人に1人以上
申込受付や契約締結をする案内所等	1人
申込等は受け付けない案内所（モデルルーム等）	設置義務なし

▶ シーン7　申請書の不備・虚偽

最後のキーワードは『申請書の不備・虚偽』❶-⑧です。

重要な項目

これはわかるね。免許の申請書類に虚偽があったり、重要な事実の記載がない場合は免許が取得できないんでしょ。

そうです。こういう場合はどこに不備があるのかを教えますから、改めて申請書を提出してください。なんだかんだいっても、免許権者は業者の味方でしょ！

3 宅建業法 ≫ 34 免許の基準

語句の意味をチェック

破産者	破産宣告を受けて破産手続きが行われている者。財産の管理処分権を失い、数々の制限を受ける
役員	企業内で重要な地位を占める者。取締役・監査役・相談役・顧問・大株主等
禁錮	刑罰の一種で、監獄には入るが、労働はさせずに閉じこめておく刑
懲役	刑罰の一種で、罪人を刑務所内に拘束し、労役に服させる刑
聴聞	行政機関が、行政処分等を行う際に、処分の相手方その他の利害関係人や有識者の意見を聞く手続き
公示	一定の事項を一般公衆に周知させるために公表すること
政令使用人	支店長・営業所長等のことで「政令で定める使用人」ともいう
営業に関して成年者と同一の能力があると認められた未成年者	法定代理人から営業の許可を受け「未成年者登記」をし、営業に関してのみ成年者扱いの者

試験問題セレクション

問34 代表取締役が、刑法の暴行罪で罰金の略式命令を受け罰金を納付したが、その刑の執行を終わった日から5年を経過していないB社は、免許を受けることができない。（平成8年）

★解答・解説は次ページ左下

ステージ 35

第3章 宅建業法

宅地建物取引士
―登録―

●攻略のガイドライン

登録欠格要件はステージ34の免許欠格要件と共通点が多くて覚えやすいが、混同もしがち…両者の違いをしっかり押さえることが大切です。

●学習のガイドライン
- 本試験重要度 ★★★★★
- 本試験出題頻度 ★★★★
- 本試験出題難易度 ★★
- 攻略に必要な実力 A（やさしい）
- 学習効率 B（良）
- 覚えるべき事項 4項目

攻略のひとことテーマ

免許欠格要件とソックリ。すべては悪い奴を締め出すために

理解と暗記の重要ポイント

❶ 登録を受けられない者
　① 被・産グループ、未成年者
　② 5年経過組—悪事で取消し・廃業（聴聞公示の60日前まで役員だったもの）
　③ 5年経過組—禁錮・懲役
　④ 5年経過組—宅建業法・暴力関係は罰金刑
　⑤ 5年経過組—悪事で登録消除処分・登録消除
　⑥ 事務禁止処分中

❷ 登録簿の変更は、遅滞なく
　遅滞なく→すぐにしなければならないが、合理的な理由があればある程度の遅れは許される程度の速さ。ごめんなさいと誤れば実際のところ許してもらえる…かもというレベル。

❸ 登録の移転手続きは、現在登録を受けている知事を経由して、新たに登録を受ける知事に申請する

〔問34の解答・解説〕× 暴力関係は、罰金以上の刑を受ければ、5年間免許を受けられない。そして代表取締役は会社を運営していく立場の人間、当然、審査の対象。

❹ 死亡等を届け出る者の代表
〔宅建士が死亡〕相続人
〔宅建士が成年被後見人〕後見人
〔宅建士が被保佐人〕保佐人

嗚呼、宅建士への道は遠く…

さて今回のお話は…

宅地建物取引士は従業者の5人に1人以上が必要…つまり宅地建物取引士は宅建業者にとって必要不可欠な存在なのです。しかし宅地建物取引士は一体、どんな役割を果たしているのでしょうか？宅建業者はなんといっても不動産のプロ。不動産に関する専門知識を駆使できるのに対し、お客さんはシロートです。良い不動産をより安く購入したいと業者に交渉しようとしても、一切の専門知識を持ち合わせていないことも多いです。その結果、利益を上げたい業者のいいカモに…。そこでお客さんに寄り添ってあげて、専門知識を分け与えてあげる存在として宅建士が活躍するのです。

また契約関連書類の内容に問題がないかを確認するのも宅建士の重要な仕事のひとつです。取引の一連の流れの中で、契約という最も大事なポイントを担う宅建士ですから、当然宅建士になるにも一定の基準が設けられています。ではどうしたら宅建士になれるのでしょうか。

先ほどの社長さんの会社に入った「新入社員くん」と「知事」のやり取りから、宅建士として登録されるまでの道のりを一緒に学んでいきましょう！

▶ シーン1　宅建士資格試験を受験できる者

　この春、新卒で不動産会社に就職したのですが、宅建士になりたいんです。

　う〜ん、志が高く素晴らしい若者だな。ただし宅建士は、お客様に代わって宅地建物の品定めをする専門資格だから、それ相当の専門知識が必要だぞ。まずは、専門知識の有無を問う試験に合格する必要がある。

　えっ、試験があるのですか？

　俗にいう国家試験ってやつだ。せいぜいしっかり勉強することだな。

　ふーん。試験に合格さえすれば、宅建士になれるのですか？

▶ シーン2　登録を申請できる者

　いやいや、専門知識があるだけではダメ！勉強はできるけどちょっとザンネン…みたいな奴に人生の中で最も大きな買い物をまかせたくないだろ。不動産業に関して、2年以上の実務経験も必要になる。

そんなこといったら、不動産業界に勤めたことのない者は、宅建士になれないじゃないですか。

そう。そこが問題だから、実務経験のないものは国土交通大臣が指定する実務講習を受講してくれれば2年間の実務経験があったものとみなしてやることになってるぞ。

▶ シーン3　被・産グループ、未成年者

それで、やっと宅建士になれるのですね。

いや、それで、やっと登録（正しくは「宅地建物取引士資格登録」で「取引士資格登録」とも略す）の段階まで進むことができるだけだ。

登録しなければ、取引士になれないのですか？

うん、なれない。しかし、登録の前に登録欠格要件のチェックをするように。専門知識や実務経験がOKでも登録を受けられないケースがあるんだよ。登録欠格要件に該当していないかちゃんと確認するように。登録欠格要件は、キーワードで分類したぞ。まず、最初のキーワードは『被・産グループ、未成年者』❶-①

被・産グループは、免許欠格要件と一緒ですね。

そうそう。加えて、未成年者は、不動産取引の安全性を確保するため、法定代理人がいても登録を受けられない。ただし、営業に関して成年者と同一の能力があると認められた未成年者に限っては、登録を受けられることになってる。

411

> **シーン4**

5年経過組−悪事で取消し・廃業（聴聞公示60日前まで役員だったもの）、悪事で登録消除処分・登録消除

重要な項目

知事　キーワードのふたつ目は『悪事で取消し・廃業（60日前まで役員）』❶-②と『悪事で登録消除処分・登録消除』❶-⑤

新入社員　『悪事で取消し・廃業（60日前まで役員）』も、免許欠格要件と一緒ですね。

知事　うん。業者として悪事を働いた者は、免許を取り消されてから、あるいは理由なく廃業等を届け出てから5年間にわたって、登録を受けられない。5年後に改心してるかといわれると、果たしてどうかなと思うが…。

新入社員　『悪事で登録消除処分・登録消除』も、宅建士として悪事を働いた者は、5年間にわたって、登録を受けられないということですか？

知事　そのとおり。不正な手段によって登録を受けたり、事務禁止処分に違反したり、さらには、事務禁止処分の事由に該当し特に情状が重い等の理由で登録消除処分を受けた者、また、それらの理由で登録消除処分になるのを免れようとして、相当な理由なく登録の消除申請を行った者は、その先5年間にわたって、登録NGだ。

> **シーン5**

5年経過組−禁錮・懲役、宅建業法・暴力関係は罰金刑

重要な項目

知事　次のキーワードは『禁錮・懲役』❶-③　『宅建業法・暴力関係は罰金刑』❶-④です。

これも、免許欠格要件と一緒ですね。

禁錮・懲役刑に処せられた者は、刑の執行終了の翌日から5年間にわたって、登録を受けられない。また、宅建業や暴力関係の法律で罰金刑に処せられた者も、同様に、その先5年間にわたって、登録不可だぞ。

暴力関係の法律とは、ステージ34の免許欠格要件同様、刑法の傷害罪・現場助勢罪・暴行罪・脅迫罪・凶器準備集合罪・背任罪、及び、暴力団員による不当な行為の防止等に関する法律、暴力行為等処罰に関する法律ですね。

あと過去に暴力団員で、組から抜けて5年を経過しない者もNG。そんな輩が来たら業界が怖いことになっちゃうでしょ。

事務禁止処分中

最後のキーワードは『事務禁止処分中』❶-⑥

ということは、すでに登録を受けている者が対象になるんですね。

そう。事務禁止処分を受け、その処分期間中に、登録の消除申請を行った者が対象。この申請者は、事務禁止処分の期間が満了するまでは、再度登録を受けられない。
以上、登録欠格要件のキーワード、すべてちゃんと理解したかな？

免許欠格要件と共通の要件が多いのでわかりやすいですね。ところで、これで、欠格事由に該当してなかったら、実際に登録を申請できるところまで来たのですね。

▶ シーン7　登録簿

試験に合格したら登録申請書に次の記載事項を記入して、宅建試験を受験した都道府県知事にその申請書を提出しよう。

> **登録申請書への記載事項**
> ①申請者の氏名、住所、本籍
> ②申請者の生年月日、性別
> ③試験の合格日、合格証書番号
> ④宅建業に従事していれば、その業者の商号や名称、免許証番号

申請書を提出した後、登録欠格要件に該当していなければ、晴れて宅建士登録が完了するわけですね。

そうそう、提出された申請書を基に、我々、知事が登録簿を作成することになってる。登録簿には、①〜④に加えて、登録番号、処分を受けた場合はその内容が登載されるぞ。

結婚して氏名が変わったり、引っ越しした場合は？

登録簿の変更は、遅滞なく ❷。登録簿の登載事項は、登録者を監視監督するために大変重要だから。①④に変更がある場合は、"遅滞なく登録簿の変更の登録を申請してネ。あと、登録しただけだと取引士証はもらえないから、仕事で実際に使うんだったら、必ずもらうように。追加で取引士の発行料もきっちりもらうぞ！

登録するのにお金がかかるんですよね？発行するのにもさらにかかるんですか？

知事　当然だ！宅建士になったら稼げるんだから、それぐらいくれても良いだろ？

新入社員　…。

▶ シーン8　登録の移転手続き

登録の移転手続き → 勤務先が他の都道府県に変わったときに登録の移転が可能。単にお引越しして住所が変わったのでは移転はできず、勤務先のみという点に注意。

新入社員　ちなみに登録には有効期限があるんですか？

知事　有効期限はないぞ。1度登録すれば一生有効。ただし、宅建士証自体には有効期限がある。また、宅建士証は登録を受けている都道府県以外の知事からは交付してもらえないため、転勤等に伴い、登録の移転を行う人もいるよ。

新入社員　行う人もいる、ということは、転勤等でも登録の移転を行わない人もいるということですね。

重要な項目

知事　移転したい人だけが行えばいい。転勤先等の知事への**登録の移転手続きは、現在登録を受けている知事を経由して、新たに登録を受ける知事に申請する** ❸ ことになってる。ただし、宅建士としての事務禁止処分を受けている場合は、その禁止期間が満了しなければ移転できないぞ。

▶ シーン9　死亡等の届出手続き

本人が届け出る　破産の場合は30日以内に本人が届け出る。破産管財人ではありません。免許の廃業届等との違いに注意です。

新入社員　変更の登録以外に、知事へ届け出る義務はないのですか？

415

いいや、次のどれかに該当する場合も届け出てくれ。

> **重要な項目**
>
> **死亡等を届け出る者の代表❹**
> ①〔宅建士が死亡したとき〕相続人
> ②〔宅建士が成年被後見人になったとき〕後見人
> ③〔宅建士が被保佐人になったとき〕保佐人

これも、免許の場合とよく似ていますね。

うん、でも、免許の場合は取得後即営業できたけど、宅建士の場合は、登録即仕事ってわけでもないだろ？　たとえば、合格したからとりあえず登録だけ…なんてのもよくある。ただし、実際に仕事として使っていなくても、登録欠格要件に該当するようになったときには、登録を消除しなければならない。①～③の事実が生じた日から30日以内に死亡等を届け出てね。なお、①だけは、相続人が死亡の事実を知ったときから30日以内となってるよ。

では、宅建士が破産した場合は、届け出るのですか？

もちろんそうだ。そのように、上記以外の登録欠格要件のどれかに該当することになった場合は、本人が届け出るように。法律違反によって禁錮刑以上に処せられた場合等も、本人が届け出ることになってる。

でも、禁錮刑以上ってことは投獄されているってことでしょ…いったい本人がどうやって届け出られるんでしょう？

本人が届け出るってのは、書類に本人名を書くってことですよ。もし投獄されていれば、看守や弁護士が郵便ポストへ投函してくれるんだよ。

3 宅建業法 >> 35 宅地建物取引士ー登録ー

いやあ、すごく勉強になりました。もう立派な宅建士になったような気がします！

だから君、勉強して合格しないとダメだって…。
宅建士は業務に従事するときは、取引の専門家として公正かつ、誠実に、法律に定める事務をやらないといけないぞ。

へえ…まあ確かに不動産のプロ中のプロですもんね。

しかも、宅建士の信用又は品位を害するような行為はしちゃだめだし、宅建取引に係わる必要な知識および能力の維持、向上に努めなければならない…。こりゃ大変だ。

でも！努めなければならないって努力義務ってやつですよね？そうなるようにがんばってさえいれば結果はともかくOKってことですよね？(笑)。

そんなことだけはしっかり勉強してるな…全く…。

語句の意味をチェック

実 務 講 習	国土交通大臣が指定する3日間講義と通信講座のセット講習のこと
消　　　除	ある一定の記載事項を消してなくすること

試験問題セレクション

問 35 宅地建物取引業者C（法人）が、不正の手段により免許を受けたとして免許を取り消された場合、当該取消に係わる聴聞の期日及び場所の公示の前日にCの役員であったDは、取消しの日から5年を経過しなければ、登録を受けることができない。(平成9年)

★解答・解説は次ページ左下

417

ステージ 36 取引士証

第3章 宅建業法

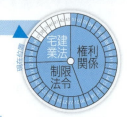

●攻略のガイドライン

取引士証と免許の取得は一見似ていますが、実はずいぶんと違うんです。だからこそ本試験ではそこがよく出題されます。出題者の心理を逆手にとって征服するのが利口です。

●学習のガイドライン
- 本試験重要度 ★★★★
- 本試験出題頻度 ★★
- 本試験出題難易度 ★★
- 攻略に必要な実力 A（やさしい）
- 学習効率 A（最良）
- 覚えるべき事項 6項目

攻略のひとことテーマ
取引士証は、正確、かつ最新でなければいけない

理解と暗記の重要ポイント

重要な項目

❶ **取引士証の交付を受けるには、交付申請前の6カ月以内に行われる講習の受講が必要**
　講習 → 法定講習のこと。法改正があるので知識のアップデートをはかる。ちなみに、車の運転免許と異なり直前になってもお知らせはくれないので注意してね。

❷ **取引士証の有効期間は、5年間**

❸ **取引士証の書換交付は、氏名または住所を変更したとき**

❹ **取引士証の再交付は、亡失・滅失・汚損・破損したとき**

❺ **取引士証を提出しなければならないときとは、事務禁止処分を受けたとき**
　事務禁止処分 → 名義貸し、不正、不当な行為をして指示処分を受けたのにも関わらず、それに従わず違反したときに受ける処分のこと。

❻ **取引士証を返納しなければならないときとは、取引士証の効力を失ったとき**

〔問35の解答・解説〕○　不正で免許を取り消された会社の取締役といえば、不正をした張本人。前日まで取締役だったのなら残念ながら、取消しの日から5年間登録を受けられない。

3 宅建業法 >> 36 取引士証

> 取引士証がなければ、始まらないでしょ！

さて今回のお話は…

宅建士になるためには、まず専門知識・実務経験を備えたうえで登録しなければならないとお勉強しましたね。でも登録しただけでは宅建士としての事務は行えないのです。登録した都道府県の知事に対して宅地建物取引士証の交付を申請して、交付を受けてはじめて宅建士としてのお仕事を開始できるのです。

ここでは「新入社員」と「知事」から宅地建物取引士証に関する事項をお勉強したいと思います。

本編　ステージ36　スタート　〔配役〕新入社員　知事

▶ シーン1　**取引士証の交付申請**

宅建士

取引士証の有効期間が満了したので、更新の申請に来ました。お久しぶりです、覚えていらっしゃいますか？

知事

おや、君はあのときの新入社員ですか。そうか、希望通り宅建士になれていたんだね。懐かしいなあ。

宅建士

ええ、今回が最初の更新なんです。重要な項目　**取引士証の有効期間は、5年間❷**ですが、これも長いようで短いですね。

419

知事　そうだね、でも、取引士証なしでは宅建士としての事務ができないからね。まず、**取引士証の交付を受けるには、交付申請前の6カ月以内に行われる講習の受講が必要❶**だよ。

重要な項目

宅建士　更新するときにも、講習を受けなきゃいけないのですか？

知事　そう。新規・更新にかかわらず、登録している知事の指定する講習を受講してね。ただし、資格試験合格後1年以内に、新規に申請する者は、知識が新鮮なので講習を受ける必要はないってことにしてる。

宅建士　ふーん、PCのアップデートみたいなものか〜。新鮮な知識を身に付けるため講習に行ってきます。

▶ シーン2　取引士証の書換交付

知事　はい、新しい取引士証です。記載事項に間違いはないかな？

取引士証の記載事項
　①氏名・住所　　②生年月日
　③登録番号・登録年月日
　④交付年月日・有効期間満了日

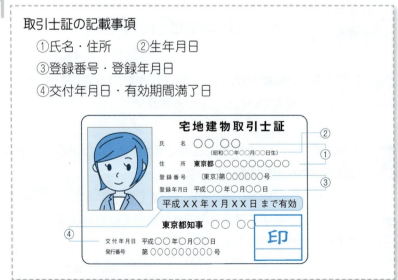

3 宅建業法 >> 36 取引士証

取引士証は多くのひとに見せるものだから、住所欄はシール等のすぐにはがせるもので隠してもいいことになっているんだよ。最近、何かと物騒だしな。

たしかに、住所を見せるのはちょっと抵抗がありますもんね…いやーでも、新しい取引士証ってやっぱりいいな〜。

仕事がんばってね。ところで、君、そろそろ結婚しないの？

そんなのあなたに関係ないじゃないですか！でも…まだ、相手もいなくて…（泣）。

そうか。いやね、取引士証は、書換えを要する場合があるんですよ。
取引士証の書換交付は、氏名または住所を変更したとき ❸ 重要な項目
と、**登録の移転**を行ったときにね。ただし、登録の移転は住所が変更されただけではできませんよ。転勤等が伴ってはじめてできるので注意してね。

えっと…登録の移転を行ったときにも、書換交付が必要なのですか？

うん、取引士証を交付する知事が代わるからね。
ただし、これら書換交付では、変更箇所以外の記載事項になんら更新もなく、新しく交付される取引士証の有効期間満了日も従前のままですよ。

なるほど、要するに、有効期間は以前のものをそのまま引き継ぐのですね。
ちなみに、書換交付を申請する場合も、講習を受けるのですか？

421

いいや、書換交付では、講習を受ける必要はないよ。

それを聞いてホッとしました。では、取引士証を失くしてしまったときには、どうすればいいのですか？

▶ シーン3　取引士証の返納と提出

再交付の申請が必要になる。重要な項目 取引士証の再交付は、亡失・滅失・汚損・破損したとき❹ に、交付を受けている知事に申請すること。

再交付後に、失くした取引士証が見つかった場合は？

そのときは亡くした方を交付を受けている知事に、返納。その他にも、登録が消除された、取引士証の有効期間が満了したといった場合も同様にね。思い出…♡とか言って、とっとかないでね。

重要な項目 つまり、取引士証を返納しなければならないときとは、取引士証の効力を失ったとき❻ のことですね。

その通り。君はなかなか優秀じゃないか！取引士証がなければ宅建士としての事務が行えないから、ときには事務を行えないようにするため、取引士証を、交付を受けている知事に提出させる場合もあるんだよ。

重要な項目 知っています、取引士証を提出しなければならないときとは、事務禁止処分を受けたとき❺ のことですよね。でも、事務禁止処分が満了すれば返還してくれるんですよね。

知事：もちろん。ただし、当事者より返還の請求があったときのみ、返還することにしているよ。

宅建士：書換え・再交付・返納・提出、いろいろあるんだなあ…。

語句の意味をチェック

宅建士としての事務	「35条書面の説明」「35条書面への記名押印」「37条書面への記名押印」の3つ
登録の移転	［ステージ35 参照］
返　　納	宅建士から知事に取引士証がわたされ、その後、当該取引士証が知事から宅建士に返される余地のない場合に使う
提　　出	宅建士から知事に取引士証がわたされ、その後、当該取引士証が知事から宅建士に返される可能性がある場合に使う

試験問題セレクション

問36 取引士は、勤務先を変更したとき、取引士証の書換え交付の申請を行わなければならない。（平成6年）

★解答・解説は次ページ左下

ステージ37

第3章 宅建業法

営業保証金と保証協会

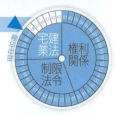

● 学習のガイドライン

本試験重要度	★★★★★
本試験出題頻度	★★★★★
本試験出題難易度	★★
攻略に必要な実力	B（普通）
学習効果	A（最良）
覚えるべき事項	5項目

――― ● 攻略のガイドライン ―――

営業保証金と保証協会の違いはどこかな？金額はどれ位違うかな？と両者を比較しながら覚えていくことがなにより大切です。共通点と相違点を明確にしながら理解することで、ここはしっかり得点できます。曖昧に進めるとどっちがどっちなのかわかっていないまま記憶してしまうので要注意。

営業保証金が工面できない…お金がないなら、保証協会の社員になろう

理解と暗記の重要ポイント

チェック欄 ☑ ☐ ☐

重要な項目

❶ 場所 ☐☐☐

① 営業保証金の供託（きょうたく）
　主たる事務所の最寄りの供託所

　供　託 → 金銭や有価証券、物品を供託所や人に差し出して保管してもらうこと。

　供託所 → 東京の場合は千代田区にある東京法務局のこと。

② 保証金分担金の納付
　保証協会

③ 弁済業務保証金の供託
　法務大臣および国土交通大臣が定める供託所

❷ 額 ☐☐☐

〔営業保証金の供託額〕

　営業保証金 → 現金だけでなく、有価証券でも供託可。

① 主たる事務所…1,000万円

〔問36の解答・解説〕× 勤務先は、取引士証には表示されない。したがって、勤務先の変更があっても、取引士証を書き換える必要はない。ただし登録簿の変更をする必要がある。

424

②従たる事務所…事務所ごとに、500 万円

〔保証金分担金の納付額〕

保証金分担金 →現金のみ。有価証券での納付不可。

③主たる事務所…60 万円

④従たる事務所…事務所ごとに、30 万円

❸ 有価証券の評価額　□□□

〔国債証券〕額面全額

〔地方債証券・政府保証債証券〕額面の 90%

〔その他の債権〕額面の 80%

❹ 宅建業に関して、業者と取引した者の還付額　□□□

還　付 → 元の持ち主に返すこと。ここでは弁済に置き換える

　とわかりやすい。

①営業保証金

　供託している営業保証金の範囲内

②弁済業務保証金

　業者が社員でないとした場合に供託すべき営業

　保証金に相当する額の範囲内

❺ 還付後の不足額の充当　□□□

①営業保証金

　免許権者から通知を受けた日から、2 週間以内に

　供託し、供託後2週間以内に、免許権者へ供託の旨

　を届け出る

②弁済業務保証金

　国土交通大臣から通知を受けた日から、2 週間

　以内に供託する

③保証金分担金（還付充当金）

　保証協会から通知を受けた日から、2 週間以内に納

　付する

> 頼りになるのは、どっち？

さて今回のお話は…

実務においては宅建業者が宅地や建物をお客さんに引き渡す前に、多額の現金を受け取るケースも。ただ、中には資金不足に陥ってしまい債務不履行になってしまうこともあります。そんなとき、業者に渡した現金が戻ってこないとなるとシロートのお客さんがあまりにもかわいそうです。そこで、受け取った現金を万が一の際に速やかにお客さんに返却できるように、業者には一定のストックが義務付けられているのです。

ストックの方法は２つ。

「供託所へ営業保証金を供託する方法」と
「保証協会へ弁済業務保証金分担金を納付する方法」です。

この「営業保証金くん」と「弁済業務保証金分担金くん」が新しく免許を取得した業者を勧誘しているようです。ちょっと話を聞いてみましょう。

本編　ステージ37　スタート　〔配役〕業者さん　営業保証金　保証金分担金

▶ シーン１　**営業保証金の供託額**

業者　やっと免許が下りて、晴れて業者になれたぞ！よお〜し、これからはバンバン働いて、ガンガン稼ぐぞ。

ちょっと待って。バンバン働く前に、なにか忘れてるのでは？ 業者さんは、すでに営業保証金を供託したのかな？

あの〜、あんた一体？

これは失礼、私は営業保証金です。営業保証金というのは、不動産取引において、業者の責任でお客さんに損害を与えた場合の賠償金のストックのようなもの。業者さんにとっては、ちょっと高額だけど、お客さんが泣き寝入りをしなくて済むよう、営業保証金の供託義務があるのです。

なるほど、こちらとしても、営業活動の安全が確保できるわけだし、損な話ではないわな。それで、営業保証金の供託額はいくらなの？

いや〜、話のわかるお人だ。営業保証金の供託額は、主たる事務所が1,000万円、従たる事務所が事務所ごとに500万円 ❷-①② 業者は、免許権者に供託した旨を届け出た後でなければ、営業を開始できないことになっているんだよ。

▶ シーン2　保証金分担金の納付額

いや〜、営業活動の安全確保にしては、高額すぎるなあ。

その通り。家族で経営する程度の街の宅建業者にとって、1,000万円は大金だよ。だから、あなたのような人のために私こと保証金分担金が必要なのです。

お〜、またいきなり登場したあんたは一体？

はじめまして。私は、保証金分担金（正しくは「弁済業務保証金分担金」）です。保証金分担金は、やはりお客さんが泣き寝入りしなくて済むためのストックとして、営業保証金に代わる存在です。しかしそれと同時に、業者のためにも存在しています。それが、お客さん本位な営業保証金と違う点ですね。

じゃあきくけど、保証金分担金は、業者のためにどう役立っているの？

営業保証金が、真にお客さん本位であることはわかるんだけど、高額を一括納付する方法が困難な業者のために、たくさんの業者が少しずつ負担額を出し合い、1つの団体としてまとまった額を供託するという仕組みがあってもいいでしょ。
ということで生まれた団体が保証協会さ。業者は、まず、2社ある保証協会のうちの1つを選び、そこに所属する、つまりその社員となるわけです。そのうえで、保証協会に保証金分担金を納付する ❶-② んです。ちなみに全国で2社ある保証協会のロゴがうさぎとハトであることから、業者ではうさぎとハトと呼ばれることが多いですよ。

ほう、業者が社員になるのか。で、その社員の負担額は？

保証金分担金の納付額は、うさぎでもハトでも、主たる事務所が60万円、従たる事務所が事務所ごとに30万円 ❷-③④ です。業者は、自分が加入したいと思う保証協会へ、加入する日までに納付すればいいのです。どうです？ 業者の負担額が少ないでしょう。あなたも見たところお金もなさそうだし、営業保証金でなく、弁済業務保証金分担金にしませんか？

なるほど、業者が集まってお金を出し合うわけか、なんだか、ライバル意識よりも、仲間意識が生まれそうでよさげだな。

仲間ですか。保証協会は保証をすることの他にも宅建業界全体をより良くするための役割も担っているんですよ。たとえば『宅建士等の研修に必要な費用の助成』をしたり、業者向けに法令や金融等の多様な分野の知識とか能力の向上のための研修を実施するように努めないといけないことになっているんです。

▶ シーン3　営業保証金・弁済業務保証金の供託所

おい君、ちょっと待った。不動産の取引ではかなりの金額が動くんだよ。いくらなんでも60万や30万程度の額では、お客さまに損害を与えた場合の賠償金には到底足りないだろう…。

ええ、だから、保証協会は、社員である業者が納付した保証金分担金をとりまとめ、弁済業務保証金として供託するのです。

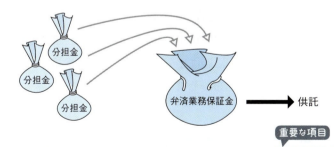

なんだ、結局のところ、供託するんじゃないか。営業保証金の供託は、主たる事務所の最寄りの供託所 ❶ - ① と決まっているんだけど、その弁済業務保証金の場合は、どこに供託するんだい？

429

> **重要な項目**
>
> 弁済業務保証金の供託は、法務大臣および国土交通大臣が定める供託所 ❶-③ です。

でも、俺が保証協会に加入したとして、その保証協会は、すでに供託を済ませているわけでしょ。俺の納付分はどうなるわけ？ つまり新しい業者が加わった場合、その業者が納付した保証金分担金は、いつ供託されることになるの？

いや～、可愛い業者さんのためですから。面倒でもその都度供託します。保証協会は、業者から納付を受けた日から1週間以内に、保証金分担金に相当する額を供託しなければいけないのです。そして、さらに、その業者の供託が終了した旨を、免許権者へ届け出なくてはいけないのです。

えっ、免許権者への供託の旨も、保証協会がやってくれるの？ それはいいなあ。ちなみに、営業保証金の場合、その辺りはどうなの？

まあ、営業保証金の場合、業者自ら、供託が終了した旨を免許権者へ届け出るんだよ。そこで、心配なのは、届出を忘れる業者。もしも、供託の日から3カ月経っても届け出ない場合は、免許権者から『届け出ろ』と催告を受けてしまうんだ。それでも、催告が業者に到達した日から1カ月以内に届け出ない場合は、免許を取り消されてしまうかもしれないな。でも、それも業者の責任さ。

▶ シーン4　事務所を増設するとき

ふ～ん、そうしてみると、保証協会って、業者に対して親切だね。

親切？ いいや、業者を甘やかしているぞ。

決して甘やかしているわけじゃありません。社員である業者の知識・実務の向上も担っているのです。その証拠に、社員である業者が事務所を増設した場合、2週間以内に保証金分担金を追加納付しないと一切の業務はさせないし、保証協会も辞めさせます。

その点、営業保証金はいいぞ。『いつまでに供託しろ』という締め付けがないからな。たとえ事務所を増設したとしても、営業保証金を供託しない限り、その事務所での営業ができないだけで、クビってことはない。気楽さがあるんだよ。どうだい、営業保証金にしないか？

マイペース主義の業者にとっては、いいかもしれない。困ったな。

▶ シーン5　営業保証金の保管替えと二重供託

保証金分担金にだって、気楽な点はありますよ。納付を済ませ、保証協会の社員になってしまえば、主たる事務所をどこに移転しようが、納付先の保証協会は変わりません。つまり業者は、業者名簿に関する変更を届け出るだけでいいのです。

へえ、ライバルながら、それはうらやましいなあ。営業保証金の場合は、主たる事務所の最寄りの供託所に供託する都合上、主たる事務所を移転する場合は、供託所も変更されるので、面倒なんだよ。

そうだよね。ちなみにその場合は、どういう手続きを取ればいいのかな？

現金のみで供託していれば保管替えさ。保管替えは、銀行の振り込み等を利用するので、供託所をすぐに変更できるけど、現金だけでなく**有価証券**も含めて供託している場合は、銀行振り込み等が利用できないから、二重供託が必要になるんだ。つまり、移転後の主たる事務所の最寄りの供託所へ供託してから、移転前の供託所へ取戻し請求を行うんだ。

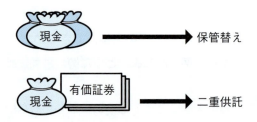

じゃあ、余計にお金が必要じゃないか！そんなに持ってる業者は少ないぞ。

そうなんだよ、そこが頭の痛いところさ。たとえば、現金プラス有価証券で供託している業者が、本店を引っ越しする際には、余計に1,000万円必要なんだよ。

▶ シーン6　供託する有価証券の評価額

あの〜、有価証券で供託するってどういうこと？

営業保証金は、現金の他に、有価証券でも供託できるんだよ。

でも、有価証券の場合、その価値は常に額面通りとは限らないでしょ？

そうなんだよ。債券発行先が投資に失敗すれば、そのしわ寄せが債券購入先に来る。元本さえ回収できない事態だってありえるからね。そう考えると、有価証券の評価額はこうなってしまうんだ。

有価証券の評価額 ❸ ◀ 重要な項目

〔国債証券〕額面金額の全額
〔地方債証券・政府保証債券〕額面金額の 90％
〔その他の債券〕額面金額の 80％

じゃあ、営業保証金を有価証券で供託する場合には、その分余計に供託しないといけないのか。保証金分担金の場合もいっしょ？

保証協会が弁済業務保証金を供託するときには、有価証券でもいいのです。そのときの有価証券の評価額は、もちろん営業保証金の場合と同様です。

でも、我々納付する業者に、有価証券の評価は関係ないでしょ？

当然です。有価証券で供託するしないは保証協会の問題ですから。業者には迷惑かけません。保証協会だってなるべく現金で供託したいのですが、このご時世ですから、お客さんにお支払いする還付額だってバカにならないのです。

▶ シーン7　営業保証金・弁済業務保証金の還付

営業保証金

でも還付できるのは、不動産を購入したり、媒介・代理を依頼したり等宅建業に関して、業者と取引した者の還付額は、供託している営業保証金の範囲内 ❹-① 重要な項目 と決められているんだ。また、シロートのお客さんは保証金とか供託所があることを知らない人が大半だから、宅建業者は契約の前に『営業保証金を供託している主たる事務所の最寄りの供託所』や『保証協会の社員である旨』なんかを口頭でもいいから説明することになっている。ちなみに相手が業者の場合は、相手もプロなんだからいちいち説明なんて不要だし、**業者は取引をしたことで損害を受けても還付を受けることは出来ない。**

業者

じゃあ、僕の会社が他の業者と取引して何かあっても、供託所等には泣きつけないってことか…。ちなみに、損害額が、供託額を超える場合はどうするのですか？

営業保証金

営業保証金で足りない場合には、当然、業者が自らの財産から弁済することになるよね。

保証金分担金

なるほど。保証金分担金の場合は、弁済業務保証金から還付するのです。つまり、宅建業に関して、業者と取引した者（シロート）の還付額は、業者が社員でないとした場合に供託すべき営業保証金に相当する額の範囲内 ❹-② 重要な項目 となり、営業保証金同様、供託所から支払われることになります。

業者

要するに、社員である業者は、60万円納付していれば、1,000万円を限度に還付してもらえるってこと？

その通りです。ただしお客さんには、保証協会の認証を受けてもらう必要があります。保証協会の認証さえあれば、業者が保証協会の社員になる前に行った取引の損害についても、弁済業務保証金から還付を受けられるのです。

そこまでやるの？　たいしたもんだなあ。営業保証金は、供託中に取引したお客さんの債権しか還付の対象としないからなあ。保証協会の場合、還付で減った分はどう処理するの？

▶ シーン8　還付後の不足額の供託・充当

まず、弁済業務保証金が還付されると、供託所から国土交通大臣へ連絡が行き、それを受けた国土交通大臣は、保証協会に対してその旨を通知します。次に、保証協会は、還付額に相当する金額を、<u>国土交通大臣から通知を受けた日から、２週間以内に供託する ❺-②</u>　重要な項目　ことになります。最後は、業者が還付充当金(かんぷじゅうとうきん)を納付するわけですが、<u>保証協会から通知を受けた日から、２週間以内に納付する ❺-③</u>　重要な項目　ことになっています。

営業保証金の場合は、還付で減った分をどう処理するの？

営業保証金の場合は、まず供託所から免許権者へ連絡が行き、それを受けた免許権者は、業者に対してその旨を通知する。最後に、業者は、還付額に相当する金額を、<u>免許権者から通知を受けた日から、２週間以内に供託し、供託後２週間以内に、免許権者へ供託の旨を届け出る ❺-①</u>んだよ。　重要な項目

へえ、保証金分担金のほうが、保証協会の供託がある分、1ステップ多いようだけど、それでも、充当に要する日数も『2週間』と一緒で、とても似てるんだな。

要するに、総合的に見て、保証金分担金の方を選ぶべきということではないでしょうか。

待った。そう結論を急ぐな、ひとつ忘れてないか。営業保証金は、保証協会の社員でなくなった業者の受け皿になっているんだよ。保証協会からの通知を無視し、還付充当金を2週間以内に納付しなかった業者は、保証協会をクビになってしまうのさ。もしも、廃業せずに業者として営業を続けたい場合には、今度は営業保証金を、1週間以内に主たる事務所の最寄りの供託所へ供託すればいいんだよ。

へえ、いいとこもあるじゃないか。でもその場合、保証協会に納付してある保証金分担金はどうなっちゃうの？

大丈夫。保証協会の社員でなくなるわけだから、業者は当然取り戻せますよ。

▶ シーン9　営業保証金・弁済業務保証金を取り戻せるとき

それをいうなら、営業保証金だって、取り戻せるケースがあるんだよ。ただし取り戻した後に、お客さんの損害が表沙汰になるようなケースも考えて、業者は『取り引きで損害を被ったお客さんは名乗り出てください』と公告し、6カ月間名乗り出る者がいなかった場合に、はじめて取り戻せるよう決められているんだがね。

その仕組みはこちらも同じです。ただし保証金分担金の場合は、その公告を、業者が社員でなくなったときに『そういう方は、保証協会の認証を受けてください』と、業者に代わって**保証協会**が行います。

じゃあ、業者が保証金分担金を取り戻せるのは、ずいぶんと先になっちゃうってこと？

当然のことながら、業者が保証金分担金を取り戻せるのは、保証協会が弁済業務保証金を取り戻した後です。なぜなら、保証協会の社員時代の取引によって生じた債権については、営業保証金は、面倒を見てくれません。業者が保証協会をやめた後に、損害の事実を知ったお客さんが、なんの還付も受けられないのでは、あまりにかわいそうなので、保証協会は、最後まで還付に備えておくのです。

うっ…、確かに、営業保証金は、供託前の取引で発生した損害については還付の対象としないからな…。

▶ シーン10　取戻しにおいて公告が不要なとき

そのうえ公告不要な場合もあるのです。事務所の一部を廃止し、その分の保証金分担金を取り戻すときには公告不要です。

そうなの？　いやあ、営業保証金の場合、事務所の一部を廃止し、その分の営業保証金を取り戻すときには、公告が必要なんだ。また免許の効力が失われた、つまり業者でなくなったときも、公告しないと営業保証金を取り戻せないんだよ。

営業保証金には、公告不要で取り戻せる場合ってないのかな？

いや、待てよ。あるある、それも３つある。さっきも説明した二重供託の場合。２つ目は、保証協会の社員になったとき。そして、最後の３つ目は、営業保証金の取戻事由が発生してから、10年経過したときだよ。

それって、つまり、お客さんに還付請求権が発生しているにもかかわらず、10年間なにもしないで放っておいた場合、10年経過したことにより、その債権が時効で消滅するという意味だよね。

そう、それそれ。えー、営業保証金は、最後の受け皿なんだよ。だから、責任ある行動が要求されているんだ。滅多なことでは、公告不要になんてしないのさ。

いやあ、参りました。営業保証金って、１本スジが通っていますね。

ほんとうですね。これならば、たとえなにかあっても安心だ。金もないし、大船に乗ったつもりで保証協会へ加入しようと思うよ！

そういうと思ったよ……しゅん。

3 宅建業法 >> 37 営業保証金と保証協会

語句の意味をチェック

供 託 所	法令の規定により供託される金銭及び有価証券を保管し、その供託事務を取り扱う機関
供 託	法令の規定により、金銭、有価証券またはその他の物品を供託所または一定の者に寄託すること
有価証券	小切手、手形等のこと
還 付	この場合、供託していた金銭等を、お客さまの請求により返還すること
認 証	一定の行為または文書の成立あるいは記載が正当な手続きによってなされたことを公の機関が確認・証明すること
充 当	債務者の有する金銭・債権等を債務や給付の弁済に充てる方法またはその行為
還付充当金	還付された弁済業務保証金に相当する額
公 告	ある事項を広く一般の人に知らせることで、その目的・方法等は、一定ではなく、それぞれの法律の定めによる。この場合は、官報となる

試験問題セレクション

> **問 37** 宅地建物取引業者は、営業保証金が還付されたためその額に不足を生じた場合、不足が生じた日から2週間以内に、その不足額を供託しなければならない。（平成8年）

★解答・解説は次ページ左下

ステージ

38 業者の義務

第3章 宅建業法

● 攻略のガイドライン

「どんな場所でその義務が求められているか」がポイントです。
実際の不動産屋さんをイメージしながら進めていきましょう。

● 学習のガイドライン

本試験重要度 ★★★
本試験出題頻度 ★★★
本試験出題難易度 ★★
攻略に必要な実力 B（普通）
学習効率 B（良）
覚えるべき事項 5項目

攻略のひとことテーマ

業者は情報を公開し、
責任の所在をはっきりさせよう

理解と暗記の重要ポイント

チェック欄

重要な項目

❶ 業者は、業務にたずさわる従業員に、従業者証明書を携帯させなければならない

　　従業者 → 従業者には社長や取締役も含まれる点に注意。

❷ 業者は、事務所ごとに、従業者名簿を備え付けなければならない

❸ 業者は、事務所ごとに、帳簿を備え付けなければならない

❹ 業者は、業務を行う場所ごとに、標識を掲示しなければならない

❺ 業者は、契約の申込み等を受ける案内所を設置する場合、そこで業務を開始する10日前までに、一定の事項を届け出なければならない

440　〔問37の解答・解説〕　×　不足した日ではなく、その旨の通知を受けた日から2週間以内。

3 宅建業法 >> 38 業者の義務

業者は業者らしく、事務所は事務所らしく

宅建業者が扱う商品（＝お家や土地）は大変高額です。そのためお客さんの不利益になるようなことを避けるために、業者やその従業者には守らなければならない義務が存在します。例えば、勧誘においては不当に迫ったり、「お客さん、口ではそんなこと言いながらホントは欲しいんでしょ〜」としつこくしたり、手持ちのないお客さんに対して「手付金貸してあげますから、今申込しましょう！」と手付の貸付を行うことは禁止されています。

また当然といえば当然ですが、業務上知ったお客さんに関する秘密は、本人の承諾や、裁判所からの要請等がない限りは他人に漏らしてはいけません。その他にもさまざまな義務がありますが、ここでは宅建試験に出やすい項目という観点から「業務上不可欠なもの」について注目したいと思います。

今回はある会社さんの「社長さん」と「従業員くん」のやり取りを聞いてみましょう！

▶ シーン1　**従業者に対する業者の義務**

社長　君に業務を行わせる以上、君の落ち度は私の責任になるのだ。心して業務にあたってくれたまえ。

441

まかせてください、社長。分譲住宅をガンガン売ってみせますよ。

うむ、頼もしいぞ。まずは、従業員である証拠として、従業者証明書を携帯しなさい。

そんなもの、いちいち持って歩かないとダメなのですか？

当たり前だ。業者は、業務にたずさわる従業員に、従業者証明書を携帯させなければならない ❶ んだよ。お客さまに『確かに、この業者の従業員と取引をしている』とわからせて、もしもお客さまから、従業者証明書の提示を請求されたときには、それに従わなければならんのだ。

要するに、従業者証明書という証拠があれば、もしも取引に関する事故・紛争が生じた場合、お客さまは業者に対し確実に責任を追及できるというわけですね。

そう、業者はいい逃れができないというわけなんだな。また、業者は、事務所ごとに、従業者名簿を備え付けなければならない ❷ んだよ。

従業者名簿の記載事項（※住所は不要になった）

- 従業者の氏名
- 主たる業務内容
- 宅建士であるか否か
- 従業者証明書の番号
- 従業者になった年月日
- 従業者でなくなったときの年月日

従業員：これも、お客さまのためですか？

社長：うむ。従業者名簿は、お客さまにとって、自分の担当者がどんな経験の持ち主なのかを知るうえで、重要な資料だからな。取引関係者から請求があれば、閲覧させなくてはならないのだよ。

従業員：そうか、お客さまから、逆に、希望の担当者を指名することも可能になりますからね。でも転勤やら転職やらで、従業者の入れ替えも結構ありますよね。それらを全部保管しておくのは大変そうですね。

社長：相当の保管場所も必要だしな。まあ、そういうわけで、従業者名簿は、名簿へ最終記載をした日から10年間**該当の事務所**で保存すればいいのだ。

従業員：その業者で働いている人の情報ってことですよね？だったら本店で一括して保管してた方がいいんじゃないですか？

社長：うーん、名簿を見る可能性があるのは実際に取引をするお客さんでしょ？そしたらやっぱりそいつが働いている事務所（＝現場）に置いといたほうがいいんだよ。いちいち本社に照会なんかしてたら、すぐに知りたくても知れないでしょ。

従業員：なんでも取って置かなければいけないんですね。じゃあ、社長、今私が記入している、この取引の内容を記録した帳簿も、長期間保存しなくてはならないのですか？

▶ シーン2　帳簿の備え付け義務

社長　うむ。**業者は、事務所ごとに、帳簿を備え付けなければならない** ❸ んだが、この帳簿は、各事業年度の末日をもって閉鎖し、5年間保存しなくてはならんのだ。新築の売買だったらなんと10年。

従業員　5年間というと、免許の有効期間と同じですね。

社長　ちなみに、事業年度の末に閉めるからといって、その直前にまとめて帳簿を作るのはNGだぞ。取引の都度作成だ。いい加減なやつだとそういう事務作業も沢山たまっちゃってるんだよなあ。

従業員　ということは、免許更新時等に、免許権者から提出を求められることもあるのですか？

社長　ああ、だから常日頃からしっかりと記載しておくように、いいな。

> **帳簿の記載事項**
> ①取引の年月日
> ②取引態様
> ③取引の各当事者の氏名、住所
> ④売買等の額
> ⑤報酬の額　等
>
> **取引態様** →業者の立場。売主、貸主、媒介、代理のどれに該当するかということ。その業者の立ち位置を示す。

従業員　わかりました。おまかせください。

社長　そうそう、忘れるところだった。従業者名簿や帳簿は、磁気ディスク、わかりやすくいえば、パソコンなんかで作ってもいいぞ。うちみたいな零細企業は、経営の合理化が最優先課題だからな。

従業員：なんだ、早くいってくださいよ。

▶ シーン3　標識の掲示義務

社長：従業者名簿、帳簿と来れば、次は標識だぞ。**業者は、業務を行う場所ごとに、標識を掲示しなければならない** ❹ んだ。　〈重要な項目〉

従業員：標識って、うちの事務所でもカベに貼るやつですね！えっと記載されている事項は…標識に記載すべき事項　免許番号　免許の有効期間　商号　代表者氏名　主たる事務所の所在地

社長：そう、どんな業者なのかがわかれば、お客さんも安心だからね。事務所であるか否かにかかわらず、業務を行う場所ごとに標識を掲示しなくてはならないのだぞ、いいな。

従業員：承知しました。標識があれば、正式に免許を受けた業者であるか否かもわかるし、もしも、取引に関する事故・紛争が生じた場合、お客さまは業者に対し、確実に責任を追及できますものね。

社長：うむ、それに加えて、モグリ撃退の効果もある。なかには、有名大手不動産の名を語ったりする者がいるんだなあ。

▶ シーン4　案内所の届出

従業員：モグリ撃退かあ…、そういえば、この案内所だって、分譲販売用のプレハブ造りだし、分譲が終わって取り壊しちゃえば、誰もモグリだって気が付きませんよね。

445

社長 おいおい、人聞きの悪いことをいうな。我が社はれっきとした業者だから、当然、届出は済ませてある。業者は、契約の申込み等を受ける案内所を設置する場合、そこで業務を開始する10日前までに、一定の事項を免許権者と案内所の所在地の知事へ届け出なければならない ❺ 重要な項目 んだよ。ただし、免許権者が国土交通大臣の場合は案内所等の知事を経由して大臣に届け出ることになっているみたいだな。まあ、大臣ともなるとめちゃくちゃ忙しいだろうから、知事に伝言しとくって感じかな〜。

従業員 え？ 案内所って、免許を受ける際に申請するんじゃないのですか？

社長 事務所はそうだが、ここのように、宅地建物の分譲を行う場合に設置する案内所は、申請事項ではないんだ。なぜなら、分譲が終われば取り壊してしまうからな。したがって、届け出る必要があるわけだ。

従業員 そうか…、じゃあ、モデルルームも届け出る必要ありですね？

社長 うむ、君は、なかなか飲み込みが早いな。ひとくちにモデルルームや案内所といってもこんな内装ですよ〜いいでしょと「案内するだけのもの」と実際に「申込や契約締結をするもの」に分けられるんだ。このうち、契約の申込等を受ける案内所は、届出の対象となるのだ。

従業員 ということは、契約の申込等を受けない案内所は、届け出なくていいんですね。でも届け出る場合は、誰に対して行うのですか？

社長 免許権者と、案内所のある場所を管轄する知事の両方へ届け出なければならないのだ。届出はそれぞれの知事に直接行うが、大臣へ届け出るとき、つまりアレだ、大臣免許の場合だけは、案内所のある場所を管轄する知事を経由して行うことになるな。

3 宅建業法 >> 38 業者の義務

従業員　届出さえ済ませば、堂々と分譲できるわけですね、社長。

社　長　その通り。**契約の申込等を受けない案内所を『事務所等以外』、事務所と、契約の申込等を受ける案内所を、まとめて『事務所等』**ともいうのだ。そして、契約の申込み等を受ける案内所には、専任の宅建士が、少なくとも1人は必要なんだ。まあ、君がいてくれれば安心だがな。

従業員　すみません、実は、まだ宅建士資格試験に合格していないんです…。

社　長　なに？ なぜそれを早くいわない、君は今日から自宅謹慎だ。試験日まで猛勉強して、宅建士資格試験に合格するまでは出社するんじゃないぞ！

語句の意味をチェック

手付金	売買等の契約締結の際、その履行の保証として当事者の一方から他方へ交付される有価物（ただし金銭であることが多い）で、業法では、契約当事者が解除権を留保するために手付を交付する解約手付とされる
取引態様	売買・交換・貸借の別を取引といい、自ら売主・代理・媒介の別を態様という。そして、この2つをあわせて取引態様という

試験問題セレクション

問38　宅地建物取引業者が、従業者名簿をそれぞれの事務所ごとに作成して備え付け、主たる事務所に一括して備え付けることをしなかった場合、宅地建物取引業法に違反する。（平成9年）

★解答・解説は次ページ左下

447

ステージ 39

第3章 宅建業法
契約締結までの制限

●攻略のガイドライン

なにがなんでもおとり広告はおさえたい！一見ややこしそうでも意外にすんなり入りますよ。
引っかけ問題が多く出題される箇所でもありますので要必要です！

●学習のガイドライン
本試験重要度	★★★★
本試験出題頻度	★★★★
本試験出題難易度	★★★
攻略に必要な実力	C（難しい）
学習効率	B（良）
覚えるべき事項	5項目

攻略のひとことテーマ

広告では、嘘も誇張もダメ、時期が早すぎるのもダメ

理解と暗記の重要ポイント

チェック欄

❶ 広告に関する大事な3本柱
　・誇大広告の禁止
　・広告開始時期の制限
　・取引態様の明示

❷「これやばそうだな〜」の直感で分かる誇大広告禁止項目
　①宅地建物の所在地
　②物件の規模（大きさ、平米数など）
　③形質（物件の形）
　④現在もしくは将来の利用の制限
　⑤現在もしくは将来の環境
　⑥交通その他利便性
　⑦代金等の対価の額とその支払い方法
　⑧代金等に関する金銭の貸借のあっせん

〔問38の解答・解説〕× 従業者名簿の備え付けは、事務所ごと。主たる事務所で一括して備え付けるわけではない。

3 宅建業法 ≫ 39 契約締結までの制限

形　質	→物件の形、電気やガスの供給、築年数等。
利用の制限	→建蔽率や容積率、地上権等。
環　境	→学校や公園が近くにあるか、日当たり等。
利便性	→最寄り駅までの時間、バス停の有無等。
対価の額	→代金額、借賃額以外にも工事費、敷金、礼金等。
支払い方法	→一括か分割か、分割なら頭金の額、支払回数、期間、利息等。
金銭の貸借のあっせん	→住宅ローン等。

❸ 宅建業に関する広告のうち，売買・交換・貸借における未完成物件の広告は，必要な許可等を受けてから

❹ 宅建業に関する契約締結のうち，売買・交換における未完成物件の契約締結は，必要な許可等を受けてから

❺ 取引態様の明示は、広告するとき、注文を受けたときに行う

449

> 早く売りたい気持ちもわかるけど…

さて今回のお話は…

まず大前提として、不動産広告は盛ってなんぼです。イ○スタグラム等でよく目にされる女子の自撮り写真と同じです。土地にしろ、売買の一戸建てにしろ、賃貸のマンションにしろ…どの物件の広告も宅建業者が作っているのですから、どうしたって「よく見せたい、はやく売りたい」という思いが反映されてしまいます。その思いが写真の取り方や図面の作り方等に無意識でも影響を及ぼして、多少なりとも実物より良く見えてしまうのは致し方ないところ。

ただし、売上を上げるために存在しない架空物件の広告を載せたり、実際の価格より安く表示してお客さんを釣ろうとするのはもってのほかです！

今回は某宅建業者を営む「社長」が「広告業者さん」に広告を依頼するシーンから、広告に関する制限についてお勉強してみようと思います。

本編　ステージ39　スタート　〔配役〕社長　広告業者さん

▶ シーン1　**誇大広告**

社長

この図面は、うちが社運を賭けてるマンションなんだけど、もっとパッと派手に宣伝したいんだよ。まずは、折り込みチラシ、新聞・雑誌広告を駆使して、物件の印象を良くしないとね。

こっちもプロだから、できる限りのノウハウは提供するけど、誇大広告はダメだよ。

そうなんだよ、その辺ちょっと疎くてさあ。実際にはどういう表示や内容が誇大広告なの？

重要な項目

誇大広告として禁止されている表示は、著しく事実と相違する表示や、実際の物件よりも著しく優良・有利と誤認を与える表示 ❶ だね。

じゃあ、売る予定のない物件を広告に載せたり、存在しない計画を広告に載せたりしてお客を釣る、おとり広告なんてのはもってのほかというわけだな。

ああ、誇大広告は立派な法律違反だから、違反した業者は指示処分を受けたり、業務停止になることがあるよ。さらにヤバイと、6カ月以下の懲役、もしくは100万円以下の罰金、または両方の併科という罰則があるんだ。それに、誇大広告は、実害がなくても、発覚しただけで処罰の対象となるからなぁ…。

具体的には、誇大広告として、なにがどう禁止されているんだ？

誇大広告の禁止事項

まず、次の項目について、著しく事実と異なる表示はダメだよ。

> **重要な項目**
>
> **誇大広告の禁止事項 ❸**
> ①宅地または建物の所在
> ②規模
> ③形質
> ④現在もしくは将来の利用の制限
> ⑤現在もしくは将来の環境
> ⑥現在もしくは将来の交通、その他の利便
> ⑦代金、借賃等の対価の額、その支払方法
> ⑧代金や交換差金(さきん)に関する、金銭の貸借のあっせんについて

社長：いや…ちょっと、これ全部覚えるのは無理なんじゃないかな〜。

広告業者：そんなことはないよ。お客さんの立場に立ってみて、これに嘘つかれたら困るな〜と考えれば、すぐに違反広告に該当するかどうかわかるから。例えば所在地や大きさ、代金等の数字に関することは当然その物件を購入（もしくは賃借）しようか判断する大事な要素だから、正しくないと困るでしょ？

社長：それはその通りだな。買うと決めていざ契約の段階で金額が違ったら大事になりそうだ。

広告業者：そうそう。もう一つ例を出すのであれば、『今注目のベイエリア！将来地価高騰確実！』なんて根拠もないことを広告に載せて、それを信じて購入する人がいたら…。

社長：…それやばそう〜。大概そういうこと言われる土地って上がらないからな（笑）。

ね、実際に正しい情報載せてくれないとやばそうなものはだいたい誇大広告に該当するんです。実際にどうかなと考えてみればなんら難しいことはないんです。

よし！それじゃ～この誇大広告に該当さえしなければいいってことだな。そこんとこだけしっかり守って、がつんと派手な広告でよろしく！

▶ シーン3　広告の開始時期

ちょっと待って下さいよ…確かに、誇大広告の禁止事項は重要だけど、他にも、広告する際の注意事項はいろいろあるよ。たとえば社長さんが持ってきたこの図面だけど、これって計画図面でしょ。実際、建物は図面通りにできてるわけ？

いや、それが今設計中なんだよ。変更箇所もありそうでめんどくさいことになってるんだよね…

そりゃまずいよ。変更箇所がある図面を広告に載せたら、完成物件を見たお客さんが『完成予想図と違うじゃないか』って文句をいってくるよ。だから、トラブルに発展しないように気をつけないとね。
たとえば建物の場合、行政機関に『こんな建物を建てたい』という計画を申請し『建ててもいいよ』と**建築確認**が下りた後は、計画を変更できないんだ。それは、完成予想図と完成物件を一致させ、予想されるトラブルを未然に防ぐためなんだ。もしも、変更が生じた場合は、改めて建築確認が必要だよ。

ていうか、今申請中で、未だ建築確認をもらっていないんだよ。

そりゃあ論外だな。**宅建業者に関する広告のうち、売買・交換・貸借における未完成物件の広告は、必要な許可等を受けてから❸**と決まっているんだよ。だから、未だ許可や建築確認等がない未造成の宅地や、建築中の建物等の広告はできないのさ。

そうか…仕方ないな。契約締結の場合と似ているね。広告同様、宅建業に関する契約を締結する際にも、許可が必要な場合があるんだよ。

▶ シーン4　**契約の締結時期**

へえ。そっちは専門外だから初耳だな。まあ、どんな場面でも、未完成物件はトラブルの元になるということかな。

宅建業に関する契約締結のうち、売買・交換における未完成物件の契約締結は、必要な許可等を受けてから❹と決まっているんだよ。

広告の場合はあった『貸借』が、ここでは除外されているね。

貸借の場合、通常、取引にかかわる金銭も違約金もそれほど高額ではないからね。だから、貸借の代理・貸借の媒介は、未完成物件であっても、許可等を受ける前から契約を締結できるってことになってるけど…でも実際、客は完成して、見てからじゃないとなかなか申し込めないけどね。

なるほど。その貸借に比べて、売買・交換の場合は、多額の金銭がかかわってくるから『完成予想図と違うじゃないか』といったトラブルを未然に防ぐ必要があるわけだね。

そういうこと。多額のお金がかかわってくれば、違約金等が高額になるのも目に見えてるからなあ。

要するに、広告の開始時期と契約の締結時期は、貸借の場合のみ異なるということだね。

▶ シーン5　取引態様の明示の時期

ちなみに、この、売買・交換・貸借を『取引』といい、媒介・自ら売主・代理を『態様』というらしいよ。

それを併せて『取引態様』というんだね。取引態様は、広告に載せなくてはならないんだよ。

あー、そういえば**重要な項目** 取引態様の明示は、広告するときと、注文を受けたときに行う❺ことになってるな。広告のときに明示していたからといって、実際の取引のときに伝えないのはマズいってこと。

実際、僕が広告を作るときも、ネットの広告でもポストに投函される折り込みでもそうだけど、下の方に「売買・媒介」とか「貸借・代理」とかって文字を必ず入れてるな。

じゃあ、もろもろ制限をちゃんと守ってもらったうえで、できる限り派手でいい感じのよろしくね。あとできる限り安くして！

えええ…。

語句の意味をチェック

規　模	ここでは宅地や建物の面積
形　質	ここでは土地であれば地目や供給施設等の整備状況、建物であれば新築・中古の別、木造・コンクリート造等の構造のこと
交換差金	交換する物件の金額の差額
建築確認	建物を建てるときに必要な行政の確認。詳しくは［ステージ26参照］
許可等	建築基準法による建築確認［ステージ26参照］や、都市計画法による開発許可［ステージ22参照］、宅地造成等規制法による許可［ステージ25参照］等を指す

試験問題セレクション

> **問39** 宅地建物取引業者Aが自ら売主となって行う工事完了前の分譲住宅を販売する場合、Aは、建築確認を受ける前においては、その旨を表示すれば、この分譲住宅の販売広告をすることができる。（平成2年）

★解答・解説は次ページ左下

ちょっと一息

「従業者証明書」

私は不動産仲介の会社で働いているので、もちろん「従業者証明書」と「宅地建物取引士証」の不動産2点セットは必ず名刺入れに入っています。

宅地建物取引士証は都道府県知事が発行するので立派なカードになっていますが、もう一方の従業者証明書は各々、業者さんが発行するものなので会社によってまちまちです。

私の会社の従業者証明書はなんとコピー用紙（笑）。

従業者証明書のフォーマットには表と裏がありますので、それぞれをコピー用紙に印刷したものをはさみで切って、スティックのりで貼り合わせたものが私の従業者証明書です！

コピー用紙で出来ているためもとからペラッペラなのと、常に携帯しているからぼろぼろになってしまっているのですが…必要事項が漏れなく記載され、（港区大門の証明写真機で撮影した）顔写真も貼って、社判も押してあるので、これでも立派な従業者証明書です！（機会があったらお見せしたいと思います（笑）。

ステージ 40

第3章 宅建業法
35条・37条書面

●攻略のガイドライン

まずは35条書面の記載事項をインプットしていきましょう。次に37条との共通事項をマスターする。すべての事項をやみくもに覚えようとするのはかえって失敗のもとです。

●学習のガイドライン

本試験重要度	★★★★★
本試験出題頻度	★★★★★
本試験出題難易度	★★★
攻略に必要な実力	B（普通）
学習効率	B（良）
覚えるべき事項	6項目

攻略のひとことテーマ

35条書面が商品説明で、37条書面はレシートと考える

イメージする！

覚える！

理解と暗記の重要ポイント

チェック欄

重要な項目

❶ 重要事項（35条書面）の記載事項

❷ 重要事項の説明を行う相手は、買主・借主

❸ 重要事項の説明を行う時期は、必ず、契約締結の前

❹ 37条書面の記載事項

❺ 37条書面を交付する相手
　〔自ら売主〕買主
　〔代理〕契約の相手方と依頼者
　〔媒介〕契約の各当事者

❻ 37条書面を交付する時期は、契約成立後遅滞なく

458　〔問39の解答・解説〕×　未完成・宅建業ときたら、確認がなければ広告できない。

3 宅建業法 >> 40 35条・37条書面

> 商品説明は、宅建士の腕の見せ所！

さて今回のお話は…

お洋服の裏地に縫い付けてあるタグに、洗濯方法等を示すマークが書いてありますよね？このタグは「こうして洗ってあげてね」とその洋服を着る人のために教えてあげる一方で「自宅で洗濯したら縮んじゃったんだけど！」等の予想されるクレームを未然に防ぐという役割があります。

宅地建物の取引にはこういったタグのような役割を果たすものがあります。ただ、対象が不動産になってしまうとお洋服のようにぺらぺらのタグ一枚でOK！とはいきません。

宅地建物の取引においては35条書面（重要事項説明書）と37条書面は絶対必須です。（余談ですが、東京都内の物件の賃貸借契約においては紛争防止条例に関する書面ってのもあって、これとあわせて3点セットが基本です）

重要事項説明書は契約の前にどんな内容の契約で、どんな物件が対象になっているのか等、契約の中でも特に重要な項目を説明するための書面です。これを「宅地建物取引士」が説明をしてお客さんがしっかり理解して納得したうえで、37条書面、俗にいう契約書に署名と捺印をもらうというのが一連の流れです。

さしずめ35条書面が商品説明、37条書面がレシートといったところでしょうか。

ここではある不動産屋さんではたらく「先輩の従業員」と「後輩の従業員」のやり取りから35条書面と37条書面には一体どんなことを書かなければいけないのか勉強しましょう。

 〔配役〕 先輩の従業員 　　後輩の従業員

▶ シーン1　35条書面の記載事項−売買・交換

 おい、後輩、業者の従業員となったからには、35条書面が作成できないと始まらないぞ。作ってみろよ。

 はい、やらせてください！

 じゃあまずは重要事項とはなにを指すのか確認しておくぞ。客に会ってから現地でモタモタできないからな。
えーっと、取引には、売買・交換・賃貸借の3種類があるが、まずは、基本となる売買・交換の場合に、重要事項として記載義務がある項目をあげてみたまえ。

 はい、まずは取引の対象となる物件に関することです。

35条書面の記載事項

目的の宅地・建物に登記されている権利の種類・内容・登記名義人
　登記名義人がない場合は、表題部に記載された所有者名を説明。

法令に基づく制限の概要
　都市計画法・建築基準法等、説明すべき法令はなんと30種類以上。ただし取引の態様によって説明すべき法律は異なる。たとえば建物の貸借の場合は、賃借権の設定・移転に関する制限の説明のみ必要。

（平成29年の改正で、特定用途誘導地区の容積率と建築面積の制限に関する規定についての説明義務が新たに加わりましたので余力があればチェックしておきましょう！）

私道の負担に関する事項

土地の一部が私道の敷地となっている場合、私道内は建築不可等の説明がないと、顧客に思わぬ損害を与えることになりかねないため、対象となる土地の私道負担の有無、私道面積、その位置等を説明。

飲用水・電気・ガス・排水に関する供給や施設の状況、あるいは整備の見通し

未完成物件である場合は、その完了時における形状・構造等

完了時の形状・構造、宅地に接する道路の構造・幅員、建物の主要構造部・内装・外装・設備等を説明。

防災上危険とされる区域に指定されているか否か

造成宅地防災区域内にあるときはその旨

土砂災害警戒区域内にあるときはその旨

津波災害警戒区域内にあるときはその旨

造成宅地防災区域 →造成された一団の宅地のうち、地震等によって地盤の滑動などの災害が発生する恐れが大きいとして指定される区域。

（津波災害警戒区域は東京都内は一切未指定となっているため、将来どこが指定されるかわからない…有明、豊洲とかのベイエリアにある物件を取り扱うときは、後々指定されたときのトラブルをリスクヘッジするために「今は未指定だけど将来的に指定される可能性もあります」と説明しておきます。）

石綿調査結果（アスベスト）の有無

建物に石綿が使用されているかの調査結果の有無が記録されているときはその内容を説明。調査結果が無であっても宅建業者

が調査を実施する必要はなし。「調査していないですね〜」で
終了。

耐震診断をうけていればその内容

昭和56年5月31日以前に建築された建物が対象。実際の契
約書に「昭和56年6月1日以降に建築された新耐震基準の物
件につき対象外」と書いてあることも。

建物状況調査（インスペクション）を実施してるかどうか　実施している場合はその内容

対象の建物が既存のものであるときに説明。設計図書や点検記録
などの書類の保存状況についても説明が必要。

住宅性能評価を受けた新築住宅であるときはその旨

住宅性能評価を受けた新築住宅であるときはその旨を説明。

（注）売買のときのみ説明義務があり、賃貸借では説明不要。

代金・交換差金・借賃以外に授受される金銭があれば、その額と目的

手付・敷金・権利金・礼金・保証金等がある場合は、賃借終了
後に返還されるか等を含め、受領する金銭の性質や額等を説明。

契約解除に関する事項

損害賠償額の予定や違約金に関する事項

宅地・建物の工事完了の前後を問わず、手付金等の保全措置をとる場合は、その措置の概要

支払い金・預り金を受領するときの保全措置の有無、その措置の概要

代金・交換差金に関する金銭貸借のあっ旋内容及びそのあっ旋に係る金銭貸借が不成立のときの措置

「ローン付き」として融資をあっ旋しても、必ず融資を受けられ
るとは限らない。受けられなかった場合の措置、融資の条件を
説明。

> 宅地・建物の瑕疵担保責任の履行に関する保証保険契約等の措置の有無、講ずる場合はその措置の概要
> 割賦販売に関する事項

その通り、よく覚えてきたな。

いや、覚えないと先輩、怖いじゃないですか…。

どういう意味？

▶ シーン2　35条書面の記載事項−賃貸借

そうそう、後輩よ。君に作成してもらう契約なんだけど、お客さまから仲介を頼まれた賃貸物件なんだよ。

賃貸物件だと先にあげた項目の中からいくつか記載しないものがありますね。

おっ、どうしてだい？

はい、賃貸借契約の場合、まず注意することは『私道負担』で、これは建物を建てる可能性のある買主や借主に説明されるべき事項です。よって宅地の賃貸借の場合は必要ですが、建物の賃貸借の場合はすでに建物が存在するので不要です。
また、『保全措置』は、業者自身が売主となる場合にのみ説明する事項。『代金のあっ旋』は、賃料をローンで払うなんてありえませんし、『瑕

『瑕疵担保責任』『住宅性能評価』『インスペクション』、『割賦販売』は売買契約専門で、借主には関係ありませんからね。

結構。じゃあ、賃貸借契約の場合に、追加される項目は？

はい、賃貸借契約でプラスされる重要事項は、これです。

賃貸借契約での追加事項

契約期間および更新に関する事項

定期借地権、定期借家契約の場合はその旨

宅地建物の用途、その他の利用の制限に関する事項

敷金等（名称の如何を問わない）の契約終了時において清算することとされている金銭の清算に関する事項

宅地や建物の管理が委任されているときは受託者の商号、主たる事務所の所在地、登録番号（受託者が個人の場合は氏名、住所）

大変結構。じゃあ、ちょっと突っ込んで聞いてみようかな。賃貸借契約でも、契約の目的物が、宅地の場合と建物の場合に、それぞれ付け加えなければならない重要事項があるんだけど、わかるかい？

▶ シーン3　35条書面の記載事項－宅地の賃貸借・建物の賃貸借

まかせてください。宅地の賃貸借の場合は、まず、さっきいった通り私道負担と、それに加えてこれを追加します。

宅地の賃貸借契約での追加事項

契約終了時に当該宅地上の建物の取り壊し（とうがい）に関する事項を定める場合には、その内容

先輩 その通り。主に一般定期借地権を念頭に置いて、更地にして返還する等の条件について、その内容を説明するんだよ。

後輩 はい。次は、建物の賃貸借の場合ですがこれを追加します。

> **建物の賃貸借契約での追加事項**
> 台所・浴室・便所その他の当該建物の設備の整備の状況

先輩 借主にとって、建物にどんな設備があるかは重要だからね。

後輩 借主自ら、建物の設備を勝手に変更するわけにもいきませんからね。

先輩 いやあ、お見事。ここまで覚えているのも俺の指導のおかげだなぁ？

後輩 はい…。

▶ シーン4 **35条書面の記載事項**－区分所有建物の賃貸借

先輩 あ、忘れてた、後輩よ。君に作成してもらう契約なんだけど、目的物はマンション、つまり区分所有建物なんだよ。

後輩 え～、じゃあ、今までの重要事項にかなりの追加があるじゃないですか…。先輩、もしかして僕のこと試してません？

先輩 わかっちゃった？ さあ、区分所有建物の賃貸借契約で追加しなければならない重要事項をいってごらん。

後輩 区分所有建物の賃貸借契約での追加事項か…、う～ん。

先輩 はい、時間切れ。通常の建物の賃貸借契約のときと同じさ。ただし注意することは、⑮『利用制限』が、専用部分に関する利用制限の説明になっていることだ、いいな。

▶シーン5　35条書面の記載事項 – 区分所有建物の売買・交換

後輩 はい。ふ〜、一瞬ヒヤリとしました。でも、同じ区分所有建物でも売買・交換の場合には、それ以外にも追加事項がいくつかありますよね。

区分所有建物の売買・交換での追加事項

1棟の建物の敷地に関する権利の種類とその内容
　敷地の面積や敷地の権利が所有権であるのか、地上権や賃借権であるのかの区別、さらに、規約（案も含む）で定めた敷地であるか否か等を説明。

規約（案も含む）で共用部分を定めた場合には、その内容
　ないときは「なし」と書き、まだ案の状態であればその旨を説明。

建物または敷地の一部を特定の者だけに使用させる規約（案も含む）の定めがある場合には、その内容
　バルコニー等、本来は共有物であるものを、特定の者にだけ使用させる定めについて説明。

専有部分の用途、その他の利用の制限に関する規約等を定めた場合には、その内容
　ペット飼育、フローリング工事等の禁止や、事業用としての利用禁止等の定めがある場合に説明。

建物の各区分所有者が負担すべき、通常の管理費の額

積立金の規約がある場合には、その内容と現在の総積立額

管理を委託している管理会社や管理者の商号と主たる事務所

> 所在地
> 特定の者の維持修繕の費用・管理費を減免する旨の規約の定めがある場合には、その内容
> 維持修繕の実施状況の記録がある場合には、その内容

重要な項目
よし、重要事項（35条書面）の記載事項 ① はこれで全部だな。しかし、後輩。君の記憶力はすごいな。あっ、やっぱりこれも？

はい、先輩のご指導のおかげです。

▶ シーン6　35条書面の説明を行う相手と時期

先輩、35条書面が完成しました。

どれどれ…、うむ、上出来だ。35条書面に宅建士である君が**記名・押印**したら、さっそくお客に説明してきちゃって。俺、宅建、持ってないから。

え？　僕がですか？というか先輩、宅建、持ってないんですね。

お前が持ってるんだから良いだろ。宅建士としての事務とはなんだったっけ？

はい、重要事項の説明、35条書面への記名押印、37条書面への記名押印の3つです。

よろしい。君は立派な宅建士だ。宅建士の事務のひとつである、重要事項の説明ができなくてどうする。いいか、この説明でお客さまがその気になるかどうか決まるんだから、しっかりやってくれよ。
そうそう、説明するときには、取引士証を提示しなくてはいけないから、取引士証を忘れるなよ。

わかりました。重要な項目 重要事項の説明を行う相手は、売買であれば買主、賃貸借であれば借主 ❷ ですよね。

その通り。それに、お客さんは、君の説明を聞いてから、買う・借りるを決断するわけだから、重要事項の説明を行う時期は、必ず、契約締結の前 ❸ 重要な項目 なんだ。重要事項が記載されている、君の作成した35条書面もお客さんに交付してくれよ。

はい、がんばります。

▶ シーン7　37条書面の記載事項 − 35条書面との共通事項

先輩、契約がなんとか成立しました。

おめでとう、よくやった。だが、やることはまだたくさんあるぞ。次は早速、37条書面を作成しないとな。37条書面の記載事項はわかっているか？

はい、えーと。

ちょっと待った、重要事項と共通する記載事項から挙げてみろ。

あ、はい。35条書面と37条書面に必ず書かないといけない共通記載事項は次の項目です。

37条書面の記載事項

代金または交換差金、借賃以外に授受される金銭があれば、その授受の金額と目的と時期

　金額と目的については、35条書面と共通の記載事項だが、授受の時期については、買うかわからない段階からは決められないので、35条書面の記載事項でない。

契約解除に関する定めがある場合には、その内容

損害賠償額の予定や、違約金に関する定めがある場合には、その内容

代金または交換差金についての金銭貸借のあっ旋に関する定めがある場合には、そのあっ旋に係る金銭貸借が不成立のときの措置

合格。ただし、これらの事項について定めがない場合、35条書面では、必ずとりあげて『定めなし』と記載しなければならないが、37条書面では、まったく記載する必要がないんだ。これも覚えておくように。

はい。先輩、宅建もないのによく覚えましたね…。

> **シーン8**

37条書面の記載事項 – 35条書面との相違事項

じゃあ、次に、37条書面独自の記載事項を挙げてみろ。

35条書面にはない、37条書面だけの記載事項は、次の項目です。

37条書面の記載事項

当事者の氏名・住所

物件を特定するための表示
　〔宅地の場合〕所在・地番等
　〔建物の場合〕所在・種類・構造等

宅地建物の引渡しの時期

移転登記の申請をする時期

代金や交換差金、貸借の額並びにその支払いの時期と方法

天災その他、不可抗力による損害の負担に関する定めがある場合には、その内容

宅地建物の瑕疵を担保すべき責任についての定めがある場合には、その内容

インスペクション（建物現況調査）について確認した事項がある場合には、その内容

宅地建物の瑕疵を担保すべき責任やその履行に関して講ずべき保証保険契約等の措置の定めがある場合には、その内容

宅地建物に係る租税等の公課の負担に関する定めがある場合には、その内容

`重要な項目`

よし、**37条書面の記載事項 ❹** は、これで全部だな。補足しておくと、天災などの不可抗力について、瑕疵について、租税公課については定めた場合だけ書けばいいぞ。

— 470

どうして定めた場合だけ記載すればいいのですか？

民法の『危険負担』と、『売主の担保責任』、租税公課についても国等で決めた納付方法がすでにあるので、特別に定めなくても解決できるのさ。

なるほど。改めて定めなかったとしても、すでに決まっている解決方法があるんですね。

そういうことだね。あと、37条書面で注意することは、売買・交換の場合と貸借の場合では、記載事項が異なることだね。

売買・交換に関する契約を締結したときには全部の項目で、貸借に関する契約を締結したときには『あっせん』と『移転登記』、『瑕疵』『租税公課』をのぞいて、37条書面に記載すればいいんですよね。

優秀優秀。じゃあ、がんばって37条書面を作ってみなさい。

はい、わかりました。

▶ シーン9　37条書面を交付する相手と時期

先輩、37条書面が完成しました。

どれどれ…、うむ、上出来だ。ところで、この37条書面を誰に交付するつもりなのかな？

ええと、37条書面を交付する相手は、次の通りです。

> **37条書面を交付する相手** ❺ ◀ 重要な項目
> 〔自ら売主の場合〕買主
> 〔代理で契約を成立させた場合〕契約の相手方と依頼者
> 〔媒介で契約を成立させた場合〕契約の各当事者

今回は、媒介で契約を成立させたので、貸主・借主の両当事者に対して、37条書面を交付することになります。

大変結構。さて、お客さまにしても、契約の内容を早く確認したいだろうけど、37条書面はいつ交付するつもりなのかな？

重要な項目
37条書面を交付する時期は、契約成立後遅滞なく ❻ でしたよね。

ますます結構。では、速やかに交付してきなさい。

はい、先輩。でも、社長から社長室へ来るようにいわれているんです。先輩、代わって37条書面の交付をお願いできないでしょうか。

仕方ないな。37条書面の交付は、宅建士でなくてもできるから、俺がやってくるわ。しかし、記名押印だけはしておいてくれよ。それも立派な宅建士の仕事だからな。

はい、ありがとうございます。では、お言葉に甘えて、社長室に行ってきます。お先に失礼します。

でも、社長に直接呼ばれるなんて一体なんだろう。俺の上司になる辞令だったりして。まさかな…でもあいつ優秀だからなあ…心配。

語句の意味をチェック

手付金等	手付金・中間金等の名目を問わず、代金に充てるために買主が支払った金銭で、かつ契約締結日以降、物件引渡しの間に業者が受け取った金銭
保全措置	顧客から受領した金銭を債務不履行のときには返却できるよう、銀行等と契約を結んで預けておくこと［ステージ41参照］
交換差金	交換契約で生じる差額
土砂災害警戒区域	土砂災害により住民の生命等に危害が生じるおそれがあると認めて知事が指定した区域
住宅性能評価	設計された住宅または建設された住宅について、国土交通大臣が指定する日本住宅性能表示基準に従って表示すべき性能に関し、同様に国土交通大臣が指定する評価方法基準に従って評価すること
記名押印	名前を書き、印判を押すこと
公課	国または地方公共団体が、その公の目的のために課する金銭負担のうち租税以外のもの

試験問題セレクション

問40 宅地建物取引業者Aが、売主B、買主Cとする建物の売買の媒介をした際、Aは、建物の引渡しの時期についてBとCの合意が不確定であったので、売買契約が成立するまでの間に、当該事項をCに説明しなかった。この場合、宅地建物取引業法の規定に違反しない。（平成9年）

★解答・解説は次ページ左下

第3章 宅建業法

41 業者が売主となる売買契約の制限

●学習のガイドライン

本試験重要度	★★★★★
本試験出題頻度	★★★★★
本試験出題難易度	★★★★
攻略に必要な実力	C（難しい）
学習効率	B（良）
覚えるべき事項	7項目

●攻略のガイドライン

業法にしては珍しく難しめ。でも、頻出なので避けては通れないのも事実です。過去問を解きながら理解するのがベター！

攻略のひとことテーマ

業者 VS 買主、ハンデなしでは業者が有利なのは当然

理解と暗記の重要ポイント

チェック欄

❶ クーリング・オフできないとき

①事務所等で、契約の申込み等を行ったとき

②媒介・代理を依頼した先の業者の事務所等で、客が契約の申込み等を行ったとき

③客から申し出て、客の自宅か勤務先で、契約の申込み等を行ったとき

　業者から申し出た場合は自宅も勤務先もクーリングオフができる。

④業者より、撤回等できる旨を書面で告げられてから、8日が経過したとき

　書面で告げられた当日を含めて8日。

⑤客が物件の引渡しを受け、かつ代金の全額を支払ったとき

474　〔問40の解答・解説〕× 引渡時期は、購入することを決めてからはじめて決めることになる。つまりOK.。

❷ 物件が将来業者のものになることが確実なときは、他人物売買ができる □□□

❸ 手付金等の保全が不要なとき □□□
　① 未完成物件の場合、手付金等が代金の5％以下、かつ1,000万円以下のとき
　② 完成物件の場合、手付金等が、代金の10％以下、かつ1,000万円以下のとき

❹ 手付金の額は、代金の20％以下 □□□

❺ 違約金＋損害賠償の予定額は、代金の20％以下 □□□

❻ 瑕疵担保責任を負う期間の特約は、物件引渡しのときから2年以上 □□□

❼ 割賦販売における制限 □□□
　① 業者は割賦金の支払いがされない場合、30日以上の相当の期間を定めて支払いを催促し、その期間内に支払いがないときでなければ契約解除や一括支払いの請求は出来ない
　② 業者が受領した額が代金の3割を超えた場合は所有権は移転

シロートを守る特別ルール

さて今回のお話は…

売買契約では通常ですと、売買の目的物となるものについての知識が売主・買主共に同程度であることを前提としています。

しかし売主が業者で買主がシロートとなる取引の場合は知識の差はもちろん力関係も歴然としていますね。売買の目的物、例えば土地や建物についての情報量も当然、業者のほうが多いに決まっています。これでは万が一問題が生じたときでも、公平に物事の解決が図れずに、シロートが業者に泣かされる結果になりかねません。

そこで、売主が業者・買主がシロートの場合には業者にハンデが付く特別ルールが設けられることになりました。たとえばクーリング・オフ…聞いたことありますか？これも宅建業法における「売主業者・買主シロート」の特別ルールなんです。詳しくは「良い業者さん」と「悪い業者さん」に聞いてみましょう。

本編　ステージ41　スタート　〔配役〕良い業者　悪い業者

▶ シーン1　**クーリング・オフできないとき**

悪い業者　少しくらい荒っぽい方法でもいいから、バンバン売ってガンガン稼ごうと思っているのに、様々な制限があって参っちゃうよ。

良い業者　業者は信用第一。君みたいな業者がいると、こっちの信用にまで響くんですよ。頼むから、決まり事はしっかり守ってくださいよ。

でも、気に入らないよな。たとえばクーリング・オフ制度。

クーリング・オフとは、事務所等以外の場所でお客さんが契約の申込み等を行った場合には、いつでもそれを撤回できる制度なんですよ。

それだよ、それ。こっちが苦労して客をその気にさせても、いつ撤回されるかピクピクしてなきゃならないなんて。それに、撤回されれば、預かった金も全額返却しなきゃならないんだぜ。

だったら、お客さんがクーリング・オフできない場所で、契約の申込み等を受ければいいんですよ。結構いろいろあるじゃないですか。

> **重要な項目**
>
> **クーリング・オフできないとき ❶**
> ① 事務所等で、契約の申込み等を行ったとき ❶-①
> ② 媒介・代理を依頼した先の業者の事務所等で、客が契約の申込み等を行ったとき ❶-②
> ③ 客から申し出て、客の自宅か勤務先で、契約の申込み等を行ったとき ❶-③

そりゃ、一生を賭けるような買い物だから後悔したくないとクーリング・オフする客の気持ちもわかるけど…。

落ち着いて、じっくり考えられる場所で買うと決めたなら、それは本物ですよ。でも、**事務所等以外の場所**には、実際にかなりひどい例もあります。興奮気味に契約したはいいけど、あとになってよく考えたら、本当に欲しい物件ではなかったという、お客さまの気持ちもわかってあげないと…。

悪い業者：確かに、事務所等以外といわれる案内所は、土地に定着していなかったり、へたすりゃ、現地に机と椅子があるだけの場所だし…。

良い業者：じゃあ、事務所等以外の場所で契約の申込み等を受けた場合は、早々に契約の内容を実行してしまえばいいじゃないですか。客が物件の引渡しを受け、かつ代金の全額を支払ったとき ❶-⑤ には、クーリング・オフできないのですよ。
重要な項目

悪い業者：いや、もっと手っ取り早い方法がある。事務所等以外の場所で契約の申込み等を受けた場合は、書面で、撤回等できる旨を客に告げるんだよ。業者より、撤回等できる旨を書面で告げられてから、8日が経過したとき ❶-④ クーリング・オフはできなくなるからね。
重要な項目

良い業者：まあ、その場合は、8日間がまんすればいいですからね。どんな方法でもいいから、決まり事だけはしっかり守ってくださいね。

▶ シーン2　他人物売買ができるとき

悪い業者：こっちだって、できれば違法なことはしたくないさ。でも、様々な制限が、業者を苦しめているのさ。たとえば、他人の物件を業者が売主としてシロートに対して売却できないのも気に入らないな。だって、他人物売買は、民法でも認めているじゃないか。

良い業者：じゃあ、もしも他人が所有する物件を、引渡し前には手に入るだろうと見越して、売主として買主に売却したにもかかわらず、結局手に入らなかった場合はどうするつもりなのですか？

3 宅建業法 ≫41 業者が売主となる売買契約の制限

そのときは…。

業者は、宅地建物取引のプロですから『手に入りませんでした、ごめんなさい』では済まないですよ。それによる業者の信用失墜は、君だけの問題じゃないと思います。だから『もしも』なんてことは最初からやってはいけないのですよ。

じゃあ、どうすればいいんだよ。

簡単です。売主として売り出す前に、本来の持ち主との契約を済ませればいいのですよ。

予約でもいいのかい？

ええ。どんな方法であれ、物件が将来業者のものになることが確実なときは、他人物売買ができる ❷ のです。ただし、持ち主との契約が『許可が下りたら売ってもいいよ』なんていう、**停止条件付**きの場合はダメですよ。『条件が成就しなかったので、手に入りませんでした、ごめんなさい』では済まないですからね。

わかるけど、持ち主との契約で早々に支払いを要求されたら、現金だって少なからず必要だよ。このご時世に大変だよ。

▶ シーン3　**手付金等の保全が不要なとき**

そうそう、金銭的に大変だからって、手付金等の**保全措置**は、ちゃんと行ってくださいよ。

479

ああ、あれも負担だな、できればやりたくない…。

だめです。じゃあ、業者の責任で契約が解除された場合、契約締結の日から、物件引渡し前までに支払われた全額を、即刻お客さんに返せるのですか？

う〜ん、まあ、自転車操業だから、それは無理かもな。

でしょ。だから、業者は、契約が解除されたときに、お客さんに対して預かったお金をすぐさま返却できるよう、手付金等を受け取る前に、あらかじめ措置を講じる必要があるのです。
未完成物件の場合には保全措置、完成物件の場合には保全措置あるいは保管措置が必要となります。

そんなことはわかっているのさ。要するに、営業保証金だけでも大金なのに、そのうえ、手付金等の保全措置等が義務づけられていて、金策に苦労させられるといいたいんだよ。

確かに、営業保証金で賄えれば、業者にとっては好都合かも知れないけれど、別枠で設けられていることに意義があるのも事実ですよ。まあ、業者の苦労も考えて、未完成物件の場合、手付金等が代金の５％以下、かつ1,000万円以下のときには、保全措置が不要 ❸-① 重要な項目 で、さらに完成物件の場合、手付金等が、代金の10％以下、かつ1,000万円以下のときには、保全・保管措置が不要 ❸-② 重要な項目 と定められています。ちなみに代金の10％（未完成は５％）や1,000万円を超える部分だけ保全措置じゃないですからね。1,001万円だったら１万円だけじゃだめで1,001万円まるっと全額に対して保全ですからね！

悪い業者：たとえば客が手付金等を4回に分けて支払う場合、1回目の手付金等が規定値（❸）以下で保全措置等が必要なくても、1回目と2回目の手付金等の合計が、規定値以上だったらどうなるの？

良い業者：規定値以上になる時点で、保全措置等を講じなければなりません。つまり2回目の手付金等を受け取る前に、1回目と2回目の手付金等の合計額について、保全措置等を講じなければならないのです。

悪い業者：3回目、4回目のときは？

良い業者：2回目で講じる必要が生じた以上、当然、3回目、4回目の手付金等の受領時にも、それぞれ前もって保全措置等が必要ですね。備えあれば、憂いなしですよ。

▶ シーン4　手付金の最高限度額

悪い業者：その備えの金策が大変なんだよ。で、業者がこんなに苦労しているのに、客が**手付金**として支払う額には、上限が設けられているのも気に入らないな。

【重要な項目】

良い業者：**手付金の額は、代金の20％以下** ❹ とあらかじめ決まっているんです。そんなにたくさん受け取ったって、仕方ないじゃないですか。

悪い業者：業者から手付解約する場合、業者は、手付金の倍額を客に支払わなきゃならないけど、客から手付解約する場合には、客は支払った手付金を放棄することになるだろ。それを考えると、たくさん手付金をもらっておくほうが得じゃないか。

なるほど、そういう考えですね。確かに、手付金は、解約手付の役目を果たすから、相手方が履行に着手するまでなら、違約金等を支払わずに契約を解約できますね。
でも、そういうあこぎな業者がいるから、上限が決められたんですよ。業者がお客さんに手付解約させるよう仕向けるなんて簡単ですからね。

悪知恵封じってことか…。

▶ シーン5 損害賠償の予定等の最高限度額

それに加えて、**違約金＋損害賠償の予定額は、代金の20％以下** ❺ と決まっているんです。

これも、悪知恵封じだっていうのかよ。第一、民法では上限なんかないじゃないか。

そう、確かに、民法では上限がありません。だから、上限を決めたのです。悪知恵の働く業者なら、高い損害賠償等を予定しておいてお客さんにそれを支払わせる、なんて簡単ですからね。だから、お客さんのことを考えて、たとえ、代金の20％以上の違約金や損害賠償を予定しても、20％を超える部分は、自動的に無効になるんですよ。

もしも、違約金や損害賠償の予定を定めなかったときはどうなるんだい？

当然20％といいたいところだけど、この場合には、民法に立ちかえって、損害を受けた当事者が、その額等を立証しなければなりませんね。

悪い業者: でも、実際のところ、損害賠償を請求されるのは、ほとんど業者の方じゃない、やれ工期が遅れた、やれ傷だらけだってさ、参るよな。

良い業者: でも、お客さんの身になってみれば、瑕疵が1つあったって大問題でしょうね。

▶ シーン6　瑕疵担保責任を負う期間

悪い業者: だからって、瑕疵担保責任を負う期間を『買主が、瑕疵を発見したときから1年以内に申し出る』ってのは、あまりにもひどいんじゃない。これじゃ、業者はいつまで経っても取引を完了させられないじゃない。

良い業者: それは民法の規定。業者は特約を付けることもできます。**瑕疵担保責任を負う期間の特約は、物件引渡しのときから2年以上** ❻ なのです。これは、業者にとって好都合だと思いますけど…。

悪い業者: いやいや、民法では、瑕疵担保責任を負わない特約だって付けられるじゃないか。個人的には、断然支持したいね。

良い業者: それは絶対ダメ、それを許すと、日本中が不良物件で溢れるから、特約できるのは、あくまでも期間に関することだけです。

悪い業者: ちぇ、気に入らないな…。

良い業者: 気に入らなければ、特約しなくてもいいんですよ。その代わり、君が最初にいった民法の規定が適用されますから。

悪い業者: おいおい、それじゃ脅迫だよ。どっちが悪い業者かわからなくなっちゃうぞ。

▶ シーン7　割賦販売における制限

良い業者：あと、最近だとなかなか取引としてはないと思うのですが、割賦販売で宅地や建物をシロートのお客さんに売るときにもいくつかのルールがありますよ。

悪い業者：割賦販売ねえ。住宅ローンで一括払いとは異なるから、こっちとしては売買代金がちゃんと回収できるかが不安なんだよなあ。

良い業者：確かに売主の立場で見ますと、一定額を分割して回収していく訳ですからしっかりと最後まで払ってもらえるかの不安はありますよね。

悪い業者：まあ支払いが滞ったら即全額払わせるか、債務不履行で契約を解除しちゃえばいいんだけどね。

良い業者：それはいけません！少し支払いが遅れてしまっただけで契約解除を認めてしまってはシロートの買主さんが路頭に迷ってしまいますから、業者は割賦金の支払いがされない場合、30日以上の相当の期間を定めて支払いを催促し、その期間内に支払いがないときでなければ契約解除や一括支払いの請求は出来ない ❼-① ことになっています。

重要な項目

悪い業者：はいはい、またしても買主を守るわけね。そんなんじゃこっちはとてもじゃないけど落ち着いて取引できやしない。残代金の支払いが終わるまでは所有権はこっちにしとくかなあ。

重要な項目

良い業者：あ、それもダメですよ。原則、業者が受領した額が代金の3割を超えた場合は所有権は移転 ❼-② させてあげなくてはなりません。

…あっそ。じゃあ俺は絶対割賦販売なんてしないね。

▶ シーン8　住宅瑕疵担保履行法

まあ、お好きなように。また先にあげた（8種類の制限）のほか新築住宅については「住宅瑕疵担保履行法」というものも用意されているんですよ。

げっ…またいや〜な雰囲気の法律だな。

なに言ってるんですか、シロートの買主を守るとてもいい法律ですよ。住宅瑕疵担保履行法は新築住宅を自ら売主として販売する宅建業者に対して、その住宅に瑕疵があった場合の補修費用や、損害賠償や契約解除になってしまった場合の代金の返還等について資力保全を義務付けています。

さらにお金を預けないといけないのか…。

シロートを守るためですから。資力保全の方法は以下の通りです。

住宅販売瑕疵担保保証金の供託
営業保証金とほとんど同じ制度です。供託すべき保証金の額についてはその業者が過去10年間に引き渡した新築住宅に応じて決められるので、幾らと決まっているわけではありません。

住宅瑕疵担保責任保険契約の締結
売主となる宅建業者の負担で保険会社と契約を結ぶことになります。もし瑕疵が発見されて何らかの処置をとることになると買主が保険金を受け取れます。保険期間は10年間と定められています。

このふたつのうち、いずれかひとつは必ず講じなければなりません。

めんどくさいなー。この供託とか保険とかはいつしないといけないの？

住宅瑕疵担保履行法では基準日というものが設けられています。この基準日において業者ごとに算定された住宅販売瑕疵担保保証金の供託などをしていなければいけないことになっています。

基準日は年2回：3月31日と9月30日

また宅建業者は「ちゃんと担保をしてるよ〜」という届け出を基準日から3週間以内に各々の免許権者に届け出る必要があります。免許権者としてもそこをちゃんとできているのか把握したいですもんね。

ふーーん。これを万が一やらなかったときはどうなるの？やばいことになるかな？

もし届出をしなかったり、供託をしていなかった場合には基準日の翌日（4月1日と10月1日）から起算して50日を経過すると自ら売主で新築の取引をしちゃいけなくなりますから、ちゃんとやりましょうね…。

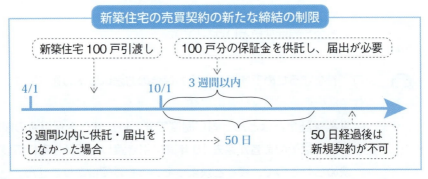

あーあ、制限ばっかりだねー…。

住宅販売瑕疵担保履行法に背いた状態で取引をすると1年以下の懲役または50万円以下の罰金が併せて課せられますよ。あと虚偽の申告をしたり届出を怠った場合は50万円以下の罰金刑です！

3 宅建業法 >>41 業者が売主となる売買契約の制限

悪い業者：か弱いシロートとかいうけど、俺のようなか弱い業者も守ってほしいよなー。

語句の意味をチェック

事務所等	土地に定着している事務所、契約の申込みを受ける案内所等をいい、必ず、専任主任者が設置されている
事務所等以外の場所	土地に定着しておらず、契約の申込み等を受けない案内所や、単なる現地をいい、専任主任者はいない。テント張りの案内所が好例
停止条件	条件が成就することによって、契約の効力が発生する条件のことで、条件が成就するまでは、契約が成立するかは不確か
保全措置	業者が、手付金等を買主に返還しなければならなくなった場合に備えて、営業保証金以外に講じておく措置。銀行や保険会社に保証料・保険料を支払い、物件引渡までの間、債務を保証してもらう契約を締結することで、その証拠である保証書・保険証書を手付金等を受領したときに買主に交付する
保管措置	「指定保管機関（国土交通大臣が指定するもの）」による「保管」の措置で、業者が受領するべき手付金等を指定保管機関が代わりに受領し、引渡までの間、買主の安全のために保管する
手付金	履行の保証として当事者の一方から他方へ交付される有価物で、債務不履行の場合と異なり、当事者の思惑により手付金を放棄するか、あるいは倍返しすることで契約を解除できる
割賦販売	売買代金をお給料日後や月末ごとに一定額ずつ分割して売主さんに支払う特約がついた売買契約のこと

試験問題セレクション

問41 宅地建物取引業者Aは、自ら売主として、宅地建物取引業者でないBと建築工事完了前の分譲住宅の売買契約（代金5,000万円、手付金200万円、中間金200万円）を締結した。この場合、Aは手付金を受けとる時点では、手付金等の保全措置を講じる必要はない。（平成9年）

★解答・解説は次ページ左下

ステージ 42

第3章 宅建業法

媒介契約とその報酬の制限

● 攻略のガイドライン

嫌がる人も多い報酬計算を含む箇所です。ただし、他は気楽に考えて勉強しても大丈夫！ダメでもいいやの楽天性で、計算が苦手な人は他で稼ぎましょう！

● 学習のガイドライン

本試験重要度	★★★★
本試験出題頻度	★★★★
本試験出題難易度	★★
攻略に必要な実力	A（やさしい）
学習効率	A（最良）
覚えるべき事項	6項目

攻略のひとことテーマ

専任媒介は業者にとってうまい話、でも、その分制限も多い

理解と暗記の重要ポイント

チェック欄

重要な項目

❶ 媒介契約書の記載事項は、計8項目

場所も価格も種類次第、この期間で解除すれば、流通と報酬が思いのままで、やっかむ人もいるでしょう

① 物件を特定する所在
② 宅地建物を売買すべき価格
③ 媒介契約の種類
④ 有効期間
⑤ 解除に関する事項
⑥ 指定流通機構への登録に関する事項
⑦ 報酬
⑧ 標準媒介契約約款に基づくか否かの別

❷ 業者が、価格等について意見を述べるときは、根拠が必要

〔問41の解答・解説〕○　未完成物件ときたら「代金の5％、かつ1,000万円以下は手付不要」を思い出せ。5,000万円の5％は、250万円。つまり250万円までは保全措置が不要。したがって手付受領時は保全措置不要。

488

3 宅建業法 ≫42 媒介契約とその報酬の制限

❸ 有効期間は、専任媒介・専属専任媒介ともに3カ月 □□□

最長で3カ月。契約期間は1カ月など短いのは可。

❹ 業務の処理状況の報告 □□□

処理状況の報告 →報告の方法は規定されてないのでメールでも可能。

〔専任媒介〕2週間に1回以上
〔専属専任媒介〕1週間に1回以上

❺ 流通機構への登録 □□□

登録 → 休業日は除いて7日以内と5日以内。

〔専任媒介〕媒介契約締結後7日以内
〔専属専任媒介〕媒介契約締結後5日以内

❻ 報酬計算 □□□

〔売買・交換の場合〕

売主＋買主≦両手分（＋消費税）

補足①媒介ならば、

売主≦片手分（＋消費税）、

買主≦片手分（＋消費税）

補足②交換は、価格が高い物件をもとに計算する

〔貸借の場合〕

貸主＋借主≦1月分（＋消費税）

補足③居住用建物の媒介ならば、

貸主≦半月分（＋消費税）、

借主≦半月分（＋消費税）

補足④権利金があるときは、それをもとに計算できる

489

独裁者には、独裁者のマナーがある？

さて今回のお話は…

売買においては売主・買主、賃貸においては貸主・借主、契約の当事者の間に立って契約を成立させる仲介役を法律的には「媒介」と呼びます。街中でよく目にする賃貸仲介の不動産屋さん、皆さんの中にも利用されたことある方がいらっしゃいますよね？あれも正確には媒介業者といいます。

この媒介ですが「一般媒介」「専任媒介」「専属専任媒介」の3種類があります。これの違いですが、（少しお下品なのですが）彼女の束縛に例えるとわかりやすいんです。

一般媒介（いっぱんばいかい） 複数の業者に重複依頼可・自己発見取引も可
「他の女と浮気してもいいよ♡ＡＶとか見て自分で処理してもいいよ♡」
　　明　示　型：「誰と浮気したかはちゃんと教えて」
　　非明示型：「浮気しても教えなくてイイよ」

専任媒介（せんにんばいかい） 複数の業者への依頼は不可、業者は単独のみ・自己発見取引は可
「他の女と浮気は絶対イヤ！でもＡＶ見るのは別にいいかな…」

専属専任媒介（せんぞくせんにんばいかい） 複数の業者不可、単独のみ・自己発見取引も不可
「他の女と浮気なんてもってのほか。ＡＶで他の女の裸見るのも浮気！絶対ダメ！！！」

まずなんとなくイメージが湧きましたでしょうか？(笑)。細かいポイントは報酬額等と併せて「専属くん」と「専任くん」に詳しく教えてもらいましょう。

3 宅建業法 》》42 媒介契約とその報酬の制限

 スタート
〔配役〕 専属くん 専任くん

▶ シーン1　**媒介契約の種類**

専任くん
まずは専任媒介です。専属でない専任媒介ともいわれます。特徴は、ある業者と専任媒介契約を結んだお客さんは、その物件について、他業者に重ねて依頼することが禁止されていることです。

専属くん
専属専任媒介です。専任媒介の特徴に加えて、さらに、お客さん自ら相手方を捜すこともダメ。まあ、とにかく厳しいんだな。

専任くん
さすが、専属専任媒介。名前の通り、なんかこう独裁的ですね。その点、専任媒介は、お客さん自ら見つけてきた相手方とは取引できますよ。

専属くん
独裁的で結構。だいたい、自ら相手方を見つけられるようなお客さんは、媒介契約なんて結ばないよ。それに、業者にしてみても、他業者に客を取られる心配がないから、積極的に営業できるからね。

専任くん
確かに、業者は一般媒介より、専任媒介を客に勧めますよね。

▶ シーン2　**業者が価格等について意見を述べるとき**

専属くん
当然さ。一般媒介では、客の提示する条件をある程度うのみにせざるを得ないから。たとえば客が常識外れの価格を提示しても、すでに他

491

業者にその価格で依頼していれば、そうやすやすと意見もいえないよ。

でも、そもそも、業者は価格等について意見できるのですか？

重要な項目

業者が、価格等について意見を述べるときは、根拠が必要 ❷ なんだ。客の希望価格が実勢価格と大幅に違う場合、希望価格を退ける根拠がないと、客も納得しないからね。それに、もともと、売買すべき価格は媒介契約書の記載事項なんだよ。当然、勝手に売買すべき価格が決められてしまっては、客だっていい気がしないだろう。

▶ シーン3 **媒介契約書の記載事項**

そうだ、業者は、お客さんと売買または交換の媒介契約を締結したら、遅滞なく、契約書を交付しなくちゃいけないのです。賃貸借の場合は交付義務がない点は注意ですね。契約書には業者がしっかりと記名押印することになっています。

媒介契約書の記載事項
① 物件を特定する所在
② 宅地建物を売買すべき価格
③ 媒介契約の種類
④ 有効期間
⑤ 解除に関する事項
⑥ 指定流通機構への登録に関する事項
⑦ 報酬
⑧ 標準媒介契約約款に基づくか否かの別

以上、媒介契約書の記載事項は、計8項目 ❶ であり『34条の2書面』ともいうんだ。この媒介契約書の作成は、どんな媒介契約であっても必要だよね。

この⑧の標準媒介契約約款ってなんですか？

媒介契約における当事者の権利義務を、より明確化させる目的、つまり宅建業法を基礎にしつつも、さらに明確な媒介契約書を作成できるよう、国が示している基準だな。

▶ シーン4　専任・専属専任媒介契約に関する制限

じゃあ、④の有効期間はどうなのですか？ 専任媒介契約の有効期間は3カ月、依頼者からの申し出があった場合に限って更新できますが、更新の期間も3カ月です。

まったく同じさ。有効期間は、専任媒介・専属専任媒介ともに3カ月 ❸ だよ。更新もね。それよりも、専任媒介と専属専任媒介の違いが際だってくるのは、⑥じゃないかな。

というと、指定流通機構で相手方を捜す場合ですか？

ああ、一業者の情報だけで、客が希望する相手方を見つけるのは難しいから、数多くの情報が登録されている指定流通機構で相手方を捜すほうが効果的なんだ。そこで、専属専任媒介は、媒介契約締結後5日以内に、流通機構へ登録 ❺ して相手方を捜すことにしている。

それに比べて、専任媒介は、媒介契約締結後7日以内に、流通機構へ登録❺すればいいのです。

やっぱり、専任媒介は、専属専任媒介に比べて緩やかだね。

いえてます。業務の処理状況の報告だってそうですよ。専任媒介は、業務の処理状況の報告を、2週間に1回以上❹行えばいいのです。

2週間は長いなあ。専属専任媒介は、業務の処理状況の報告を、1週間に1回以上❹行うよ。客はヤキモキしているだろうからね。

へえ、専任媒介の場合は、客自ら相手方を見つけるかもしれないから、専属専任媒介のようにアピールする必要はないのですよ。

媒介契約の対象になっている物権に申込があったときは、遅滞なく依頼者に「申込がはいったよ〜」と報告しないといけないんだ。他の宅建業者が見つけてきたお客の申込はなかったことにして、自分でお客を見つけて取引してオーナーとお客さんの双方から仲介手数料をもらおうとする悪い業者が多いことから新設された規約なんですよ。

両手取りって報酬を両方からもらうってこと？ところで、報酬はどれくらいもらってるのですか？というのも、業者が売主となるときは、売買価格の中に利益が含まれているからいいけど、代理や媒介の場合にはそうもいかないでしょう？

▶ シーン5　片手分の計算方法

専任媒介も、専属専任媒介も同額だよ。ただし、売買・交換の場合と貸借の場合とでは、計算方法が異なるけどね。

でも、どうして報酬計算って、あんなに面倒なんでしょうか…。

コツさえつかめば簡単だよ。よし、君にコツを伝授しよう。

> **片手分の計算方法**
> 　　物件価格×3％＋6万円＝片手分

まず、報酬計算の基本は『片手分』の算出だ。この式は、物件価格が400万円以上の場合に使用する、片手分の計算方法なんだ。

素朴な疑問ですけど、片手分ってどういう意味なのですか？

う〜ん、語源はともかくとして、こう考えたらどうだろう。誰かから報酬をもらうときには、当然手を出す。で、左右の2名からもらうときには、それぞれ片手を出す、だから左に片手分、右に片手分。また、どちらか1名からもらうなら両手出す、だから両手分。ってね。

なるほどね。まあ、今のご時世、400万円未満の物件なんてそうはないと思いますが、400万円未満の場合は？

その場合はこの計算式になる。ただし土地付き建物という場合には、土地と建物それぞれの価格の合計が物件価格になることに注意してね。

売買代金	報酬額の片手上限の計算方法
400万円を超える	取引価格×3％＋6万円
200万円を超え400万円以下	取引価格×4％＋2万円
200万円以下	取引価格×5％

価格に消費税が含まれているときはどうするのですか？

消費税を引いて、物件価格を算出しておくんだ。

> **物件価格の算出方法**
> 消費税を含んだ価格÷108％＝物件価格

よし、わかったぞ。じゃあ、次はいよいよ計算ですね。

▶ シーン6　売買または交換の報酬額

まずは、売買・交換の場合から見てみようか。

> **売買・交換を成立させたときの報酬 ❻** 重要な項目
> 売主＋買主≦両手分（＋消費税）

この場合売主から、買主から、あるいはその両方から報酬を受領できるんだけど、報酬の合計額は片手分の2倍、つまり両手分を超えてはいけないんだ。

ということは、Aの家を1,000万円で売る契約を、業者が、Aに代わって（Aの代理として）Bと結んだ場合は、片手分36万円（1,000万円×3％＋6万円）の2倍の72万円に消費税をプラスした額が、A

もしくはＢ、またはＡＢ双方の合計額としてもらえるのですね。

そう。ただし媒介でなければの話ね。

え？媒介の場合は違うのですか？

業者が仲介（＝媒介）したら、ちょっとした補足事項があるのさ。

〔補足１〕媒介ならば、売主≦片手分（＋消費税）、
買主≦片手分（＋消費税） ❻-① 重要な項目

つまり先ほどの例でいうと、Ａからの報酬の上限が片手分の36万円、Ｂからの報酬の上限も片手分の36万円＋消費税ということですね。

その通り。媒介以外の場合、併せて72万円を超えなければＡやＢどちらか片方から72万円もらってもいいのさ。でも、媒介の場合は、片方の上限が片手分と決まっているんだ。

もしも、複数の業者が関与するときはどうなるのですか？たとえば、Ａから依頼された業者が、別の業者に依頼し、その業者が実際にＢに売却した場合だってありえるでしょ。

その場合も同じ。業者全員の合計の報酬が両手分＋消費税を超えてはいけないし、媒介ならば、売主、買主からの報酬の上限は片手分＋消費税だよ。業者のパワーバランスでいくらずつ報酬を分けるかが決まるんだろうね…。

なるほどね。でも、交換の場合はどう計算したらいいのですか？2物件を取り扱う交換では、物件の価格が同一とは限らないでしょ。

高い方の価格を、片手分の計算式に代入するんだよ。

〔補足 2〕交換は、価格が高い物件をもとに計算する ❻-②　重要な項目

よし、じゃあ、次は貸借の場合ですね。

▶ シーン7　貸借の報酬額

貸借の場合、片手分でなく、賃料が基本となるんだ。

重要な項目
貸借を成立させたときの報酬 ❻
貸主＋借主≦１カ月分（＋消費税）

Aの家を月額20万円で貸す契約を、業者が、Aに代わって（Aの代理として）Bと結んだ場合は、賃料１カ月分の最高20万円が、AもしくはB、またはAB双方の合計額としてもらえるということだよ。

で、やっぱり、媒介の場合は、補足事項があるのですか？

それはやっぱりね。媒介といっても、居住用建物の媒介だけで、非居住用建物の媒介はその限りではないよ。

重要な項目
〔補足 1〕居住用建物の媒介ならば、貸主≦半月分（＋消費税）、
借主≦半月分（＋消費税）❻-③

498

そうすると、先ほどの例でいうと、Aからの報酬の上限が半月分の10万円＋消費税、Bからの報酬の上限も半月分の10万円＋消費税となり、AやB片方から10万円＋消費税を超えてもらうことはできないのですね。

その通り。大分わかってきたようだね。ただしAやBが承諾すれば、補足事項を適用しないで、原則通りの報酬がもらえることを覚えておいて欲しいな。
じゃあ、補足事項をもうひとつ。もしも、事務所やテナントの賃貸借で権利金を受け取っているなら、権利金を物件価格として計算してもいいんだ。

〔補足2〕権利金があるときは、それをもとに計算できる ❻-④

権利金を使って、片手分を計算するということ？

そう、その計算額と賃料1カ月分を比較して、多い方を上限として請求できるんだよ。先ほどの例でいうと、Aの家を事務所として貸借するとして、権利金500万円を受領していたら、両手分の42万円〈(500万円×3％＋6万円)×2〉は賃料1カ月分の20万円より多いので、42万円＋消費税を上限として報酬をもらえるというわけだ。

もらう側が選べるわけですね。

選べるからって安心しないように。もし間違えて規定以上の報酬を受け取ったり、受け取らなくても請求するだけで法律違反なんだから。下手すると、前者であれば100万円以下の罰金、後者であれば1年以下の懲役もしくは100万円以下の罰金、または両方の併科の罰則を受けるよ。

肝に銘じますよ。あこぎな私でもそこまではしませんて。よし、これで全部？

いや、最後に、計算式にある消費税について知っておいて欲しいんだ。

▶ シーン8 報酬にかかわる消費税

報酬にまで消費税なんて、納得できないお客さんもいるでしょうね。

まあね、でも業者からすれば、自らの労力を消費したことになるから、やっぱり、消費税は納めることになるんだよ。

おおざっぱにいうと、消費税では、年間の売上高が1,000万円未満の業者を消費税免税業者、1,000万円以上の業者を消費税課税業者、と分けて課税しているんだ。そして、それぞれの消費税は次のようになる。

> **報酬にかかわる消費税**
> 〔消費税免税業者の消費税〕3.2％
> 〔消費税課税業者の消費税〕8％

免税業者から買うほうが、消費税が安くていいですね。

でも、消費税免税業者は儲かっていない業者ということでもあるから、客からすると信用度が欠けるかもしれないね。

そうか、そんな業者ではお客さんが専任媒介にしてくれないかも知れませんね。

安さを取るか信用を取るかだね。君もがんばりなさい。

独裁的っていってごめんなさい。勉強になりました。

語句の意味をチェック

売買すべき価額	売買する物件の売り出し価格をいい、依頼者の「希望価格」と、業者の「査定価格」を調整して決定される
指定流通機構	不動産流通市場を活発化し、また依頼者のニーズに即応するためのシステムで、物件情報が集積され、多くの不動産業者がオンラインネットワークで閲覧できる。またこの事業は国土交通大臣が指定した者が行える
権利金	ここでは名目のいかんを問わず、権利設定（賃借権）の対価として支払われる金銭で、退去時でも返還されないものをいう

試験問題セレクション

問42 宅地建物取引業者Aは、売主Bとの間で、宅地の売買の専任媒介契約を締結し、第34条の2の規定に基づく媒介契約の内容を記載した書面を交付した。この場合、Aが、34条の2書面に記載した宅地を売買すべき価額について意見を述べるときには、その根拠を書面により明らかにしなければならない。（平成9年）

★解答・解説は次ページ左下

ステージ

43 監督処分

第3章 宅建業法

●攻略のガイドライン

免許欠格要件、登録欠格要件をマスターすれば、8割は征服したも同然です。あとは誰がどんな処分を下せるのかを押さえよ。いよいよ業法の最後！

●学習のガイドライン

本試験重要度 ★★★★
本試験出題頻度 ★★★★★
本試験出題難易度 ★★★
攻略に必要な実力 A（やさしい）
学習効率 A（最良）
覚えるべき事項 6項目

攻略のひとことテーマ

免許を受けても、宅建士登録しても、
やっぱり欠格要件は怖い

理解と暗記の重要ポイント

チェック欄

重要な項目

❶ 知事が行える、自ら免許を与えた業者の処分は、指示・1年以内の業務停止・免許取消

❷ 知事が行える、他の免許を受けた業者の処分は、指示・1年以内の業務停止

❸ 知事が免許取消処分を与えるとき
　①免許欠格要件
　②無免許判明
　③1年休止
　④解散判明
　⑤不正で免許
　⑥停止処分違反
　⑦条件違反

　　条　件 → たとえばこれまで宅建業の経験のない業者に定期的に報告を要求するなど。

 〔問42の解答・解説〕 × 価格について意見を述べるときには、根拠を明示しなければならないが、その方法は自由。

❹ 知事が行える、自ら登録した宅建士に対する処分は、指示・1年以内の事務の禁止・登録の消除

❺ 知事が行える、他の知事が登録した宅建士に対する処分は、指示・1年以内の事務の禁止

❻ 知事が登録消除処分を与えるとき
　①登録欠格要件
　②不正に登録
　③不正に交付
　④禁止処分では足りない・従わない
　⑤取引士証なし

知事はどこまで処分できる？

さて今回のお話は…

　宅建業者や宅地建物取引士の行動は、数多くの制約によって制限を受けています。高額な不動産を扱い、お客さんの人生を左右するような大きなイベントのお手伝いをする以上、それは避けられないことです。しかし、そんな制約をもろともせず、ついついお金に目がくらんで悪に手を染めてしまう業者も中には…。一昔前は悪い宅建業者も多く、悪事もなかなか表に出なかったのですが、今は法律も整備されて、発覚しやすくなっています。さて、宅建業者や宅建士が悪い事をしてそれがお上の知れるところとなると、一体どうなるのでしょうか？
　今回は「知事」とその「秘書」のやり取りから、どんなときにどんな処分が下されるのかを具体的に見ていきたいと思います。

 〔配役〕 秘書 知事

▶ シーン1　宅建士等が登録消除処分を受けるとき

 う〜ん、なんたることだ、我が県の不動産業界はどうなっとる。

 知事、どうなされたのですか？

 いやね、家を買い替えようと思って、午前中に物件を見てきたんだが、わしに説明した宅建士がとんでもない奴だったんだよ。

 とんでもないというと？

 まるで、詐欺だよ。あんなに不謹慎な奴は初めてだ。なにしろ口がうまいんだ。他の客がだまされないうちになにか手を打たないとな…、そうだ、登録を消除して、取引士証を返納させてやる。聴聞だ、聴聞だ〜！

 知事、とりあえず落ち着いてください。どうだまされたのかは知りませんが、登録を消除するには、それなりの理由が必要です。

 理由って、あいつが不届き者だということだけじゃダメなのか？

 ダメです。次のどれかに該当しなければ、登録は消除できません。

知事が登録消除処分を与えるとき ❻

① 登録欠格要件 ❻-①
登録を行った者が、成年被後見人・被保佐人・破産者になった、あるいは罰金刑以上・禁錮刑以上の刑に処せられた等、登録欠格要件のひとつに該当するようになったとき

② 不正に登録 ❻-②
不正の手段によって、登録を受けたとき

③ 不正に交付 ❻-③
不正の手段によって、取引士証の交付を受けたとき

④ 禁止処分では足りない・従わない ❻-④
情状が特に重く、事務禁止処分では足りないときや、禁止処分に違反したとき

⑤ 取引士証なし ❻-⑤
取引士証の交付を受けずに、宅建士の事務を行い、その情状が特に重いとき

そして、①の一部（成年被後見人、被保佐人等は、復権すればすぐ登録を行える）や②～⑤に該当して、登録を消除された者は、その後5年間は登録を受けられません。

▶ シーン2　宅建士に対する監督処分

登録の消除は慎重にというのはわかるが、あいつは我が県の汚点だ。

汚点って…。その登録は、知事が行われたのですか？

知事：ん？ どういう意味だ？

秘書：もしも、そうだとしたら、 重要な項目 知事が行える、自ら登録した宅建士に対する処分は、指示・１年以内の事務の禁止・登録の消除 ❹ です。

知事：いや、少なくとも我が県は、あんな奴を登録した覚えはないぞ。

秘書：ということは、別の都道府県知事が登録を行ったことになりますから、知事が行える、他の知事が登録した宅建士に対する処分は、指示、あるいは１年以内の事務の禁止 ❺ となってしまいます。

知事：重要な項目 なに？ 他の知事が登録した宅建士には、そんな軽い処分しかできないのか。指示や事務の禁止処分だけでは気がすまないぞ。

秘書：登録の消除処分を行い、その後５年間登録を受けられないとなると、その者の生活の糧を奪うおそれもありますから、そう簡単に消除はできないことになっているのです。

▶ シーン３　業者が免許取消処分を受けるとき

知事：う〜ん、怒りがおさまらん。宅建士に問題があるなら、そんな奴を雇っている業者にも問題があるということだな。よし、宅建士の登録を消除できないなら、業者の免許を取り消してやる。

秘書：無謀なことをおっしゃらないでください。業者の免許を取り消すにも、次のどれかに該当しなければなりません。

> **重要な項目**
>
> ### 知事が免許取消処分を与えるとき ❸
>
> ① 免許欠格要件 ❸-①
> 業者が、成年被後見人・被保佐人・破産者になった、あるいは罰金刑以上・禁錮刑以上の刑に処せられた等、免許欠格要件のいずれかに該当するようになったとき
>
> ② 無免許判明 ❸-②
> 免許替えの際、無免許が判明したとき
>
> ③ １年休止 ❸-③
> 免許を受けてから１年以内に事業を開始しなかった、あるいは事業の途中で引き続き１年以上事業を休止したとき（この場合再度事業を行おうという場合はすぐ免許を受けることができる）
>
> ④ 解散判明 ❸-④
> 廃業等の届出をしないでいるうちに、破産した、合併及び破産以外の理由で解散した等の事実が判明したとき
>
> ⑤ 不正で免許 ❸-⑤
> 不正な手段で免許を受けたとき
>
> ⑥ 停止処分違反 ❸-⑥
> 宅建業法に違反して、その情状が特に著しい場合や、業務停止処分に違反したとき
>
> ⑦ 条件違反 ❸-⑦
> 免許に付した条件に違反したとき

▶ シーン４ 業者に対する監督処分

知事　そうなると、なんの手も打てないではないか。なんとかならんのか。

その業者に免許を与えたのは、知事ですか？

どういう意味だ？　もしも私だとしたら…。

もしも、そうだとしたら、知事が行える、自ら免許を与えた業者の処分は、指示・1年以内の業務停止・免許取消❶です。

いや、あの業者の営業所はうちの他に隣の県にもあるから、国土交通大臣から免許を受けていると思うぞ。

なるほど、それでは、知事が行える、他の免許を受けた業者の処分は、指示、あるいは1年以内の業務停止❷だけです。

なに？　他の知事や国土交通大臣が免許を与えた業者に対しては、またしても、指示処分か業務停止処分しか行えないのか。

残念ですが…。それに、登録を受けた者や宅建士、業者に対して監督処分をする場合には、さっき知事が叫んでいたように聴聞を開かなければならないんです。時間も手間もかかりますよ。また監督処分をしたら官報等（都道府県知事が行った場合はウェブサイト等の適切な方法も可。大臣のときは官報のみ）で公告することになってますのでお忘れなく。ところで、知事、どうだまされたのですか？

それなんだよ、君。最初はちょっとランクの低い物件を見せておいて、だんだん良い物件を見せるんだ。しまいには、こっちの予定額を大幅に上回る物件を見せるんだが、こっちも、もはやその物件しか目に入らないから、結局、予定額を大幅に上回る高価な物件を買ってしまったんだ、これが。

3 宅建業法 >> 43 監督処分

はあ…知事、それは口がうまいのではなくて商売がうまいのですね。

語句の意味をチェック

| 弁明の機会を与える | 許可の取消し等の不利益処分を行う場合に、被処分者に事前に自己弁護の機会を付与すること |

試験問題セレクション

問43　取引士Eが刑法第211条（業務上過失傷害）の罪を犯し、10万円の罰金刑に処せられた場合、Eは、その登録を消除されることはない。（平成5年）

★解答・解説は次ページ左下

★ 索 引 ★

▶あ
悪意······················071
案内所··················445
遺言······················173
意思表示···············048
委任······················148
遺留分··················173
請負······················148
営業保証金···········424

▶か
解除条件···············049
開発行為···············242
改良······················088
確定期限···············049
瑕疵担保責任········483
割賦販売···············484
課税標準···············350
仮換地··················281
危険負担···············132
北側斜線制限········326
共同不法行為········161
強迫······················063
共用部分···············206
切土······················290
区域区分···············242
クーリング・オフ···477
区分所有法···········206
原価法··················343
建築確認···············296
限定承認···············173
建蔽率··················319
工業専用地域········245
工業地域···············245
誇大広告···············450
固定資産税···········350

▶さ
債権······················046
催告の抗弁権········126
採草放牧地···········336
債務不履行···········128
詐欺······················063
錯誤······················063
市街化区域···········244
市街化調整区域······244
時効······················080
従業者名簿···········442
重要事項の説明······458
取得時効···············082
準工業地域···········245
準住居地域···········245
心裡留保···············062
請求······················085
精算人··················391
専属専任媒介契約···493
専任の宅建士········404
専任媒介契約········493
占有······················084
専有部分···············208
相続······················166

▶た
代襲相続···············169
代物弁済···············104
代理······················072
宅地······················286
宅地建物取引士······408
単純承認···············172
地価公示法···········342
嫡出子··················168
長期譲渡所得········364
帳簿······················444

▶な
二重供託···············431
二重譲渡···············115
農地法··················332

▶は
媒介契約···············488
破産管財人···········391
非線引区域···········247
非嫡出子···············168
被保佐人···············063

聴聞······················401
停止条件···············049
抵当権··················096
抵当権消滅請求······100
手付金··················473
天然果実···············098
登記······················214
登記事項···············224
登録消除処分········412
登録の移転···········415
登録の欠格要件······408
登録免許税···········369
道路······················317
道路斜線制限········326
特殊建築物···········299
特別控除···············365
都市計画区域········243
土地区画整理組合···278
土地区画整理事業···277
土地収用法···········341
取消し··················064
取引事例比較法······345
取引態様の明示······455

▶ま
未成年··················071
無権代理···············072
無効······················064
免許······················390
免許換え···············393
免許の欠格要件······398
盛土······················290

▶や
容積率··················322
用途地域···············244

▶らわ
履行遅滞···············130
隣地斜線制限········326
連帯債務···············118
連帯保証人···········126

表見代理···············077
標識の掲示···········445
表題部··················214
不確定期限···········049
付加物··················098
不動産取得税········350
不法行為···············110
分割······················094
弁済······················054
防火地域···············330
法定果実···············098
法定相続分···········169
法定代理人···········063
法定地上権···········101
保佐人··················063
保証協会···············424
保全措置···············479

〔問43の解答・解説〕○ 業務上過失傷害の罪は「暴力関係の法律」ではない。つまり禁錮や懲役刑を受けた場合に登録を消除される。

おわりに

　まずは、テキストを読み終わられたということでお疲れ様でした！

　お仕事をされている方ですと、お仕事の通勤時間や休日に…ご家族がいる方ですと休日も家族サービス…。忙しい日々の中で宅建のお勉強をするというのは意外に大変なんですよね。

　大変ついでにあと1回通して読みましょう！　せっかく1度はがんばって読んだのです。定着しつつある知識もそのままにしてたら、あっという間に日々の忙しさの波に流されて、どこかへ消えてしまいます…。

　繰り返し読めば、いまいちわかりにくかった箇所も必ず理解できるようになりますから、もう少し踏ん張って、一緒に宅建合格を目指しましょう！

　また、できる限り時間をさいて頂きたいのが過去問にトライすることです。「過去問を制する者は宅建を制す」とも言いますが、過去問を解くことのメリットは本当にたくさんあります。

・本試験の形式に慣れてくるため当日あたふたしない
・50問解くのにどれくらいの時間を要するのかわかる
・どこが頻出箇所なのか、引っ掛けポイントが見えてくる
・頭にインプットした知識をスムーズにアウトプットできるようになる

　過去問を解く際に重要なのは、間違えた箇所をしっかり研究すること。何度もいいますが、宅建は暗記じゃないんです。どうしてこの法律ができたのか、誰のためのものなのか、理由がわかれば自然と理解できます。

　間違えちゃった箇所はどこが違ったのか、なぜこの回答になるのかをすっきりするまでとことん理解してください。

最後になりますが、本書をお手に取ってくださったあなたが
宅建士試験に無事合格できますように…。

有山　あかね

> ■本書の内容に関するご質問および正誤に関するお問い合わせ
> は、メールまたは封書にて下記までお願いいたします。
> とりい書房 教務部 〒164-0013
> 東京都中野区弥生町 2-13-9
> info@toriishobo.co.jp

恋する♥宅建士の教科書 2018

2018 年 2 月 15 日初版発行

著　者	有山あかね
発行人	大西京子
編　集	とりい書房 教務部
発行元	とりい書房 第一編集部
	〒164-0013　東京都中野区弥生町 2-13-9
	TEL 03-5351-5990　FAX 03-5351-5991
製　作	むくデザイン　ピッコロハウス
ＤＴＰ	西新宿デザインオフィス
カバーデザイン・イラスト　うらんきこ　のがわいくみ	
印　刷	藤原印刷株式会社

乱丁・落丁本等がありましたらお取り替えいたします。

© 2018 年　Printed in Japan

ISBN978-4-86334-100-5